Fischer TaschenBibliothek

W0094508

Alle Titel im Taschenformat finden Sie unter:
**www.fischer-taschenbibliothek.de**

Von Brasiliens berühmtem Theatermann Nelson Rodrigues stammt das geflügelte Wort, das Land leide an einem »Straßenköterkomplex«. Den scheint Brasilien langsam zu überwinden. »Endlich sind wir nicht mehr zweitklassig«, jubelte Präsident Luiz Inácio Lula da Silva, als am 2. Oktober 2009 in Kopenhagen die Olympia-Entscheidung fiel, der zwei Jahre vorher der Zuschlag für die Fußball-Weltmeisterschaft 2014 vorausgegangen war. Nicht nur deshalb ist Brasilien eines der spannendsten Länder der Gegenwart – in diesem Buch geht es nicht um alte Vorurteile, sondern um die Realität von heute. Und die ist erfahrungsgemäß viel interessanter, erstaunlicher und überraschender als jedes noch so sehnsuchtserfüllte Klischee.

»Hier müsste man dauerhaft leben«, sagte sich Wolfgang Kunath 1992, als er nach Rio de Janeiro kam, um für die Stuttgarter Zeitung über den damaligen UN-Umweltgipfel zu berichten. Der Wunsch ging nicht gleich in Erfüllung. Von 1994 bis 1999 schrieb er für deutsche und Schweizer Zeitungen aus Afrika, bevor er, nach einem Zwischenspiel in Berlin, als Korrespondent der Stuttgarter Zeitung, der Frankfurter Rundschau und der Berliner Zeitung nach Rio de Janeiro kam. Das war im Jahr 2002 – als noch kaum zu ahnen war, dass im folgenden Jahrzehnt der spektakuläre Aufstieg Brasiliens zu einer der großen aufstrebenden Wirtschaftsmächte zu beschreiben sein würde.

*Weitere Informationen, auch zu E-Book-Ausgaben, finden Sie bei www.fischerverlage.de*

Wolfgang Kunath

# DAS KURIOSE
# BRASILIEN
## BUCH

## WAS REISEFÜHRER
## VERSCHWEIGEN

FISCHER TaschenBibliothek

2. Auflage: Juni 2014
Erschienen bei FISCHER Taschenbuch
Frankfurt am Main, September 2013

© S. Fischer Verlag GmbH, Frankfurt am Main 2012
Umschlaggestaltung: bilekjaeger, Stuttgart
Satz: Pinkuin Satz und Datentechnik, Berlin
Druck und Bindung: Kösel, Altusried-Krugzell
Printed in Germany
ISBN 978-3-596-51309-3

# Inhalt

*Gewidmet der Fotografin Anja Kessler,
der märchenhaften Reisebegleiterin.
An ihrer Seite ist Brasilien noch mal so schön.*

## Vorwort

Kaum war in Kopenhagen der Umschlag mit den fünf olympischen Ringen geöffnet, da schien an der Copacabana einer der berühmtesten Karnevalssambas Wirklichkeit zu werden: »Explodiere, Herz, vor lauter Glückseligkeit«, sangen wie erlöst Zehntausende von Brasilianern, die gerade noch in höchster Anspannung auf die Übertragungstafeln gestarrt hatten. Die Konfettikanonen verdunkelten den sonnigen Frühlingshimmel über Rios berühmtestem Strand mit ihren Glitzerwolken, während sich wildfremde Menschen kreischend in die Arme fielen. Und manchem rannen, genauso wie ihrem Präsidenten im fernen Dänemark, die Tränen über die Wangen.

Brasilien war sich seiner selbst nie sehr sicher – kein Wunder, nach all den Jahrzehnten voller Misserfolge, Krisen und Rückschritten. Aber dass Rio de Janeiro den Zuschlag für die Olympischen Spiele 2016 bekommen hat, hat das kollektive Selbstwertgefühl ungeheuer gehoben. Von Brasiliens berühmtem Theatermann Nelson Rodrigues stammt das geflügelte Wort, das Land leide an einem »Straßenköterkomplex«. Den scheint Brasilien langsam zu überwinden. »Endlich sind wir nicht mehr zweitklassig«, jubelte Präsident Luiz Inácio Lula da Silva, als am 2. Oktober 2009 in Kopenhagen die Olympia-Entscheidung fiel, der zwei Jahre vorher der Zuschlag für die Fußball-Weltmeisterschaft 2014 vorausgegangen war.

Brasilien ist in die Top Ten der Wirtschaftsmächte aufgestiegen und beliefert die Welt nicht nur mit Rinderhälften und Hühnchenschlegeln oder Orangensaftkonzentrat und Sojaschrot, sondern auch mit Autos, Computern und Handys. Politisch wird es als besonnene Regionalmacht geschätzt, seine Sozialprogramme sind nicht nur in Lateinamerika zum Vorbild für Schwellenländer geworden. Brasilianische Models bevölkern die Laufstege der Welt, brasilianische Kunst ist en vogue, Brasilien hat Musiker und Fußballer der Weltklasse. Und auch wenn noch viel zu tun ist – immer mehr Menschen lassen Armut und Unwissenheit hinter sich und steigen in den Mittelstand auf, so bescheiden der fürs Erste noch definiert ist in Brasilien.

Brasilien macht sich ein neues Bild von sich – und welches Bild hat die Welt von Brasilien? Modernität, Lebenslust, Wärme, fröhliche Exotik, entspanntes Leben – solche emotionsgeladenen Begriffe verbinden die meisten Europäer mit der »Marke« Brasilien. Dieses Bild in all seiner Oberflächlichkeit knüpft an die alten Klischees von Fußball und Strand, von Caipirinha und flotten Mulattinnen an – und wo bitte bleibt die Realität? Die Abholzung des Urwalds, die Favelas, die Armut, die haarsträubende Gewalt? Werbefachleute und Psychologen wissen, wie leicht das geht, wenn die Sehnsüchte der Menschen ins Spiel kommen: Die Wirklichkeit wird beiseitegeschoben. Selbst die positive, sofern sie nicht ins Klischee passt. Welcher Lufthansa-Passagier würde nicht ungläubig schauen, wenn man ihm sagte, dass das Flugzeug, mit dem er gerade über Deutschland unterwegs ist, von einem brasilianischen Konzern gebaut wurde! Und wem – die Wirtschaftsexperten mal ausgenommen – ist denn in Europa klar, dass Brasilien heute die sechstgrößte Ökonomie der Welt ist, die selbst Großbritannien überflügelt hat?

Aha-Effekte genau dieser Art beabsichtigt auch dieses Buch. Natürlich schreibt man so einen Text nicht, um alte Vorurteile zu bestätigen, sondern um die Realität zu schildern. Und die ist erfahrungsgemäß viel interessanter, erstaunlicher und überraschender als jedes noch so sehnsuchtserfüllte Klischee.

Dank an Christoph Plate für wertvolle Anregungen.

# 1.
## Was die Brasilianer mit uns zu tun haben
### – und wir mit ihnen

Die brasilianische Küche verdient bis heute keine allzu lauten Lobeshymnen. Aber immerhin, sie verfeinert sich unablässig. Und wenn man João Ubaldo Ribeiro glauben darf – aber man darf ihm natürlich nicht glauben, denn Brasiliens bekanntester lebender Romancier hat eine geradezu tropisch blühende Phantasie –, dann begann die Veredelung im 17. Jahrhundert, als Capiroba seine Ernährung radikal umstellte: Und zwar von Portugiesen auf Holländer. »Ein Wildbret wie dieses hatte es nie gegeben«, lässt Ubaldo seinen Menschenfresser Capiroba von dem »hochblonden« Fremdling schwärmen, den er erlegt hatte: »Das Fleisch war ein bisschen blass und süßlich, aber so zart und weich … und die Kinder mochten es so gerne.«

Nach seinem ersten Holländer mag der Caboclo Capiroba – Caboclos sind halb Schwarze, halb Indianer – nicht mehr essen, was er früher aß. Gebratener Pater in Kokosmilch und Dendê-Öl zum Beispiel schmeckt ihm gar nicht mehr, plötzlich empfindet er sogar »Brechreiz, wenn er an Spanier und Por-

13

tugiesen denkt«, trotz all der Lagerverwalter, Stall-
burschen, Schiffsjungen oder der »vier jungen Söhne
von Gerichtsbeisitzern« portugiesischer Provenienz,
die früher seinen Speisezettel bevölkert hatten. Da
die Holländer aber, anders als die stets reichlich vor-
handenen Portugiesen und Spanier, nicht ständig
zur Verfügung stehen, geht Capiroba dazu über, sie
nicht sofort zu töten und zu verspeisen. Sondern er
beginnt sie lebend zu fangen, einzusperren und nur
bei Bedarf zu schlachten. Mit anderen Worten, er
erfindet die Stall- und Lagerhaltung.

Auch das früheste historische Zeugnis der deutsch-
brasilianischen Beziehungen ist kulinarischer Art.
»Darnach furten sie mich in die huetten / ... da
kamen die weiber ... und schlugen vnd raufften
mich / vnd draweten (drohten) mir wie sie mich essen woelten«, beschreibt der hessische Landsknecht
Hans von Staden seine ungemütliche Begegnung mit
den »Wilden / Nacketen / Grimmigen Menschfresser Leuthen«, denen er 1550 in die Hände fiel. Da war
er bereits das zweite Mal in Brasilien – beim ersten
Mal wollte er eigentlich nach Indien, fand aber nur
ein Schiff nach Nordost-Brasilien, und das Ziel seiner zweiten Reise war auch nicht Brasilien, sondern
das La-Plata-Gebiet weiter im Süden. Aber er erlitt
Schiffbruch, rettete sich nahe dem heutigen Hafen
Paranaguá ans Festland und kommandierte später,
nachdem er in portugiesische Dienste getreten war,

14

die São-Felipe-Festung, damals der südlichste Militärstützpunkt Portugals in Brasilien.

Und als er eines schönen Tages mit seinem Sklaven zum Jagen in den Busch geht, fällt er den Tupinambá-Indianern in die Hände. Er wird niedergeschlagen und gefangen genommen, und sofort entbrennt unter den Wilden ein wütender Streit um die einzelnen Körperteile des damals 25-Jährigen, wie er in seinem Reisebericht recht farbig schildert. Aber obwohl die, die ihn gefangen hatten, so wenig Vertrauen erweckende Namen wie »Großer Kochtopf« und »Kleiner Napf« tragen – João Ubaldo Ribeiro hätte sich das auch nicht schöner ausdenken können –, wird er verschont. Er gewinnt nach und nach die Freundschaft eines Medizinmannes, der ihn schützt. Das Los, im Kochtopf oder auf dem Grill zu enden, bleibt ihm erspart, und er wird dann auch nicht mehr gezwungen, sich den Frauen seiner Halter und Hüter mit dem Ausruf »Ich komme, euer Essen!« zu melden. Zehn Monate bleibt er bei den »Wilden Nacketen Grimmigen Menschfresser Leuthen«. Am Ende erlangt er die Freiheit und fährt 1555 nach Deutschland zurück.

Seine zwei Jahre später in Marburg veröffentlichte »Warhaftige Historia« wurde zum Bestseller, der bis heute über 80 Auflagen erlebt hat, davon 15 auf Portugiesisch und 25 auf Deutsch. Dennoch war das Buch zeitweilig völlig vergessen. Nach dem riesigen

Anfangserfolg – Staden erlebte ihn noch mit, er starb erst 1576 – erlahmte Mitte des 17. Jahrhunderts das Interesse an seinen relativ drastischen, dabei in nüchterner und klarer Sprache zu Papier gebrachten Schilderungen. Denn solche Beschreibungen von Reisen in ferne Länder verloren nach und nach ihre Exklusivität. Je enger Südamerika – und für Afrika oder Asien galt das, geringfügig variiert, genauso – in die globalen Wirtschafts- und Herrschaftsbeziehungen des europäischen Kolonialismus eingebunden wurde, desto häufiger wurden solche Berichte. Man empfand sie nicht mehr als spektakulär.

Erst der Literarische Verein Stuttgart legte die »Warhaftige Historia« 1859 neu auf. Statt schauerlicher Schilderungen von kriegerischen Abenteuern mit wilden Tieren oder gar Menschenfressern war nun Historisch-Völkerkundliches gefragt. Natürlich entsprach das 300 Jahre alte Buch nicht mehr dem Forschungsstand; im 19. Jahrhundert fand man es nicht nur wegen der geschilderten Fakten interessant, sondern zugleich wegen der Art, sie zu schildern. In Brasilien pries der Geograph und Historiker Teodoro Sampaio Stadens Darstellung als »unmittelbare und verlässliche Urkunde«.

Stadens Reisebericht hat durchaus populärwissenschaftliche ethnologische Qualitäten. Nüchtern und schnörkellos beschreibt er im zweiten Teil seines Buches die fremde Welt, in die ihn das Schicksal ge-

16

worfen hat. Er notiert die Trinksitten der »Wilden«, lässt sich über die Art ihrer Hängematten ebenso wie die Gebräuche ihrer Körperbemalung aus, er umreißt ihre soziale Organisation ebenso wie ihre Kochgewohnheiten. Und erstaunlicherweise steht in diesem Kapitel zwar einiges über die Zubereitung von Speisen, aber kein Wort über Menschenfresserei, die an anderer Stelle – im ersten Teil des Buches, in dem er seine Erlebnisse beschreibt – so dramatisch hervorgehoben wird.

Ist sie wirklich wahr, die »Warhaftige Historia«? Oder hat der fromme hessische Landsknecht hie und da kräftig übertrieben, damit sich sein Bericht besser verkauft? Tatsächlich sind die Archäologen und Ethnologen bis heute über der Frage zerstritten, ob es in Südamerika Kannibalismus wirklich gegeben hat und, wenn ja, in welcher Form. Die Befürworter der Kannibalismusthese beziehen sich auf die immer wieder gleichlautenden Berichte; was der Franzose Jean de Léry oder der Italiener Amerigo Vespucci aufgeschrieben haben, liest sich ähnlich wie die Schilderungen des Hessen Staden. Also, so lautet die Folgerung, muss es der Realität entsprechen. Die Zweifler schließen allerdings, ganz im Gegenteil, aus den immer gleichen, immer wiederkehrenden Details auf eine Erzähltradition – oder unfreundlicher gesagt: Einer hätte immer vom anderen abgeschrieben.

17

Kannibalismus als Wandermythos also, der viel mehr mit den Imaginationen in der Köpfen der Europäer als mit den Realitäten in den Kochtöpfen der Südamerikaner zu tun hätte. Bei Ethnien, die erst später in Kontakt mit der sogenannten Zivilisation traten, liegen jedoch kaum Hinweise auf Anthropophagie vor. Aber wäre sie so üblich gewesen, wie die Reisenden des 16. Jahrhunderts behaupteten, dann müsste sie sich ja wohl bei den unkontaktierten Völkern bis heute erhalten haben, oder wenigstens bei einigen.

Was diesen Streit der Wissenschaftler betrifft, zieht sich João Ubaldo Ribeiro in seinem wunderbaren Buch »Brasilien, Brasilien« äußerst elegant aus der Affäre: Der Caboclo, der die Holländer zum Fressen gern hatte, ist erst durch die Verwirrungen der Zivilisation auf die Idee gekommen, Menschen zu verzehren. Erst die Patres mit ihrer Religion, ihren Wundern, ihrem Gottessohnopfer, ihren Strafen und ihren Androhungen haben den Kopf des Caboclo durcheinandergebracht. Sie haben Capiroba, obwohl sie den Verzehr von Menschenfleisch so sehr verabscheuten, »gerade dies … durch ihre Erzählungen beigebracht«, schreibt Ubaldo. Er ist allerdings so fair, der katholischen Kirche nicht alle Schuld zuzuschreiben, sondern nennt noch einen weiteren Grund für die kulinarischen Entgleisungen des Caboclo: »Manchmal raucht er Kopfkraut.«

## Deutsches Brauchtum
### – die nachgemachte Vergangenheit

Das »November Fest« ist das persönliche Steckenpferd von Marino José Franz. Er selber hat es 1998 ins Leben gerufen, er hat fünfzig »typisch deutsche Trachten« angeschafft und aus eigener Tasche bezahlt, inklusive Filzhütchen mit Feder dran. In dem Fotoalbum, das er vorzeigt, steht die Volkstanzgruppe – die Damen im Dirndl, die Herren in der Kniebundhose – vor viel Schwarz-Rot-Gold unter dem Schild »Willcommen«, in Fraktur-Lettern. Aber das Foto stammt aus der Anfangszeit des »November Fest«. Mittlerweile ist das »c« durch eine korrektes »k« ersetzt worden.

Das »November Fest«, erklärt der Soja-Unternehmer Franz, ist längst Tradition; jeder zweite Landwirt aus der Umgebung habe schließlich deutsche Wurzeln. Deshalb bringt der lokale Radiosender »Alternativa FM« sonntags auch zwei Stunden typisch deutsche Musik. Und was bitte hat man sich hier, in den brettebenen Weiten des Mato Grosso, unter typisch deutscher Musik vorzustellen? »Na, Heintje und Heino«, sagt Franz in kehligem, stockendem Deutsch, bevor er schnell wieder ins viel vertrautere Portugiesische fällt, »und wie heißt noch mal dieser Seemann? – Aah, Freddy Quinn.«

Lucas do Rio Verde, heute ein Städtchen von etwa 45 000 Einwohnern, ist erst 1988 gegründet worden. Der Sojaboom hat es reich gemacht. Lucas hat keine Favelas, keine Arbeitslosen, kaum Kriminalität – und weder Gesicht noch Charakter. Man sieht der Stadt noch ihren Ursprung als Stra-

19

ßendorf an: Die zentrale Achse ist die Bundesstraße 163, die Brasiliens Kornkammer Mato Grosso von Süden nach Norden durchquert. Die westliche Hälfte der Fahrbahn, also die nach Süden führende, ist deutlich häufiger geflickt als die nach Norden führende. Denn nach Süden fahren die Sojalaster beladen und schwer, nach Norden leer und leicht.

Vor 1982, als die Landreformbehörde eine Handvoll Menschen aus dem Süden Brasiliens ansiedelte, gab es hier, wo heute Lucas steht, eigentlich nichts. Franz allerdings war schon da: Er kam, als Mitarbeiter der staatlichen Agrarforschung, bereits 1980. Später stieg er aus dem Staatsdienst aus, vor zwanzig Jahren gründete er mit 600 Dollar Startkapital ein Handelsunternehmen, das heute Millionen Dollar jährlich umsetzt. »In Brasilien geschieht die Revolution auf dem Land«, sagt Franz, der bis 2012 Bürgermeister von Lucas war. »Ach, man könnte noch so viel machen.« Und wer sich so erfolgreich eine Zukunft aufgebaut hat wie Franz – warum sollte sich der nicht auch eine Vergangenheit nachmachen können, in Schwarz-Rot-Gold und Lodengrün?

Beim »November Fest« ist der deutsche Bindestrich ebenso wegbrasilianisiert wie das Neutrum, denn »a festa« ist weiblich, deshalb heißt es auch »a November Fest«. Und warum ausgerechnet dieser Monat? Damit es nicht »Oktober Fest« heißt, erklärt Franz verschmitzt. Denn bei diesem Wort denkt ganz Brasilien an Blumenau, wo alljährlich das »größte deutsche Fest ganz Amerikas« stattfindet, so jedenfalls die Eigenwerbung. Und damit kann sich Lucas do Rio Verde allem Sojareichtum zum Trotz nicht messen, ebenso wenig wie die

Dutzende von anderen teutonisch angehauchten Volksfesten sonstwo in Brasilien.

Knapp 600 000 Besucher kamen 2012 nach Blumenau, die größte der deutsch geprägten Städte Brasiliens, und sie vernichteten in den 19 Tagen des Folklorevergnügens 652 000 Liter Bier.

Auch wenn den des Deutschen Unkundigen ein kleines Vokabularium an die Hand gegeben wird, in dem nachzulesen ist, was zum Beispiel »ein Prosit, ein Prosit der Gemütlichkeit« heißt – besonders gemütlich geht es in Blumenau beim »Oktober Fest« nicht zu. Die Hallen in der Villa Germânica, dem Festkomplex, sind berüchtigt für ihre nüchterne Größe, trotz aller deutschtümelnden Fachwerkerkerchen ringsherum. Sponsoren sind eine Großbank, eine TV-Kabelgesellschaft und ein Handynetzbetreiber, was dem Fest einen viel kommerzielleren und vielleicht deshalb weniger gemütlichen Anstrich gibt, als wenn eine Großbrauerei als Financier in Erscheinung träte.

Trotz der großen Zahlen war Norberto Mette, der Präsident der Villa Germânica, 2012 nicht so recht zufrieden: »Wir haben festgestellt, dass die Trachten dies Jahr ein wenig ihren Charakter verloren haben«, und das bringe das finanzielle Fundament des Festes ins Wanken. Denn wer in Tracht kommt, darf gratis hinein – und um den Eintritt zu sparen, kamen viele in Trachten, die gar keine echten waren.

Aber was sind schon echte Trachten? Blumenau, heute eine Stadt mit 300 000 Einwohnern, einer höchst erfolgreichen Textilindustrie und mindestens sieben Trachtenspezialgeschäften, wurde 1850 von dem Apotheker Dr. Hermann

21

Blumenau und anderen deutschen Pionieren gegründet, und dass dabei die dort ansässigen Indianer vertrieben wurden, das führen die Chroniken der Stadt nicht so gerne aus. Das »Oktober Fest«, so die offizielle Darstellung, entstand aus dem Wunsch der Blumenauer, »ihre Liebe zum Leben und zu den germanischen Traditionen« zum Ausdruck zu bringen.

Die Wahrheit ist ein bisschen prosaischer. 1984 richtete das Hochwasser des Rio Itajai-Açu verheerende Schäden in Blumenau an. Um die Wirtschaft wieder anzukurbeln und die Moral der Blumenauer zu heben, wurde das »Oktober Fest« erfunden. Vorher haben sich die Blumenauer also nicht groß um ihre Traditionen geschert, und was eine echte, eine typische Tracht ist – nun ja. Der Filzhut für den Herrn, so verrät die Website des Festes, ist optional, aber Kniebundhose mit Hosenträger, ein weißes oder kariertes Hemd und weiße Kniestrümpfe sind Pflicht. Und braune Halbschuhe – aber auf keinen Fall »Turnschuhe, Plastikschlappen oder Sandalen«!

Hans von Staden war nicht der erste Deutsche, der seinen Fuß auf brasilianischen Boden setzte. Als Pedro Álvares Cabral am 22. April 1500 in der Bucht von Porto Seguro an Land geht – dieses Datum gilt als das der Entdeckung Brasiliens –, sind 35 deutsche Büchsenschützen dabei, und der deutsche Arzt, Astronom und Nautiker Johannes Varnhagen gibt sechs Tage später in einem Brief an den portugiesischen König Manuel Nachricht von der Entdeckung des Landes, das »Terra de Santa Cruz« getauft wird. Ein

22

Deutscher füllt also sozusagen die Geburtsurkunde Brasiliens aus.

Und so geht das immer weiter: Während die Identität des ersten Brasilianers, der nach Deutschland kam, im Dunklen liegt, tauchen im Buch der Geschichte immer wieder deutsche Namen auf. Die meisten sind vergessen und höchstens den Brasilianisten bekannt. So wie der von Manuel Bequimão, der als Emanuel Beckmann von Bamberg aus über Lissabon nach São Luís kam und als Pflanzer und Kaufherr zu Reichtum und Ansehen gelangte. Er hetzte seine Standesgenossen gegen das portugiesische Monopol im Handel mit Tabak, Öl, Dörrfleisch und Wein auf. Nicht einmal Zuckerrohrschnaps durfte in der Kolonie destilliert werden, damit Portugals Weinmarkt keine Einbußen erleide.

Wozu solche Aufmüpfigkeiten führen können, ahnten die portugiesischen Behörden schon 1685, also 88 Jahre bevor die berühmten 314 Kisten Tee ins Hafenbecken von Boston platschten. Beckmann wurde hingerichtet, und wenn sich der gebürtige Bamberger nicht vehement für die Vertreibung der Jesuiten eingesetzt hätte, weil die aus Gründen der Menschenfreundlichkeit die Versklavung von Indianern unterbinden wollten, dann wäre Manuel Bequimão nicht nur als Steuerrebell, sondern vielleicht sogar als echter Freiheitskämpfer in die Geschichte eingegangen.

Die Holländer, die Capiroba verspeiste, waren zweifellos richtige Holländer, nicht aber ihr Fürst und Feldherr. 1630 konnte sich die Westindische Kompanie an der Nordost-Küste Brasiliens festsetzen, ein Privatunternehmen, das praktisch im Auftrag und mit staatlicher Rückendeckung der Niederlande kolonialistisch tätig war. Ihr Statthalter war Johann Moritz Graf von Nassau-Siegen-Dillenburg, ein aufgeklärter deutscher Barockfürst, der in den 24 Jahren niederländischer Präsenz in Brasilien – erst 1654 konnte Portugal die Eindringlinge mit Waffengewalt wieder hinauskomplimentieren – nicht nur allerlei militärische Glanztaten vollbrachte, sondern ausgesprochen weise und vernünftig regierte. Er gewährte Religionsfreiheit, bekämpfte die Korruption und schützte die Indianer, er baute Städte, gründete Schulen, legte Sümpfe trocken, und er bestimmte, dass Farmer nicht nur die hochprofitablen Zuckerrohr-Monokulturen betreiben durften, sondern immer auch einen Anteil Maniok anbauen mussten, damit dieses Grundnahrungsmittel des Volkes nicht zu teuer werde.

Über drei Jahrhunderte hinweg kamen Deutsche nur nach Brasilien, wenn sie, wie auch immer, im Dienst der portugiesischen Kolonialmacht standen oder sich anderweitig mit ihr ins Benehmen setzten, den Invasoren Moritz von Nassau und die vielen Deutschen in seinem Gefolge natürlich ausgenommen. Das änderte sich radikal nach dem dramatischsten Bruch in der brasilianischen Geschichte: Nach der Unabhängigkeit, die zwar erst 1822 verkündet und besiegelt wurde, aber in Wahrheit schon 1808 begann. Auf der Flucht vor den napoleonischen Truppen setzte sich der portugiesische Hof unter dem Schutz englischer Kriegsschiffe nach Rio de Janeiro ab, und im Nachhinein erscheint das als die Geburtsstunde des modernen Brasilien.

Bis zu 15 000 Höflinge, Minister, Berater, Richter, Finanzexperten, Generäle, Admiräle und Kirchenfürsten hatten sich tatsächlich alle innerhalb von drei Tagen, zwischen dem 25. und dem 27. November 1807, eingeschifft. Sie fielen ein paar Wochen später wie ein Heuschreckenschwarm in Rio de Janeiro ein und lösten natürlich eine Explosion der Immobilienpreise aus. Ungefähr so wie heute die bevorstehende Fußball-WM 2014, die Olympischen Spiele 2016, die Erschließung der Offshore-Ölfelder vor der Küste und der allgemeine Wirtschaftsboom unserer Tage: Heute jedenfalls gehört der Büroraum in Rio de Janeiro zu den teuersten der Welt, und Appartements in Copacabana oder Ipanema sind kaum mehr zu bezahlen.

Aber die wirtschaftlichen Folgen reichten damals viel weiter. Die Krone öffnete die Häfen und verringerte die Zölle. Damit war der Freihandel eingeführt, was nach Jahrhunderten kleinlichster staatlicher Bevormundung jeder Wirtschaftstätigkeit einer

Revolution gleichkam. Brasilien war ökonomisch nicht nur mit dem Mutterland Portugal verbunden, sondern es war plötzlich an den Welthandel angeschlossen. Brasilien wurde zum Absatzmarkt »befreundeter Länder«, was zunächst einmal identisch war mit Großbritannien. Auch die Deutschen nutzten die neuen Chancen. Kurz nach der Unabhängigkeit eröffneten zum Beispiel die Brüder Eduard und Heinrich Lämmert in Rio de Janeiro eine Buchhandlung, aus der eine Druckerei und das erste brasilianische Verlagshaus hervorgingen. Deutsche gründeten Hüttenwerke und Waffenschmieden, druckten Landkarten und erhoben Statistiken, bauten die ersten in Brasilien hergestellten Klaviere und betrieben Gerbereien, Brauereien oder eine Hutfabrik.

Und sie erforschten, dokumentierten, kartographierten das Land. Der deutsche Naturwissenschaftler Georg Heinrich von Langsdorff bereiste 1828 im Dienste des Zaren von Russland den Fluss Juruena im südlichen Amazonasbecken, der ihm zum Verhängnis wurde: Anders als 27 seiner 38 Gefährten überlebte der Baron zwar die Expedition, aber er verfiel dem Wahnsinn. Seine reiche wissenschaftliche Ausbeute geriet in Vergessenheit und wurde erst ein Jahrhundert später in Moskauer Archiven wieder entdeckt. Zehn Jahre vorher hatten Johann Baptist von Spix und Carl Friedrich Philipp von Martius das Innere Brasilien durchschweift, dabei auch den

26

Amazonas befahren – zunächst zu zweit, später trennten sie sich, um in der zur Verfügung stehenden Zeit mehr von Brasilien erkunden zu können. Was sie mitbrachten – 90 konservierte Säugetiere, 350 Vögel, 130 Amphibien, 120 Fische, 2700 Insekten und 6500 Pflanzen und Samenkörner –, bildete den Grundstock der heutigen Zoologischen Staatssammlung München. Martius identifizierte in seiner Flora Brasiliensis 22 767 Pflanzen. Der Maler Johann Moritz Rugendas hatte, damals noch ein Teenager, Langsdorff auf seiner Expedition als Zeichner begleitet. 1835 veröffentlichte er in Paris seine »Voyage Pittoresque au Brésil«, eine Sammlung von Lithographien, die das Alltagsleben Brasiliens mit zugleich wissenschaftlicher Präzision und künstlerischem Virtuosentum abbildete. Der Ethnologe und Zoologe Prinz Maximilian zu Wied hatte schon 1815–17 Brasilien bereist, sechs Indianervölker besucht und nebenbei eine stattliche Sammlung von Vögeln angelegt.

Alexander von Humboldt wäre für seine epochalen Naturforschungen gerne nach Brasilien gekommen. Das war um die Jahrhundertwende, aber der preußische Edelmann wurde verdächtigt, ein Spion zu sein, und deshalb erteilten ihm die Kolonialbehörden keine Einreiseerlaubnis, als er 1800 im venezolanisch-brasilianischen Grenzgebiet war. Ein paar Jahre später jedoch hätte man ihn vermutlich begeistert empfangen, und nicht nur weil er durch seine Reisen und die Berichte darüber weltberühmt geworden war. Denn der portugiesisch-brasilianische Kronprinz Pedro I. hatte 1817 die österreichische Erzherzogin Leopoldine geehelicht. Die junge, hochgebildete Dame – sie war bei ihrer Heirat erst zwanzig und starb schon mit 29 – brachte eine ganze Schar von deutschen Forschern, Gelehrten und Künstlern mit. Kein Zweifel, dass sie Alexander von Humboldt persönlich Tür und Tor geöffnet hätte.

Selbst heute, bald 130 Jahre nach der Abschaffung der Monarchie in Brasilien, erweist der Volksmund der österreichischen Prinzessin Reverenz. Nach ihr ist ein verfallener, riesiger Bahnhof in Rio de Janeiro benannt, der womöglich in den nächsten Jahren wieder aufgeputzt wird, wenn die sündhaft teure Schnellbahnstrecke von Rio nach São Paulo gebaut wird. Leopoldine hat jedoch – Monarchie hin, Republik her – höhere Ehren verdient als nur einen nach ihr benannten Bahnhof, und die Historiker gewähren sie ihr auch. Denn sie redete ihrem nicht besonders entschlussfreudigen Mann im entscheidenden Moment gut zu, die Unabhängigkeit Brasiliens von Portugal zu erklären – das Problem Napoleon hatte sich ja längst erledigt, und die Restauration in Europa hätte nun auch gerne in Südamerika die alten Verhältnisse wiederhergestellt –, was der 1822 auch tat. Die österreichische Prinzessin, Urenkelin von Kaiserin Maria

28

Theresia und Tochter des letzten Kaisers des Heiligen Römischen Reiches Deutscher Nation, bereitete also der Unabhängigkeit Brasiliens den Weg, und deshalb wurde sie als die »Mutter Brasiliens« bezeichnet.

Ihr Sohn, Pedro II., wurde 1841 als Fünfzehnjähriger zum Kaiser gekrönt und regierte bis zur Abschaffung der Monarchie 1889. Der Enkel von Kaiserin Maria Theresia sprach natürlich fließend Deutsch, ebenso wie ein ganzes Dutzend anderer Sprachen – ein hochgebildeter Mann, den die Zeitgenossen als Philosophen auf dem Thron rühmten. Der Dichter-Politiker Lamartine schrieb sogar, er übertreffe »den gekrönten Dichter von Potsdam«.

Der brasilianische Soziologe Gilberto Freyre beschreibt Pedro II. respektloser: als frommen, keuschen, blutleeren Akademiker, der »seinen Krönungsmantel mit Tukanbesatz gern gegen einen Universitätstalar vertauscht hätte«. Unter ihm habe der Wandel, den Freyre »Re-Europäisierung« nennt, seinen Höhepunkt erreicht: »Das neue Europa zwang dem lyrisch-ländlichen Brasilien, das auf Holzfeuer kochte und Holz bearbeitete, die schwarzen, braunen, grauen und dunkelblauen Farbtöne seiner Kohlenzivilisation auf.« Also eine allgemeine Entsinnlichung durch den importierten Fortschritt des 19. Jahrhunderts, die der stets schwarz gekleidete, den Wissenschaften zugetane Kaiser vorantrieb und zugleich verkörperte.

## Kaisertreu bis heute

»Seine Kaiserliche Hoheit kommt gleich« – so wird der Mann angekündigt, der den Thron beanspruchen würde, kehrte Brasilien zur Monarchie zurück. São Paulo, ein mittelprächtiges Einfamilienhaus im Stadtteil Pacaembu: Hier residiert Dom Luiz de Orleans e Bragança, geboren 1938, »Abkömmling von Königen, Heiligen und Helden, Reichsgründern, Kreuzfahrern und Künstlern«, wie es auf der Website des »Kaiserlichen Hauses von Brasilien« heißt. Über seinen französischen Urgroßvater Gaston de Orléans kann Dom Luiz seine Vorfahren zum Beispiel bis Hugo Capet zurückverfolgen, der 987 den französischen Thron bestieg. Während seine Mutter Maria von Bayern eine Wittelsbach ist, weshalb der junge Dom Luiz in den Sechzigern auch in München Chemie studiert hat.

Aber dass der alte Herr dermaleinst die Nation überparteilich verkörpern könnte – ausgeschlossen bei seinen Standpunkten. Über sich das Familienwappen, neben sich eine Statue der Jungfrau Maria, gibt Dom Luiz ein so weltfremdes Weltbild zu Protokoll, dass sein fortschrittlicher, gebildeter, liberaler Ururgroßvater Kaiser Pedro II. wohl die Hände über dem Kopf zusammengeschlagen hätte.

Die soziale Frage werde heute in Brasilien übertrieben, »die Favelas werden ja immer besser«, murrt er. Und auf dem Land gäben »berufsmäßige Krawallmacher« den Ton an, begleitet von sozialistischen Befreiungstheologen, die ja leider auch von katholischen Organisationen wie Adveniat und Caritas in Deutschland unterstützt würden.

30

Kehrte Brasilien zur Monarchie zurück, wäre schlechterdings alles besser: Der Souverän würde, wie einst Pedro, die Regierung im Einklang mit den Parteien bestellen, im Senat säßen weise, auf Lebenszeit berufene Männer, und dann ist Dom Luiz sehr schnell wieder im 19. Jahrhundert: als Brasilien »die Korruption« noch nicht kannte, wirtschaftlich stabil war und internationales Prestige hatte.

Wie bitte? – Das christkatholisch-kaiserliche Brasilien, das die Sklaverei erst 1888 abschaffte, als »höchste moralische Autorität nach dem Papst«, wie Dom Luiz behauptet? Das zwar stabil, aber reformunfähig war? Wo das Pro-Kopf-Einkommen über Jahrzehnte hinweg sank, wo der späte Fortschritt nur einer hauchdünnen Minderheit zugutekam? Wo bei Pedros Sturz 1889 von 100 Menschen 85 nicht lesen und schreiben konnten?

Die Sklaverei, entgegnet Dom Luiz, habe schließlich seine Urgroßmutter, Prinzessin Isabel, als Regentin abgeschafft, während der Kaiser im Ausland war. Und dass das so lange gedauert hat – nun, das habe Brasilien schließlich eine Menge Blutvergießen erspart. Dass es, umgekehrt, jede Menge Blut gekostet hat, sagt er nicht. Das Auspeitschen von Sklaven wurde erst 1886 verboten.

»Schade, dass Dom Luiz solche extremen Positionen einnimmt«, sagt sein Verwandter, Dom João de Orleans e Bragança, der zum erheblich liberaleren Teil der Familie gehört. Dom João, mit einer Bürgerlichen verheiratet, ist Hotelbesitzer und Naturfotograf. Er gibt der Monarchie keine Zukunft, aber er lässt sich gerne interviewen und vertritt »aus Liebe und

31

Respekt für Brasilien« Ansichten und Werte, von denen er freilich sagt, jeder gute Bürger müsse sie vertreten: Demokratie, Verfassungstreue, Respekt vor dem Volk.

Dass Dom Luiz »in einer anderen Welt lebt« – so etwas komme in einer großen Familie eben vor. »Ich hab der Linken applaudiert, schon weil sie mit der Waffe in der Hand gegen die Diktatur gekämpft hat«, sagt Dom João. Dom Luiz hat dagegen, kaum dass die Militärdiktatur vorbei war, die Ehre der Streitkräfte gepriesen.

Der Glamour, der seiner Herkunft anhaftet, ist ihm egal, sagt Dom João – auch wenn er einräumt, »gerührt« zu sein, wenn er in der Öffentlichkeit manchmal als »unser Prinz« vorgestellt wird. Wenn schon Monarchie, dann so eine wie bei seinem Cousin Juan Carlos in Spanien: ohne Krone, ohne Pomp, ohne Thron – ein König in Anzug und Krawatte. Und so ein Monarch könnte, wenn Brasilien kein präsidentielles, sondern ein parlamentarisches System hätte, tatsächlich ein stabilisierender, die Korruption kontrollierender Faktor sein.

Dom João ist Ende Fünfzig. Die Generation danach – also die fünfte nach Pedro II. – besteht heute aus etwa drei Dutzend Prinzessinnen und Prinzen, die meist ein eher großbürgerliches Leben führen, die akademische Brotberufe erlernen oder schon ausüben und ansonsten Hunde mögen, Golf spielen, reiten und sich manchmal darüber amüsieren, dass ihre vielen Vornamen nicht in die Computerfelder des Personenstandsregisters passen.

Nicht einmal die Regenbogenpresse mag sich mit ihnen beschäftigen, so wenig Glamour entfalten sie. Die 1983 ge-

32

borene Paola Maria de Sapieha-Rosanski e Bourbon-Orléans-Bragança arbeitet immerhin als Model und bekam wegen dreier Tattoos den Schlagzeilentitel »Piercing-Prinzessin«. Aber als sie beteuerte, sie werde sich wegen ihrer katholischen Erziehung niemals für den »Playboy« ausziehen, ließen die Skandalblätter schnell wieder ab von ihr.

Dennoch gibt es »monarchistische Zirkel«, die die Abschaffung der Republik in Brasilien ersehnen; sogar eine Jugendbewegung, die »Restauradores«, ist aktiv. Wenn die Propagandatrommel genug gerührt sei, sagt einer von den jungen Kaisertreuen, wollen die Monarchisten ein Referendum zur Abschaffung der Republik beantragen. Da könnte man, bei heute knapp 200 Millionen Brasilianern, auf »25 bis 50 Millionen« kommen, sagen sie.

Im Aufrunden nach oben haben sie allerdings eine gewisse Übung. 1993 sprachen sich bei einer Volksabstimmung 10,2 Prozent der Wahlberechtigten für die Restauration des Kaiserreiches aus. Was sich die Monarchisten auf knapp 15 Prozent – der gültigen Stimmen – hochrechnen.

Ganz so abhold kann der gestrenge Pedro den sinnlichen Reizen nicht gewesen sein, jedenfalls nicht den musikalischen. 1876 leistete er sich eine Reise nach Bayreuth, besuchte die Premiere von »Rheingold«, ließ sich danach zu später Stunde und offenkundig tief aufgewühlt bei Richard Wagner in der Villa Wahnfried melden und heiterte den wegen einiger Unzulänglichkeiten bei der Premiere schlecht gelaunten Meister mit überschwänglichem Lob auf. Später zeichnete er sogar Patronatscheine für die Festspiele.

Das Kaiserreich freilich war die Epoche der »Re-Europäisierung« noch in einem ganz anderen Sinn als den, den Freyre meint. Über Jahrhunderte hinweg waren zwar immer wieder Deutsche nach Brasilien gereist, aber praktisch stets als Einzelpersonen – Abenteurer und Landsknechte, Wissenschaftler und Forscher, Verwaltungsfachleute und Ökonomen. Im 19. Jahrhundert jedoch kamen in mehreren Wellen Kolonisten, Siedler, Bauern, Handwerker – kleine Leute, die vor der Not in Deutschland flohen, in die sie die Industrialisierung geworfen hatte, und die von einem besseren Leben in Brasilien träumten. Den Ersten der Tod, den Zweiten die Not, den Dritten das Brot – diese Generationenabfolge beschreibt auch die Geschichte der deutschen Kolonisten in Brasilien. Aber wie viel Müh und Leiden auch immer die Ersten auf sich nehmen mussten, erst mit den Einwanderungswellen begannen sich die Deutschen und das Deutsche in die Identität der Nation einzufügen. Egal ob sie noch ein paar Brocken Deutsch herausbringen oder nicht, heute gelten etwa fünf Millionen als »teuto-brasileiros«.

Deutsche Wurzeln zu haben ist für die Brasilianer heute genauso normal wie italienische, polnische oder portugiesische Vorfahren – wie denn auch anders in einem Land, von dessen knapp 200 Millionen Menschen nur 0,4 Prozent als Nachfahren der Ureinwohner gelten. Dagegen haben 99,6 Prozent der Brasilianer das, was man in Deutschland »Migrationshintergrund« nennt. Eine Vokabel, die in Brasilien deshalb natürlich völlig unbekannt ist.

## 2.
## Warum die Nazis nach Brasilien kamen
## – und ihre Opfer auch

Eine weiße, sehr hohe Tür, hinter der man einen größeren Raum vermutet: Das also ist die Tür, an die das Hausmädchen Dulce Morais am 23. Februar 1942 besorgt anklopfte, weil die Herrschaften am Nachmittag noch nicht aufgestanden waren. Das ist die Tür, hinter der die beiden aneinandergerückten Einzelbetten standen, die auf den später geschossenen Polizeifotos zu sehen sind. Es ist die Tür, hinter der der Schriftsteller Stefan Zweig verzweifelt mit seinem Leben abschloss. Hinter der seine 27 Jahre jüngere Frau Lotte wartete, bis er nicht mehr atmete. Hinter der dann sie das Gift nahm, an ihn heranrückte, ihre Hand auf seine legte und ebenfalls aus der Welt schied.

Was sich jahre-, jahrzehntelang hinter der hohen Tür auftat, war nichts als die Banalität des weitergegangenen Lebens: Ein leerer, kleiner, verwohnter Raum mit abgenutztem Teppichboden und aus der Wand hängenden Elektrostrippen, nebenan ein Bad mit Jacuzzi und älteren Armaturen. Also kein Ort zum Innehalten, zum Nachdenklichsein, zum Melancholischwerden, zum Trauern. Kein Ort zu gar nichts. Eigentlich gar kein Ort.

Heute ist das anders – endlich. 2012 wurde der kleine Bungalow, in dem Stefan und Lotte Zweig aus dem Leben schieden und der danach jahrzehntelang in privater Hand war, in eine Gedenkstätte umgebaut. Ein Verein um den brasilianischen Zweig-Biographen Alberto Dines hatte ihn 2005 gekauft und jahrelang um Spenden und Zuschüsse gebettelt. »Ele está de volta a Petrópolis«, hieß es fast triumphierend auf einem Plakat mit Zweigs Konterfei, als das Projekt endlich in Fahrt kam: Er ist nach Petrópolis zurückgekehrt. In die Stadt seines letzten, einsamen Exils sechzig Kilometer nördlich von Rio in den Bergen gelegen, wo Kaiser Pedro II. ein Jahrhundert zuvor seine Sommerresidenz hatte bauen lassen.

Die Pläne, das Haus in ein Museum mit Archiv, Mediathek und Tagungsstätte zu verwandeln, sind aus Geldmangel noch lange nicht verwirklicht. Aber immerhin: Das ehemalige Schlafzimmer ist angemessen gestaltet worden. Es ist völlig leer, bis auf ein einziges Ausstellungsstück – eine Kopie von Stefan Zweigs Abschiedsbrief. »Ehe ich aus freiem Willen und mit klaren Sinnen aus dem Leben scheide, drängt es mich, eine letzte Pflicht zu erfüllen: diesem wundervollen Lande Brasilien innig zu danken, das mir und meiner Arbeit so gute und gastliche Rast gegeben«, schrieb er. Die Welt seiner eigenen Sprache sei untergegangen, seine »geistige Heimat Europa« habe »sich selber vernichtet«. Für einen Neuanfang in Brasilien fehle ihm jedoch nun, »nach dem sechzigsten Jahre«, die Kraft, begründete Zweig seinen Entschluss, bevor er schloss mit den Worten: »Ich grüsse alle meine Freunde! Mögen sie die Morgenröte noch sehen nach der langen Nacht! Ich, allzu Ungeduldiger, gehe ihnen voraus.«

Er ist nach Petrópolis zurückgekehrt. Aber wenn man die 700 Seiten von Alberto Dines' Zweig-Biographie – eigentlich ist es keine Biographie, denn Dines schreibt fast ausschließlich über Zweigs Zeit in Brasilien – liest, dann fragt man sich, ob er vorher dort überhaupt jemals angekommen war.

»Heute glücklich übersiedelt. Es ist ein winziges Häuschen, aber mit großer gedeckter Terrasse und wunderbarem Blick ... endlich ein Ruhepunkt für Monate und die Koffer verstaut«, schrieb Zweig am 17. September 1941, fünf Monate vor dem Freitod, an seine erste Frau Friderike, mit der er immer vertrauter zu sein schien als jemals mit Lotte, wegen der er sich von Friderike getrennt hatte. Übersiedelt ja – aber glücklich? Eine Woche vorher hatte Zweig den Umzug vom sommerlich heißen Rio de Janeiro hinauf ins kühle Kaiser-Städtchen Petrópolis, offenkundig wenig begeistert, als »Schatten einer Seßhaftigkeit« bezeichnet. Nein, glücklich war er da oben nie.

Rua Gonçalves Dias 34: Wirklich ein winziges Häuschen. Ein Wohnzimmer mit Kamin, links ein kleines Arbeitszimmer und das Todesschlafzimmer, rechts die Küche und ein Wirtschaftsraum, der abschließt mit dem rohen, feuchten Felsen, an den die Klause gebaut ist. In Salzburg hatte der reiche Großbürger Zweig fünfzehn Jahre lang das Paschinger Schlössl auf dem Kapuzinerberg bewohnt. War er jetzt bestürzt darüber, in welch bescheidenes Exil ihn Hitler getrieben hatte?

Vom »wunderbaren Blick« übrigens ist nichts geblieben: Man schaut auf eine nahe, laute Straße und einen gesichtslosen, achtstöckigen Wohnblock. Es gibt keinen Hinweis darauf, dass dem hochgebildeten, belesenen Zweig jemals der ebenso zufällige wie merkwürdige Zusammenhang zwischen seiner neuen Adresse und seine eigenen Existenz auffiel. Der brasilianische Dichter Antônio Gonçalves Dias, 1823–1864, nach dem seine Straße benannt war und ist, hat ein »Lied des Exils« geschrieben, ein schwermütiges Meisterwerk, das bis heute jedes Schulkind lernt: »In meinem Lande wachsen Palmen / und dort singt der Sabiá / anders zwitschern hier die Vögel / anders zwitschern sie als da … Möge Gott verhindern, dass ich sterbe / bevor ich jemals wiederkehren kann …«

Als er 1936, auf dem Weg zu einem Schriftstellerkongress in Buenos Aires, zum ersten Mal Brasilien

39

besucht, schickt er Friderike »aus dem schönsten Tollhaus der Erde viele Grüße«. Man rollt ihm, dessen Bücher die gebildeten Stände in Brasilien genauso verschlingen wie anderswo auf der Welt, den roten Teppich aus. In den zwölf Tagen, die er seine Schifffahrt nach Argentinien in Rio de Janeiro unterbricht, wird er beklatscht und bejubelt, man hofiert und umschmeichelt ihn. Bei einer Lesung vor etwa 2000 Menschen erhebt sich das Publikum zu seinen Ehren. Stolz schreibt er Friderike, dass er täglich fünfhundert Autogramme gebe.

Brasilien hatte damals eine gewisse Tradition entwickelt, kluge Köpfe und große Namen einzuladen. Aber entflammt von seiner Begeisterung über das tropische und so dynamische Land, bemerkt der politisch geradezu naive Zweig gar nicht, wie ihn das Regime und der diktatorisch herrschende Präsident Getúlio Vargas einzuwickeln versuchen. Er übersieht sogar den rüden Antisemitismus, der in weiten Teilen der Gesellschaft verbreitet ist. Er wundert sich offenbar nicht darüber, dass die Vargas-Diktatur sich einerseits mit einem weltberühmten jüdischen Schriftsteller wie ihm schmücken will, während sie andererseits die besten Beziehungen zu Nazi-Deutschland unterhält. Wie er ohnehin erstaunlich blind ist für die nackte Realität: Die Favelas bezeichnet er mit dem fatalen Wort »pittoreske Negerhütten«, und er schreibt verständnislos, »man versteht,

40

dass ihre Bewohner lieber unbewacht und unter sich in diesen … Häusern wohnen als in dumpfen Mietwohnungen«.

1940 zieht er, zutiefst erschreckt und verängstigt über den Vormarsch Hitlers, der sogar seine britische Wahlheimat zu bedrohen schien, nach Brasilien um. »1936 hat Zweig eine subtil getarnte Diktatur vorgefunden, jetzt vier Jahre später zeigt sie sich gänzlich unverhohlen«, schreibt Dines. »Drôle de guerre, er flieht vor Hitlers Drittem Reich und sucht Zuflucht im Estado Novo, einem ›Sprössling‹ Mussolinis … Das faschistische Klima, das Zweig 1936 nicht hatte feststellen können, ist jetzt Realität. Er nimmt es nicht wahr.«

Wovon Hunderttausende von Juden und anderen Verfolgten in Europa nur träumen, bekommen Zweig und die 27 Jahre jüngere Lotte auf geradezu verdächtig problemlose Art: ein Dauervisum. Fast überall auf der Welt verweigern brasilianische Diplomaten auf Befehl des faschistisch angehauchten und tief antisemitisch durchtränkten Außenministeriums in Rio de Janeiro gerade Juden die Einreisegenehmigung, oder sie verkaufen sie für viel Geld, das sie in die eigene Tasche stecken. Das »visto« der Zweigs war also eine rare Ausnahme – war es der Lohn für »Brasilien. Ein Land der Zukunft«?

Er hatte das Buch mit dem berühmten, bis zum Überdruss zitierten Titel mit Feuereifer begonnen.

41

Auf Regierungskosten und in Begleitung eines regierungsamtlichen Aufpasser-Journalisten hatte er eine kurze, eher flüchtige Recherchereise unternommen, und dann war ihm ein zwar hinreißend formulierter, aber inhaltlich flacher – und heute natürlich weitgehend überholter – Text aus der Feder geflossen. Eine Art Sachbuch also. Sowieso nicht die Gattung der Schriftstellerei, die seine Stärke war. Dennoch war er stolz darauf, dass das Brasilien-Buch zeitgleich in sechs Sprachen erschien.

Aber warum es in Brasilien auf eiskalte Ablehnung stieß, hat er wohl nie verstanden: Er hatte sich damit zwischen alle Stühle gesetzt. Die nationalistische Rechte fand Brasilien als rückständig beschrieben, sie vermisste das Loblied auf Getúlio Vargas und seine Entwicklungsdiktatur. Und die Linke und generell die Vargas-Gegner lasen das Brasilien-Buch schlicht als Bückling vor dem Diktator. Dass es eine hinreißende Liebeserklärung an Brasilien war, nahm kaum jemand wahr.

Und so wurde der zweite Brasilien-Aufenthalt geradezu zum Gegenteil des triumphalen Besuchs 1936. Niemand rollte den Zweigs mehr den roten Teppich aus. Sie, die kaum ein Wort Portugiesisch sprachen, zogen sich immer mehr aus der gleichgültigen bis feindseligen Gesellschaft der Hauptstadt Rio zurück. In der Klause von Petrópolis, wo ihm Bücher und Briefe und sicher auch Freunde und

Bewunderer fehlten, schrieb Zweig ein letztes, kleines Meisterwerk, die »Schachnovelle«, dessen Typoskript er am 22. Februar 1942, am Vorabend seines Todes, noch auf die Post brachte. Ein paar Tage vorher hatten Lotte und er sich die fremden, fröhlichen Exzesse des Karnevals von Rio angesehen – unfroh und beklommen. Am Aschermittwoch, dem 18. Februar, stand in der Zeitung, dass zwei Tage vorher erstmals ein deutsches U-Boot ein brasilianisches Schiff versenkt habe. Und da beschloss Stefan Zweig wohl, die hohe, weiße Tür für immer hinter sich und seiner Frau zuzuziehen.

Was für eine merkwürdige Tragik! Denn in den Geschichtsbüchern ist das, was für Zweig vermutlich der letzte, verzweifelte Anlass zum Freitod war, als der Wendepunkt in den deutsch-brasilianischen Beziehungen verzeichnet. Das Vargas-Regime, das lange mit den Faschisten geliebäugelt hatte, war auf die Seite der Alliierten umgeschwenkt – das war der Grund dafür, dass deutsche U-Boote Jagd auf brasilianische Schiffe machten. Das Land, in dem Stefan Zweig Zuflucht und Exil gesucht hatte, bezieht endlich entschieden Stellung gegen Hitler – und dennoch steigert sich seine Verzweiflung bis in den Tod.

Am 2. September 1939, einen Tag nach Ausbruch des Zweiten Weltkriegs, hatte Brasilien seine Neutralität bekanntgegeben. Getúlio Vargas und sein Regime standen den Achsenmächten dennoch politisch und ideologisch durchaus nahe. Vargas war Nationalist, er wollte sein rückständiges, agrarisches, oligarchisches Land entwickeln. Die Vorstellung des südeuropäischen Faschismus, dass die Widersprüche zwischen Kapital und Arbeit von einem autoritären Staat zugunsten der nationalen Größe aufgehoben werden könnten, gefiel ihm ebenso gut wie die Vision einer allmächtigen Regierung, die die Modernisierung quasi herbeibefiehlt und durchsetzt. Hinzu kamen der weitverbreitete Antisemitismus und der traditionelle Widerwillen gegen die Vorherrschaft der USA. Die Deutschen dagegen genossen dank ihrer wirtschaftlichen und technischen Erfolge eine gewisse Wertschätzung; bis die »Hindenburg« in Lakehurst in Flammen aufging, war Brasilien stolz darauf gewesen, durch das damals modernste Verkehrsmittel, den Zeppelin, mit Deutschland verbunden zu sein. Und so blieb Brasilien die ersten zweieinhalb Kriegsjahre eher indifferent als neutral.

Aber als die USA in den Krieg eintraten und die Staaten Südamerikas mit Zuckerbrot und Peitsche auf ihre Seite brachten, war auch Getúlio Vargas mit dabei. Das Zuckerbrot war ein 100-Millionen-Dollar-Kredit für den Bau des ersten brasilianischen Stahlwerks in Volta Redonda, einem Städtchen zwischen Rio und São Paulo, das bis heute ein Zentrum der Schwerindustrie ist und den etwas sowjetisch klingenden Beinamen »cidade do aço«, Stahl-Stadt,

44

trägt. Und die Peitsche? Die Historiker sind sich bis heute nicht ganz einig, aber manche halten es für erwiesen, dass die USA einfach im Norden Brasiliens einmarschiert wären, um sich die Kontrolle des Südatlantiks zu sichern, wenn Getúlio Vargas nicht pariert hätte. Wie umstritten auch immer die Faktenlage sein mag – schon die Drohung einer Invasion weckt die uralte und bis heute erstaunlich virulente, weitverbreitete Angst der Brasilianer, irgendjemand könnte ihnen den nördlichen Teil ihres Landes wegnehmen.

Knapp drei Wochen vor dem Rosenmontag 1942, an dem das deutsche U-Boot, die U-432, vor der Küste der USA den brasilianischen Frachter *Buarque* versenkte, hatte Rio de Janeiro bereits die diplomatischen Beziehungen zu Berlin, Rom und Tokio abgebrochen. Der Seekrieg eskalierte mit brutaler Härte, immer mehr Schiffe der brasilianischen Handelsmarine wurden torpediert. Als Brasilien im August 1942 den Achsenmächten den Krieg erklärte, war die Stimmung im Volk bereits so aufgepeitscht, dass es zu Massendemonstrationen kam, inklusive pogromartiger Übergriffe auf Geschäfte und Firmen, die irgendwie deutsch, italienisch oder japanisch wirkten. Auch auf solche, die sich längst als vor allem brasilianische verstanden.

Aber die Brasilianität der Brasilien-Deutschen – das war damals eine sehr komplizierte Sache. In

45

den 120 Jahren vor der Kriegserklärung waren die Deutschen in mehreren Einwanderungswellen gekommen, vor allem in den bis heute vielerorts deutsch geprägten Süden, wo 1942 ein Fünftel der Bevölkerung deutsche Wurzeln hatte. Ein Großteil von ihnen waren Bauern und Handwerker, die in entlegenen Gegenden rodeten, pflanzten und ernteten – Hinterwäldler im ursprünglichen Sinne, die kaum Kontakt zum lusitanisch-katholischen Brasilien unterhielten. Viele sprachen kein Portugiesisch, ihr Deutsch verselbständigte sich zu einem kernigen Idiom, das zu verstehen den Deutschen aus Deutschland immer schwerer fiel. Ihre Kinder wurden in deutschen Schulen unterrichtet, sie bauten sich Fachwerkhäuser, sangen deutsche Volkslieder in deutschen Liedertafeln, gingen am Sonntagmorgen in die evangelische Kirche – jeder zweite Deutsch-Brasilianer war damals Lutheraner – und danach zum Biertrinken ins deutsche Wirtshaus. Mit anderen Worten, sie ließen sich nicht so leicht hineinrühren in den brasilianischen Schmelztiegel.

Mit der Abschaffung der Sklaverei – erst 1888, aber schon vorher war die legalisierte Ausbeutung der Schwarzen nach und nach gebremst worden – sollten die Einwanderer aus Europa die Arbeitskraft stellen, die in dem neuen Wirtschaftssystem gebraucht wurde. Und gemäß den Rassentheorien, die damals im Schwange waren – selbst der aufgeklärte Kaiser Pe-

46

dro II. war mit dem Franzosen Arthur de Gobineau befreundet, der die Überlegenheit der arischen Herrenrasse predigte –, hatten die europäischen Kolonisten auch noch den Vorteil, zum »branqueamento« Brasiliens beizutragen, also zur »Weißung«, zur Aufhellung des Rassenmixes.

Aber im 20. Jahrhundert traten diese Motive in den Hintergrund. Die Wirtschaft hatte die Abschaffung der Sklaverei längst verkraftet, und einzelne Regionen begannen so zu florieren, dass sie politisch in Gegensatz zum Zentralstaat traten und von Widerstand, Autonomie oder gar Unabhängigkeit zu träumen begannen. Nötig war also die Einheit der Nation, und genau das war die Leitlinie des Estado Novo, des halb faschistischen Regimes von Getúlio Vargas. »Brasilien ist weder englisch noch deutsch«, redete der Diktator 1940 den deutschstämmigen Bewohnern der Stadt Blumenau ins Gewissen, »Brasilien ist brasilianisch, und brasilianisch zu sein, das heißt nicht nur die Gesetze Brasiliens zu befolgen und seine Behörden anzuerkennen. Brasilianer zu sein heißt, Brasilien zu lieben, also sich dem Gefühl hinzugeben, das einem gestattet zu sagen: Brasilien hat uns das Brot gegeben, wir werden Brasilien dafür unser Blut geben.«

Die Not in der Weimarer Republik hatte eine neue Wanderungswelle über den Atlantik schwappen lassen, und so standen sich Ende der dreißiger Jahre

47

wohl rund eine Million mehr oder weniger Alteinge-sessene, also deutschstämmige Brasilianer, und etwa 100 000 deutsche Staatsbürger gegenüber. Viele von ihnen waren Entsandte, die bei deutschen Firmen, Banken oder Reedereien arbeiteten, und die anderen waren das, was man heute in Deutschland »Armuts-flüchtlinge« nennt. Die Deutsch-Brasilianer bezeich-neten sie oft abfällig als »Abschaum«.

Und wo steckten die Nazis? Im Ausland unterhielt die NSDAP nicht weniger als 83 Zellen in aller Herren Länder, und Brasilien kann für sich den zweifelhaften Superlativ beanspruchen, dass sich hier die größte Nazigemeinde bildete. Aber dennoch: Besonders berauschend waren die Erfolge der Nazis nicht. Ge-nau 2822 Mitglieder hatte die Nazipartei in Brasilien, ergaben neuere Forschungen. Also sehr wenig, wenn man die Zahl auf die 100 000 Deutschen in Brasilien bezieht, von denen man ja vielleicht annehmen könn-te, dass die Armutsflüchtlinge unter ihnen besonders anfällig waren für die Hitlerei. Und so gut wie gar nichts, wenn man die Deutsch-Brasilianer mitzählt.

#### Die Welthauptstadt der Zwillinge

Cândido Godói ist so etwas wie das brasilianische Loch Ness. Alle paar Jahre macht die kleine, von der Landwirtschaft le-bende Stadt nahe der Grenze zu Argentinien Schlagzeilen, und das Ungeheuer, von dem angeblich immer wieder Spuren

48

gesichtet werden, heißt Josef Mengele. Immer wieder taucht eine gespenstische Theorie auf: dass die außergewöhnlich hohe Häufigkeit von Zwillingsgeburten unter den 6500 überwiegend deutschstämmigen Bewohnern auf den berüchtigten KZ-Arzt zurückgehe.

Mengele, der womöglich Hunderttausende in den Tod schickte und in Auschwitz an etwa 1500 Zwillingspaaren grausame Experimente unternahm, soll in den Sechzigern durch genetische Manipulationen einen Zwillingsboom in Cândido Godói erzeugt haben, so behauptet die Sensationspresse immer wieder. »Alles Quatsch«, sagt Mario Backes, der frühere Vize-Bürgermeister von Cândido Godói, und führt ein handfestes Argument an: »Welche konservative Bauersfrau ließe denn so etwas mit sich machen?«

Brasilianische Genetiker versuchen seit Jahren herauszufinden, warum in Cândido Godói die vielen Zwillinge geboren werden, auf die das kleine, vom Soja-, Weizen- und Maisanbau lebende Städtchen so stolz ist, dass es sich »terra dos gêmeos« nennt – Land der Zwillinge. »Mit dieser Forschung wurde Ende der Neunziger begonnen, und damals kursierte diese Mengele-Theorie auch schon«, sagt die Genetikprofessorin Lavínia Faccini von der Bundesuniversität Porto Alegre. Ein Ergebnis immerhin liegt jetzt vor: »Aufgrund der Geburtenregister, die wir untersucht haben, kann man die Mengele-Theorie definitiv ausschließen.«

Die Register beginnen 1927, bis 1959 sind sie zwar nicht so genau wie danach, aber dennoch: Bei drei Prozent aller Geburten in Cândido Godói – und zwar praktisch kon-

49

stant – kommen Zwillinge zur Welt. Das sind mehr als doppelt so viel wie zum Beispiel in der Schweiz. Mit sieben Prozent ist die Zwillingsrate im zur Gemeinde gehörenden Weiler Linha São Pedro sogar noch mal deutlich höher – aber auch das praktisch gleichbleibend über die Jahrzehnte hinweg. »Wir haben extra nach Clustern in den Sechzigern geforscht, als Mengele da gewesen sein soll«, unterstreicht die Genetikerin, »aber die gibt es nicht.«

2010 veröffentlichte der Argentinier Jorge Camarasa sein Buch »Mengele: Der Todesengel in Südamerika« und löste damit – wieder einmal – eine rund um den Globus reichende Debatte aus. Laut Camarasa reiste Mengele, dem nach dem Krieg die Flucht nach Argentinien gelang und der erst 1979 in Brasilien einem Schlaganfall erlag, in den frühen Sechzigern in der Gegend von Cândido Godói herum, stellte sich bald als Arzt, bald als Veterinär vor, verabreichte nicht näher bezeichnete Medizin und unternahm genetische Manipulationen. Dass sich Camarasa dabei auf das Buch von Anencir Flores, einem früheren Arzt und Bürgermeister der Zwillingsstadt, stützte, fiel nicht weiter auf. Auch Flores ließ Mengele nach Cândido Godói kommen, aber er räumte ein, dass er Realität und Fiktion verknüpft hatte. »Vermutlich war Cândido Godói Mengeles Laboratorium, in dem er endlich seinen Traum verwirklichen konnte, eine Herrenrasse von blonden, blauäugigen Ariern heranzuzüchten«, behauptete Camarasa. Während ein Teil der Presse Skepsis äußerte und offen spottete über die abstruse These, nahmen andere Medien sie ernster, oder sie machten sich Camarasas Theorie zu eigen: »Mengeles Geheimlabor entdeckt? Ein Historiker fand seine Spuren«, titelte zum Beispiel die Berliner »B. Z.«.

Was bisher nur Neonazikreise behaupteten, wurde plötzlich auch in der seriösen Presse als möglich oder gar wahrscheinlich erwogen: Dass die grausamen Experimente eines der größten Verbrecher des 20. Jahrhunderts tatsächlich wissenschaftlichen Wert und in Cândido Godói noch dazu praktische Erfolge gehabt haben könnten. »Absurd«, schimpft Professorin Faccini, »Mengele war wissenschaftlich eine Null.«

Auch die Biographie Mengeles spricht gegen Camarasas Theorie. Dem Todesengel von Auschwitz gelang 1949 mit Hilfe von Schweizer und vatikanischen Helfershelfern die Flucht nach Argentinien, wo er unbehelligt unter anderen Nazis lebte, von seiner Familie in Deutschland finanziert und von der deutschen Botschaft sogar mit einem Pass auf seinen wahren Namen ausgestattet. Als jedoch der israelische Geheimdienst Mossad 1960 den Naziverbrecher Adolf Eichmann in Argentinien entführte, um ihn in Israel vor Gericht zu stellen, bekam es Mengele mit der Angst zu tun. »Von nun an würde er kaum einen Moment seines verbleibenden Lebens verbringen, ohne ängstlich über die Schulter zu schauen«, schreibt der Historiker Uki Goñi, der ein Standardwerk über die Naziflucht nach Argentinien verfasst hat. Reist so einer durchs Land und bietet prüden Bäuerinnen Zwillingsgeburten an?

Doch wenn die Mengele-Theorie ausgeschlossen werden kann, wie lassen sich dann die vielen blonden Zwillinge von Cândido Godói erklären? Lavínia Faccini und ihre Kollegen gehen der sogenannten Gründertheorie nach: »Nehmen wir

51

hundert Familien, von denen eine die genetische Prädisposition für Zwillinge hat, und davon ziehen drei an einen abgeschiedenen Ort«, erläutert die Professorin, »wenn die mit der Zwillingsneigung dabei ist, steigt die Chance, dass dieses Merkmal auftritt, von 1 zu 100 auf 1 zu 3 – und so etwas könnte in dem Weiler Linha São Pedro passiert sein.« Linha São Pedro wurde von acht bis zehn Familien gegründet.

Cândido Godói ist im Übrigen kein Einzelfall. Überdurchschnittliche Zwillingshäufigkeit wird da und dort auf der Welt festgestellt, etwa in Indien oder in Rumänien, und da oft in entlegenen, abgeschlossenen Orten. Was für die Gründer- und gegen die Mengele-Theorie spricht.

Die Deutsch-Brasilianer fühlten sich zwar deutsch, aber sie kannten Deutschland nicht. Sie hatten wohl meist ziemlich vage Vorstellungen davon, wie sich das so entfernte Land ihrer Vorväter verändert hatte. Dass es seit 1933 irgendwie groß und mächtig erschien, machte aus ihnen vielleicht stolzere Menschen, aber noch lange keine Nazis. Ernst Wilhelm Bohle, der Chef der Auslandsorganisation der NSDAP, hatte gewettert, wer als Auslandsdeutscher nicht Nazi sein wolle, aber sich weiterhin als Deutscher betrachte, der sei Vaterlandsverräter. Aber solche Bannflüche gingen wohl über die Köpfe der aller-, allermeisten Deutsch-Brasilianer hinweg.

»Umgekehrt allerdings«, so sagt der Historiker René E. Gertz, »ist auch nicht sehr viel Opposition zu finden.« Genaugenommen ganz wenig. Der Widerstand regte sich in bestimmten Arbeiterkreisen und in kleinen Gruppen von Katholiken, sonst reagierten die Deutsch-Brasilianer eher hinhaltend und ausweichend. Die bekannten Nazis, die in Uniform herumliefen – was zunächst genauso wenig verboten war wie die Hakenkreuzfahnen –, erfreuten sich offenbar keiner besonderen Wertschätzung. Aber sie trafen auch auf keinen Widerstand, wenn sie zum Beispiel die deutschen Traditionsvereine übernahmen. Bloß dass die alten Mitglieder dann eben wegblieben. Dass übrigens Hitler und die Reichsregierung daran dachten, den Süden Brasiliens zu erobern und sozusagen heim ins Reich zu holen – oder das gar fest planten –, ist eine Theorie, die heute praktisch alle Historiker für aus der Luft gegriffen halten.

Gilberto Freyre formulierte mit seinem wunderbaren, bis heute lesenswerten Meisterwerk »Herrenhaus und Sklavenhütte« eine geradezu epochale Antithese zu den Anschauungen des 19. Jahrhunderts, nach denen Brasilien mehr europäisches Blut brauche, um zur Zivilisation voranzuschreiten. Freyre ist der erste Theoretiker, der den drei ethnischen Wurzeln Brasiliens – der indianischen, der afrikanischen, der europäischen – gleichen Rang und Wert beimisst; erst die Vermischung dieser drei Rassen mache Brasilien in all seinen Qualitäten und Chancen aus. Heute ist das keine besonders außer-

53

gewöhnliche oder gar fortschrittliche Meinung. Aber man muss sich klarmachen, wann dieses Buch erstmals erschien: 1933. Als in Deutschland Adolf Hitler zum Reichskanzler gewählt wurde.

Natürlich war Freyres Meinung damals nicht unumstritten oder gar allgemein akzeptiert. Aber die Vargas-Diktatur zielte auf ein einiges, starkes Brasilien ab, und die – ohnehin ur-amerikanische – Schmelztiegel-Theorie war in einem Einwandererland wie Brasilien die einzig mögliche Doktrin, um dieses Ziel zu erreichen. So nahe sich der Estado Novo und das Dritte Reich oft waren, die Rassenfrage entzweite sie grundlegend. Denn für die Nazis mit ihrem rassistischen Reinheitswahn war die Vermischung von Rasse und Volkstum ein Graus, aber für Brasilien war sie die Raison d'être.

Selbst für Brasiliens Faschisten, die Integralistische Aktion, die offen ihre Sympathie für die europäischen Brüder im Geiste offenbarte, war die Rassenfrage die Scheidelinie. Eine Delegation von ihnen wurde nach Berlin eingeladen, aber dort kühlten die Beziehungen schnell ab: Die Integralisten wollten die Rassenvermischung um der Größe Brasiliens willen, während ihre Gastgeber die Deutsch-Brasilianer möglichst deutsch halten mochten. Aber diese unüberbrückbaren Meinungsverschiedenheiten wurden 1937 sowieso hinfällig: Mit dem Beginn des Estado Novo wurden alle politischen Parteien verboten

54

beziehungsweise gleichgeschaltet, auch die Integralisten. Mit denen damals übrigens auch – die Jugendsünde als kurioses Detail in der Biographie – der spätere brasilianische Befreiungstheologe Dom Hélder Câmara liebäugelte.

Was war da los auf den Straßen von Rio de Janeiro, damals im August 1942, nachdem in zwei Tagen 550 Menschen bei deutschen Torpedo-Attacken auf brasilianische Schiffe ums Leben gekommen waren? – Am 5. September rief der Polizeichef von Rio in der Zeitung »Correio da Manhã« zur Ruhe auf und bat die Bevölkerung, sich jeglicher Verwüstungen des Besitzes von Angehörigen der Achsenmächte zu enthalten. Ziele waren natürlich die Läden, Kneipen, Firmen mit deutschen Namen, von denen es damals viele gab.

So zum Beispiel die deutsche Bierschenke »Bar Adolf« – ein Name, der verständlicherweise die Schüler des als besonders nationalistisch bekannten Elite-Gymnasiums »Pedro II.« reizte, das nicht weit entfernt lag. Zum Glück für die Fensterscheiben saß gerade Ari Barroso bei seinem Chop, seinem Glas Fassbier; der Komponist war ein paar Jahre früher durch seinen Samba »Aquarela do Brasil« berühmt geworden. Der Name Adolf, so donnerte er den Gymnasiasten entgegen, beziehe sich auf den verstorbenen Wirt, und der sei genauso Brasilianer gewesen wie sie. Tatsächlich erwies der Name nicht dem deutschen Reichskanzler Reverenz, sondern dem früheren Geschäftsführer Adolf Rumjaneck, der ein begnadeter Armdrücker war und seine – damals wie heute in Brasilien eher exotische – Kunst in den Dienst der Verbreitung eines Getränkes gestellt hatte, das damals neu und ungewohnt war. Wer Adolfs Arm bezwang, durfte auf Kosten des Hauses Wein trinken, und wer unterlag, musste das neumodische Fassbier kippen und selber bezahlen.

Ob es die Kraft des Arguments oder die Prominenz des Argumentierenden war – jedenfalls ließen die Gymnasiasten von der »Bar Adolf« ab und suchten sich ein anderes Opfer. Der Besitzer Ludwig Voith taufte danach seine Schenke schnell um: in »Bar Luiz«. Ihr Name hat sich bis heute erhalten, ebenso wie die wunderschönen alten Details ihrer Einrichtung, vom geschliffenen Spiegel vor der Toilette über das altmodische Holzmobiliar bis zur Nummer 39, die in hübscher Art-déco-Schrift über dem Eingang in der Rua da Carioca hängt.

#### Wenn Beckenbauer, Tarzan und James Bond in den Stadtrat wollen

So groß ist die Qual der Wahl wohl nur in Brasilien: Soll man den Glatzkopf von Clevelândia, den Riesenneger mit dem Besen, Rubens von der Apotheke oder Fátima vom Wochenmarkt in den Stadtrat von Oiapoque wählen? Oder lieber

Santos Fahrrad, Valdez Taxifahrer, Paulo vom Taxi, Natal Motorräder oder João Moto Show? Und wie mag wohl das politische Programm von Caipirinha-Charles aussehen? Oder sollte man eher auf Kandidaten mit schlichten Namen wie Laura, Leila, Ida, Diva, Cleia bauen? Oder ganz einfach João wählen, Hans?

Bei der Kommunalwahl Ende 2012 bewarben sich 136 Kandidaten auf die elf Sitze des Stadtrates von Oiapoque, einer nordbrasilianischen Kleinstadt an der Grenze zu Französisch-Guayana, und viele traten unter ulkigen Namen an. Das Wahlrecht Brasiliens erlaubt jedem Kandidaten, sich einen »nome de urna«, also einen Wahlurnennamen, zuzulegen – und da geht alles, solange die Identität klar ist, das allgemeine Schamgefühl nicht verletzt wird und niemand lächerlich gemacht oder herabgesetzt wird. So dass jede Kommunalwahl ein riesiger Reigen bizarrer Namen ist. Denn in den 5569 Gemeinden Brasiliens sind jedes Mal knapp 60 000 Stadtratssitze zu vergeben.

Der Wahlurnenname bringt die in Brasilien begrenzte Zahl von herkömmlichen Vor- und Familiennamen in Einklang mit der Phantasie und Kreativität, die bei der Erfindung von Redewendungen, Werbeslogans und eben auch Spitznamen waltet. Eine der vielen Meisterleistungen des Volksmunds war die ironische Bezeichnung für den früheren Vizepräsidenten Marco Maciel, eines äußerst hageren Mannes: Landkarte von Chile. Und auf den Kandidatenlisten schlägt sich ähnlicher Witz nieder, wenn sich die Kandidaten zum Beispiel Niemand, Durcheinander, Nickerchen oder Schönen Tag nennen.

Luiz Inácio da Silva, das ist ein Allerweltsname wie Hans Müller; der frühere Präsident hat schon vor seiner Politikerkarriere das berühmte »Tintenfisch« hinzugefügt – Lula, ein Zusatz, den auch Kommunalkandidaten immer wieder gerne benützen. Die Pereiras, die Oliveiras, die da Silvas sind vor allem im Norden und Osten Brasiliens häufig vertreten, und als gute Katholiken ziehen sie für die Vornamen die Heiligen heran. Da ist bei Tausenden und Abertausenden von Kandidaten oft ein Zusatz zur Unterscheidung nötig. Umgekehrt sind die Urnennamen im Süden, wo die Nachkommen der Zuwanderer aus Deutschland, Italien oder Polen leben, identisch mit den Familiennamen. Denn davon gibt es hier einfach mehr.

Oft legt sich der Kandidat gleich einen neuen Namen für die Urne zu. Den der Fußballlegende Garrincha zum Beispiel, oder Batman, Tarzan und James Zero Zero Sete, also 007. Auch Spiderman taucht auf den Listen auf, auf Portugiesisch Homem-aranha. Was ein anderer Spaßvogel wiederum als »homem-picanha« parodiert; Picanha ist das schönste Stück Grillfleisch. Auch Showstars und Fernsehmoderatoren geben beliebte Urnennamen ab.

Oder aber in Brasilien beliebte Ausländer: Die »New York Times« hat in den endlosen Kandidatenlisten 16-mal »Obama« gefunden. Einer von ihnen sieht dem US-Präsidenten so täuschend ähnlich, dass er als sein Doppelgänger auftrat. Ein anderer nannte sich »Barata Obama«, Kakerlake Obama. Auch Jimmy Carter und John Kennedy waren vertreten.

Vor allem in Kleinstädten, wo die Menschen einander kennen, werden die Spitznamen herangezogen, unter denen die

58

Kandidaten oft von Kinderbeinen an bekannt sind. Oder der Urnenname bezieht sich auf ihren Arbeitsplatz: So kommen Computer-André, João aus der Bar, Engelchen von der Tankstelle, TV-Susi oder auch Schwester Iris vom Gas zustande. Die übrigens in Tailândia, einer Holzfällerstadt im Nordosten, unter anderem mit Joana von der Mundhygiene um die Wählergunst buhlt.

Ein spezieller Fall ist der Urnenname Beckenbauer. Denn der ist nicht erfunden. Der Kandidat hieß tatsächlich so: Beckenbauer de Oliveira Rodrígues.

Auch die heutige »Bar Lagoa«, die damals »Berlin« hieß, kam davon, aber das ist eine besonders tragische Geschichte. Sie wurde nicht verwüstet, weil ihr Besitzer Josef Müller Türen und Fenster noch rechtzeitig verrammeln konnte. Müller wurde gewarnt von einem Boten, den der Besitzer des »Zeppelin« losgeschickt hatte. Das »Zeppelin« in Ipanema, nur ein paar Blocks von der »Bar Lagoa« entfernt, war ganz in deutschem Stil eingerichtet und deshalb ein bevorzugtes Ziel – es wurde völlig demoliert. Sein Besitzer war ein nach Brasilien geflüchteter deutscher Jude, dem nun, knapp vier Jahre nach den Novemberpogromen in Deutschland, ausgerechnet die Nazigegner die Scheiben einschlugen.

Die Deutschen wurden interniert, und die Deutsch-Brasilianer durften ihr Deutschtum nicht mehr zeigen. Deutsch zu sprechen war in der Öffentlichkeit verboten, Schulen, Kirchen und Vereine wurden brasilianisiert, vereinzelt kam es zu Übergriffen auf Teutobrasilianer. Ihre Stellung innerhalb der brasilianischen Gesellschaft, sagt der Historiker Gertz, normalisierte sich erst in den Siebzigern. Ausgerechnet in der Militärdiktatur: 1974 trat der deutschstämmige, protestantische General Ernesto Geisel das Amt des Präsidenten an, und damit wurden die Deutsch-Brasilianer auch wieder salonfähig. Immerhin, er war nicht der Übelste der 22 Jahre Militärdiktatur. Unter ihm begann sich das System zu öffnen, und die Weichen für die Demokratisierung wurden gestellt.

Am 8. Mai 1945 läuteten auch in Brasilien die Kirchenglocken Sturm. »Damals war ich hier in Porto Alegre bei einer Firma, die Leder exportierte«, erinnerte sich sechzig Jahre später Klaus Oliven, der 2010 mit 92 Jahren starb, »ich weiß noch, ich hatte gerade einen englischen Brief mit der Maschine geschrieben, da kam die Nachricht.« Nach dem Krieg hat Oliven jahrelang nach Murillo Martins de Souza gesucht, seinem brasilianischen Schindler, aber er hat ihn nie ausfindig machen können: Der brasilianische Konsul in Marseille empfing 1939 Olivens verzweifelte Mutter, hörte sie an und ließ dann viermal den Stempel auf die Visa-Formulare niedersausen. Was der Familie Oliven das Leben rettete und ihm später den Job kostete, weil er der Anweisung des

Außenministeriums zuwiderhandelte, Juden keine Visa mehr zu erteilten. Und dafür, so erinnerte sich Oliven, kassierte der Diplomat die normalen Visa-Gebühren. Keinen Pfennig mehr.

Olivens Vater Fritz war in den zwanziger Jahren höchst erfolgreich als Operettentexter in Berlin. »Rideamus« – lasst uns lachen – war das Pseudonym des Juristen, dem das Lustspiel mehr am Herzen lag als die Paragraphen. »Der Vetter aus Dingsda«, »Die lustigen Nibelungen«, »Die drei alten Schachteln« – das wird heute noch gespielt. So wuchs Klaus Oliven am Kurfürstendamm auf, in einer Atmosphäre des Wohlstands und der großbürgerlichen Liberalität. Und während er Kommunist und Zionist wurde und, statt zu studieren, Lithograph und Gärtner lernte, blieb der Vater fürs Erste relativ unbehelligt. Weil seine berühmtesten Operettentexte von Nicht-Juden wie Walter Kollo und Eduard Künneke vertont worden waren, ließ man auf den Programmzetteln in der Nazizeit einfach den Urheberhinweis »Rideamus« weg – und die Tantiemen flossen weiter. Aber als am 9. November 1938 die Synagogen brannten, wurde Fritz Oliven endgültig klar, dass er und seine Familie Deutschland verlassen mussten.

Rideamus kam mit 65 Jahren nach Porto Alegre, konnte aber nicht mehr an die Erfolge früherer Zeiten anknüpfen. Er starb 1956. Die Stadt, die längst nicht mehr seine Heimatstadt war, wurde zweigeteilt,

61

und in ihrer westlichen Hälfte zitierte man damals, um den trotzigen Behauptungswillen der Insulaner zu unterstreichen, gerne das geflügelte Wort »Berlin bleibt doch Berlin«. Es stammte – das war vergessen – von Fritz Oliven. Der ebenfalls vergessen war.

# 3.
## Warum der Papst
## im Land mit den meisten Katholiken
## auf verlorenem Posten steht

Es ist ein prächtiger Schinken, gut zweieinhalb auf dreieinhalb Meter groß, der im Nationalmuseum der schönen Künste von Rio de Janeiro hängt: In den blauen Tropenhimmel ragt ein sauber gezimmertes, riesiges Kreuz, unter dem der Priester Henrique de Coimbra flehend die Hände hebt, hinter ihm ein weiterer Gottesmann, einige kniende Portugiesen, teils in Rüstung – und drum herum ein großes, neugieriges, staunendes, teils ergriffenes Publikum von Wilden in Federschmuck und Lendenschurz. Einer von ihnen ist sogar, wie das heute nicht anders wäre, wenn irgendetwas Spektakuläres geschieht, in einen Baum geklettert, um besser sehen zu können.

So stellte Professor Victor Meirelles, ein braver Akademiemaler, 1861 die erste katholische Messe dar, die auf brasilianischem Boden gelesen wurde. Das war am Ostersonntag 1500, dem 26. April, vier Tage nachdem die zwölf Schiffe des portugiesischen Expeditionskorps die brasilianische Küste erreicht hatten – das Ereignis also, das man im Nachhinein als »Entdecken« bezeichnet. Ihr Chef, Pedro Álvares Cabral, und seine 1500 Begleiter waren überzeugt, nur auf eine Insel gestoßen zu sein. Sie nannten sie »Ilha da Vera Cruz«, Insel des Wahren Kreuzes, und fanden sie offenbar nicht sehr interessant. Denn nachdem sie erste Kontakte mit den Eingeborenen aufgenommen und die üblichen Geschenke ausgetauscht hatten, machten sie sich schon Anfang Mai wieder auf den Weg, um ihrem eigentlichen Zweck zu folgen, nämlich einen Seeweg nach Indien zu finden.

So also begann der Katholizismus in Brasilien Fuß zu fassen. Fast vier Jahrhunderte lang, bis 1890, bis kurz nach dem Sturz der Monarchie, blieb er Staatsreligion. Die Portugiesen erkannten bald, dass die Insel irgendetwas erheblich Größeres sein musste, und gaben dem neuen Gebiet den genauso frommen Namen »Terra da Santa Cruz«, Land des Heiligen Kreuzes. Nach und nach besiedelten sie den Küstenstreifen, bauten Häuser, Landgüter und Kapellen. Und dabei brachten sie ihre portugiesische Volkskirche mit.

In »Herrenhaus und Sklavenhütte« beschreibt der Soziologe Gilberto Freyre ein herzerfrischend chaotisches Durcheinander an Heidentum und Kirchenritual, an Frömmigkeit und Sinnenlust, an Feierfreude und Prunksucht, um den Katholizismus zu charakterisieren, der sich nach und nach auf dem Land herausbildete. »Es war ein Liebesfest und Kult der Fruchtbarkeit mit lasziven Tänzen rund um das Heiligenbild«, fasst Freyre zeitgenössische Schilderungen des Gonçalo-de-Amarante-Festes in Bahía zusammen, »unter den Tänzern sah man den Vizekönig persönlich, umgeben von Brüdern und Edelleuten, zusammen mit Negern und sämtlichen Freudenmädchen von Bahía, ein buntes Gemisch, wie es noch heute charakteristisch für unsere Kirchenfeste ist: Gitarrenmusik, singendes Volk, Jahrmarktsbuden, viel zu essen, sexuelle Erregung, all das drei Tage lang mitten im Urwald«. Also ein bunter Beleg der alten Kolonialistenweisheit, dass es jenseits des Äquators keine Sünde gebe. Dagegen stehen natürlich die Berichte von starren, sturen Kirchenhierarchien, die von dogmatischen Klerikern angeführt wurden. In der Praxis mag beides koexistiert haben.

Jedenfalls gab es auch in Brasilien den für Lateinamerika geradezu typischen Konflikt zwischen den europäischen Siedlern, die die Indianer versklaven wollten, und den Kirchenmännern, die sie zum Schutz dagegen unter ihre Fittiche zu nehmen versuchten. Und wie in Brasiliens Nachbarländern setzten sich 1759 die ökonomischen Interessen durch, als der Marquis von Pombal, Portugals erster Minister, die Jesuiten auswies, die die Indianer beschützt hatten. Auf die Jesuiten und ihr Wirken zugunsten der Indianer bezog sich wohl Papst Benedikt XVI., als er 2007 bei seinem Brasilienbesuch die katholische

Kirche generell von dem Vorwurf freisprach, sie sei am Elend der Indianer nach Ankunft der Europäer schuld. Ein Urteil, das man – Jesuiten hin, Jesuiten her – als ziemlich gewagt empfinden mag.

Im Übrigen hat sich die Kirche in Brasilien fast immer gut mit der weltlichen Macht arrangiert. Bis 1890 natürlich sowieso, aber auch später noch, als Getúlio Vargas, der Entwicklungsdiktator der späten Dreißiger, die katholische Kirche hofierte, weil er sie als kulturell wichtige Zutat für Brasiliens nationale Identität ansah. Für die bevorzugte Behandlung revanchierten sich die Kirchenfürsten, indem sie großzügig über die diktatorischen Züge des Vargas-Regimes hinwegsahen. Diesen Fehler immerhin machten sie – einige sicher schon, aber viele eben nicht – in den Sechzigern nicht noch einmal. Unter der Militärdiktatur ertönten aus der katholischen Kirche kritische, aufrechte und gar nicht so leise Stimmen des Widerstandes.

Und dennoch: In Brasilien steht der Papst heute auf verlorenem Posten. Das Land mit den meisten Katholiken weltweit wird ein immer weniger katholisches Land, und nichts scheint diesen Erosionsprozess aufhalten zu können – jedenfalls nichts, was die katholische Kirche dagegen zu unternehmen versucht. Der Anteil der Katholiken an der Gesamtbevölkerung nimmt viel schneller ab, als es normalerweise in Gesellschaften geschieht, deren ländliche Bevölkerung schrumpft, während die Städte wachsen – ein Prozess, der in Brasilien sowieso weitgehend abgeschlossen ist – oder sich sonstwie modernisieren. Beim ersten brasilianischen Zensus 1872 deklarierten sich 99,7 Prozent der Bevölkerung als Schäfchen des römischen Oberhirten, und im folgenden Jahrhundert – genauer gesagt, bis zum Zensus 1970 – sank der Anteil der Katholiken auf 91,8 Prozent. Das, so analysiert der Soziologe César Romero Jacob, ist noch durch die üblichen Modernisierungsprozesse zu erklären. Aber was danach geschah, hat ganz andere Ursachen. Der Anteil der Katholiken fällt seitdem, und zwar konstant und schnell. 1980 waren 89 Prozent der Brasilianer katholisch, 1991 nur noch 83 Prozent. Im folgenden Jahrzehnt sank ihr Anteil auf 73,6 Prozent, und bis 2010 schrumpfte er noch mal – auf 64,6 Prozent. Die Prophezeiung, im Jahr 2030 sei nicht einmal jeder zweite Brasilianer mehr katholisch, erscheint mittlerweile als reichlich realistisch.

Der Vatikan kann sich zur Not noch damit trösten, dass dank der Bevölkerungszunahme die absolute Zahl seiner Glaubensanhänger nicht sinkt. 123 Millionen immerhin, so viele Katholiken gab es noch nie in Brasilien. 1872 zählte das Land nur knapp zehn Millionen Einwohner, heute sind es 195 Millionen. Aber es kam natürlich nicht von ungefähr, dass Benedikt XVI. für seine erste außereuropäische Pastoralvisite 2007 Brasilien wählte. Ob Papstbesuche viel am Abwärtstrend ändern, ist allerdings fraglich. Der erheblich charismatischere Johannes Paul II. war dreimal in Brasilien, und dennoch sind in seiner Amtszeit die brasilianischen Schäfchen in Massen davongelaufen.

### Trommeln, Tänze, Trance – die Welt der afrobrasilianischen Religionen

»Gesundheit, Frieden, genug zu essen, dem Nächsten helfen«, antwortet Janete dos Reis Viana auf die Frage, was die Menschen anstreben und wie sie leben sollen. »Sicherlich, ein Katholik könnte dasselbe sagen«, räumt sie ein, »der Unterschied besteht in den Mitteln.« Das kann man wohl sagen.

Umbanda heißt ihre Religion, die in der Yoruba-Kultur Westafrikas wurzelt, ursprünglich von den Sklaven mit über den Atlantik gebracht wurde, sich dann aber so lange angepasst, verändert und vermischt hat, bis etwas anderes, Neues entstanden ist. Und die Riten sind ohnehin, wie in den meisten Religionen, ständigen Veränderungen unterworfen. »A-ethisch« hat man sie genannt: Denn für sittliches Wollen und Handeln ist in Religionen, in denen Gut und Böse vor allem außerhalb des Menschen existiert, kein Platz. Die Kräfte des Guten müssen gestärkt, die des Bösen abgewehrt werden – durch Opfer und Ritual, durch Tänze und Trance, durch Beschwichtigung und Beschwörung. Und das sind in der Tat ganz andere Mittel als die, deren sich das Christentum bedient.

Janete ist Mãe-de-santo, Chefin einer Umbanda-Gemeinde, und ihr Haus ist das religiöse Zentrum ihrer Anhänger. Heute sucht die Polizei längst nicht mehr die Orte heim, wo sich die Anhänger der Afroreligionen treffen. Von gesellschaftlicher Ächtung keine Spur, im Gegenteil, in manchen Kreisen sind sie geradezu in Mode – geschätzt als Teil des überreichen kulturellen Fundus, der in Brasilien durch Fusion amerikanischer, afrikanischer und europäischer Einflüsse zustande gekommen ist.

Samstagabend. Nach und nach füllt sich das Haus wie bei einem großen Fest, auf dem sich nicht alle kennen, aber eben alle über die Hausherrin verbunden sind. In dem großen, gekachelten Salon steht ein Tisch mit Geschenkkörben, mit Sekt- und Wermutflaschen, im Hof lagern größere Mengen an Gebäck. Auf einer kleinen, bühnenartigen Erhebung stehen vier große Holztrommeln, hinter denen Männer Platz nehmen. Langsam kommt das Fest zur Ehren der Pompagiras in Fahrt, das nur einmal im Jahr gefeiert wird.

Orixás heißen die Gottheiten, die mit den Sklaven nach Brasilien kamen. Jeder Mensch hat sein persönliches Orixá, »das den mythischen Ursprung jedes Einzelnen genauso definiert wie seine Entfaltungsmöglichkeiten und Beschränkungen«, schreibt der Soziologe Reginaldo Prandi, Experte für afrobrasilianische Kulte. Statt eines gemeinsamen Schöpfervaters also ein Pantheon voller Gottheiten, die sich in den Menschen wiederfinden. Und anders als an den christlichen Gott wendet man sich nicht durch ein Gebet an sie, sondern durch Vermittlung. Exu heißt der Bote – zwar auch ein Orixá,

69

aber von zwielichtigem Charakter: Er lügt und täuscht und betrügt, und wer ihm opfert, um den Kontakt zu den Orixás herzustellen, weiß nie, ob er die Botschaft wirklich weitergibt.

Als Umbanda noch verfemt war, setzten die katholischen Priester Exu dem Teufel gleich. Die Pombagiras, die an diesem Wochenende bei Dona Janete geehrt werden – geehrt, weil sie ja auch Botinnen, Mittlerinnen sind –, gehören in diese Kategorie: ordinäre Weiber, die rauchen und trinken und Obszönes reden. Auch die afrobrasilianischen Kulte nehmen das Thema der Frau als Personifizierung der Unmoral auf, das man aus anderen Kulturen kennt.

Und so zieht sich Dona Janete immer wieder zurück und erscheint dann in neuen, farbenprächtigen Kleidern, vollbehängt mit Schmuck. Im aufpeitschenden Schlag der Trommeln pafft und trinkt und tanzt sie sich nach und nach in Trance, umgeben von Anhängerinnen, die schließlich schreiend einhalten, mit halb geöffneten Augen, zwischen deren Lidern nur das Weiße zu sehen ist. Schlicht gekleidete Helferinnen, die sich an den Ritualen nicht beteiligen, führen die in Trance Gefallenen behutsam zur Seite. Dann treten andere in den Vordergrund, rufen andere Bewohner des vermenschlichten Pantheons auf, tanzen sich ebenfalls in Trance, während die Mãe-de-santo in wiederum einem neuen Kleid erscheint und die vulgäre Verweiblichung des Exus von neuem verkörpert.

Als sie fünf Jahre alt war, litt sie unter epileptischen Anfällen, deswegen brachte sie ihr Vater zu einer Mãe-de-santo. »Da wurde ich initiiert«, erzählt sie am Küchentisch, »ich

70

habe nie eine andere Religion kennengelernt.« Damit meint sie: etwas anderes glauben gelernt. Und dennoch wuchs sie zugleich katholisch auf. Über ihrem Bett, sagt sie, hängt ein Kreuz, sie geht zur Messe. »Nein, nein«, sagt sie entschieden, »Christentum und Umbanda schließen sich nicht aus. Bei jeder Religion kommt es doch darauf an, das Gute zu fördern und das Böse zurückzudrängen.«

Anders als Umbanda geht das eng verwandte Candomblé – Janete macht praktisch keinen Unterschied zwischen beiden – mehr oder weniger schroff auf Distanz zum Christentum; es gibt sogar Reafrikanisierungstendenzen. Dennoch hat sich gerade Candomblé, also die reinere, ursprünglichere, weniger synkretistische Form, aus dem ursprünglichen sozialen Bezugsfeld gelöst: Es ist zu einer universalen Religion geworden, die nicht mehr an Rasse und Klasse gebunden ist. Neuerdings finden Angehörige der intellektuellen Mittelschicht von São Paulo und Rio de Janeiro die Afrokulte faszinierend – und je weniger dem Christentum verbunden, umso mehr. Aber ein Massenphänomen sind die afrobrasilianischen Religionen nicht mehr. Zu Umbanda bekennen sich rund 400 000, zu Candomblé etwa 170 000. Zusammen also knapp 0,3 Prozent der Bevölkerung, Tendenz sinkend: 1980 waren es noch 0,6 Prozent.

Ob die afrobrasilianischen Glaubensrichtungen, von winzigen Enklaven vielleicht abgesehen, Bestand haben werden, ist fraglich. Riesigen Zuwachs haben in Brasilien die Massenreligionen, die ihre Expansion generalstabsmäßig planen, die ihre Gottesdienste in eigenen Fernsehsendern übertragen,

71

die Wohlstand und Prosperität verheißen und deren geistige Führer wie Konzernchefs auftreten und oft genauso gut verdienen.

Wie sollen sich die Afrokulte dieser Konkurrenz erwehren! Dona Janete nimmt ja nicht einmal Geld von ihren Anhängern.

Die Gewinner sind die sogenannten Evangélicos, vor allem die Neupfingstler unter ihnen. Für den brasilianischen Religionsmarkt sind sie ungefähr das, was für den Weltmarkt die New Economy vor zehn Jahren war. Wobei der Vergleich hinkt: Anders als die neuen Computerfirmen erfreuen sich die Evangélicos seit Jahrzehnten nicht nur eines schnellen, sondern auch eines konstanten Wachstums. Sie kennen keine Krise – wären sie börsennotiert, man könnte sich kaum eine bessere Geldanlage vorstellen. Und würden nicht auch immer mehr Brasilianer sagen, dass sie keine Religion haben – 2010 waren das acht Prozent –, dann entspräche das fulminante Anwachsen der Evangélicos genau spiegelbildlich dem Schrumpfen der Zahl katholischer Gläubiger. Von 1970 bis 2000 verdreifachten sie ihren Anteil an der Bevölkerung von 5,2 auf 15,4 Prozent, und im ersten Jahrzehnt dieses Jahrhunderts legten sie auf 22,2 Prozent zu. Alle anderen Glaubensgemeinschaften fallen statistisch kaum ins Gewicht. Selbst die in Afrika wurzelnden Kulte wie Umbanda und Candomblé, die von den Sklaven mitgebracht wur-

72

den und die heute eine gewisse Präsenz im religiös-kulturellen Leben behaupten, kamen 2010 gerade mal auf höchstens 600 000 Anhänger.

Mit »Evangélicos« sind weniger Lutheraner, Methodisten oder Adventisten, sondern vor allem die sogenannten Neupfingstler-Kirchen gemeint – ein außerordentlich bunter theologischer Flickenteppich. Da gibt es extrem konservative Gemeinschaften, gegen die sogar der Papst wie ein Modernisierer dasteht, mit rigiden Moralvorschriften, geradezu islamisch strengem Alkoholverbot und autoritären Hierarchien. Andere halten es eher mit der Theologie der Prosperität – wer der Kirche viel gibt, dem gibt Gott mehr zurück, so lautet die Verheißung, die gerade die kleinen Leute attraktiv finden. Andere haben sich auf rauschhafte Massenzeremonien spezialisiert, in denen moderne Spielarten der Mystik sich verbinden mit den heute üblichen Ausdrucksformen der Unterhaltungsindustrie.

Die wunderbaren Kirchen des Kolonialbarock mögen noch immer die Zentren von Salvador und Ouro Preto, von Olinda und Tiradentes prägen, und selbst in Rio und São Paulo behaupten sich ihre blendend weißen, von dunklen Natursteingesimsen eingerahmten Fassaden zwischen öden Betonriegeln und verspiegelten Wolkenkratzerfassaden. Die Katholiken halten also die historischen Zentren, aber die schnell gewachsenen, bescheidenen bis ärmlichen Vororte gehören den Evangélicos. An den Durchfahrtsstraßen steht ein Tempel neben dem anderen: *Gott ist Liebe, Neues Leben, Brasilien für Christus, Wiedergeburt in Christus, Sieg in Christus, Haus des Segens, Weltkirche des Gottesreichs, Weltkirche der Gottesmacht, Weltkirche der Gottesgnade* – es scheint unendlich viele solche Gemeinschaften zu geben. Manche bestehen aus den Wohnzimmern ihrer Pastoren, andere versammeln ihre Anhänger unter Wellblech. Die Arrivierteren predigen in protzigen Tempelneubauten oder früheren Supermärkten und Kinosälen, die als Gotteshäuser wieder auferstanden sind. Meistens sind sie weiß gekachelt, plastikmöbliert und neonbeleuchtet. Für Obskurantismus muss es nicht unbedingt dunkel sein.

Der Staat fördert die religiösen Start-ups großzügig. Der Journalist Hélio Schwartsman von der Zeitung »Folha de S. Paulo« machte 2009 die Probe aufs Exempel: Er meldete eine Kirche auf seinen Namen an. Gegen zwei Gebühren von insgesamt 418 Reais (rund 155 Euro) war die »Heliozentrische Kirche des Heiligen EvangHeliums« formell gegründet, und als Kirche genoss sie sofort praktisch völlige Steuerfreiheit. Selbst die Abgaben, die auf Wasser oder Strom erhoben werden, entfallen für Kirchen in vielen Bundesstaaten. Das provokativ formulierte spirituelle Programm – Hélio Schwartsman als allmächtiger religiöser Führer seines fingierten

Sonnenkirchenreiches – interessierte niemanden außer den halb amüsierten, halb entsetzten Leser der »Folha de S. Paulo«. Denn der Staat darf über religiöse Inhalte nicht befinden.

Und auch die Gläubigen machen es den Kirchen leicht. Der »mercado religioso«, der religiöse Markt, wie der Konkurrenzkampf der Kirchen um die Gläubigen in Brasilien mit entwaffnender Offenheit genannt wird, ist genauso konsumentenfreundlich wie die Marktwirtschaft und die Warengesellschaft: immer nur hereinspaziert! Die Fluktuation der Gläubigen ist groß, denn erlaubt ist, was gefällt, und die Frage, in welche Kirche man denn gehe, wird in Brasilien mit der gleichen oberflächlich-arglosen Art gestellt und beantwortet wie die Frage nach dem Fußballclub, für den man die Daumen drückt. Am frühen Abend mit der Bibel in der Hand in die Kirche zu gehen – das ist in den Vororten, in den Favelas ein Sozialverhalten, das auf allgemeine Billigung und Anerkennung trifft.

Ortstermin in Rio de Janeiro, Avenida Suburbana Nr. 4242, am Sonntagvormittag. Hier, im nicht besonders noblen Viertel Del Castilho, steht die »Weltkathedrale des Glaubens«, das größte der zahllosen Gotteshäuser der »Igreja Universal do Reino de Deus«. In über 100 Ländern der Erde unterhält diese »Weltkirche des Gottesreiches«, eine der erfolgreichsten und zugleich umstrittensten brasilianischen Kirchengründungen, ihre Gotteshäuser, die man vielleicht besser als Filialen bezeichnet. Denn die Igreja Universal ist eine religiöse Geldmaschine, die wie ein Unternehmen, wie ein multinationaler Konzern arbeitet.

Der Tempel mit der Marmorplatteneleganz eines neu erbauten Vorstadthotels fasst 15 000 Gläubige, und im aufsteigenden Halbrund der Sitzreihen sind kurz vor 10 Uhr nur noch wenige Plätze frei. Adrett gekleidete Helferinnen und Helfer weisen die Plätze an und verteilen Briefumschläge, einen für den Zehnten und einen zweiten für die Spende zusätzlich. Turnlehrertypen im Sportdress und übergewichtige Frauen mit blondgefärbten Haaren, junge Mädchen mit tiefen Ausschnitten und biedere Männer gesetzten Alters – praktisch alle scheinen der Schicht anzugehören, die man in Brasilien, um die Vokabel Unterschicht zu vermeiden, als »untere Mittelklasse« bezeichnet. Der Hubschrauberlandeplatz auf dem Dach der Weltkathedrale ist offenkundig nicht für sie gebaut worden, sondern für die Bischöfe, wie die Kirchenhierarchen heißen.

»Jesu Cristo é o Senhor« steht in altertümelnder Schrift an den Fassaden all der Tempel, mit denen die Igreja Universal mittlerweile auch noch im letzten Provinznest vertreten ist. Aber drinnen ist nicht Jesus der Herr. Er ist abwesend. Auf dem

Podium stehen nur ein paar Polstersessel, dahinter ein schmales, hohes, buntes Glasfenster. Es gibt keine Heiligen und keinen Heiland, kein Abbild und keinen Altar, keine Kanzel und kein Kruzifix. Dass das alles fehlt, ist natürlich keine Frage von Ausstattung und Dekor, sondern Ausdruck der Doktrin. Das Opfer des Gottessohnes, die Erlösung des Menschen, die Nächstenliebe und Barmherzigkeit, all das spielt keine Rolle. Die Igreja Universal hat das Christentum seiner zentralen theologischen Bestandteile entkleidet und radikal ins Materielle verschoben: Wer gibt, dem wird gegeben – das ist der Kern ihrer Lehre. »Bringet aber den Zehnten ganz in mein Kornhaus, auf dass in meinem Haus Speise sei«, so spricht der Herr Zebaoth in der Bibel. Für die Igreja Universal ist Maleachi 3,10 wichtiger als das ganze Neue Testament.

Wie weichgespült setzt die Musik ein. Ein Bibelwort, das ausgelegt würde, eine Predigt, die ein festes Thema hätte, ein gemeinsames Ziel, das die Menge der Gläubigen zur Gemeinde machen würde – all das fehlt. Stattdessen immer inbrünstigeres Beten und Flehen. Die Bischöfe, die weiße Hemden mit Krawatten tragen, sind aus ihren Sesseln aufgestanden, sie wechseln sich am Mikrophon ab, immer eindringlicher reden sie von den Dämonen, die die Menschen befallen. Die 15 000 Zuhörer halten stehend die Hände empor und hören geschlossenen Auges zu.

Schließlich mischen sich die Geistlichen und ihre Helfer unter die Gläubigen, die nach vorne geströmt sind, um sich den Teufel austreiben zu lassen. Sie stehen hinter den angeblich Besessenen, legen ihnen die Hände auf den Kopf, und zu einer Musik wie in der Wolfsschlucht-Szene des »Freischütz« reißen sie plötzlich, als hätten sie den Leibhaftigen am Schlafittchen gepackt, die Finger in die Luft. Nach und nach beruhigt sich die Musik, die Exorzierten gehen an ihre Plätze zurück. Die allgemeine Erregung weicht der individuellen Erleichterung.

Der Mann mittleren Alters ein paar Sitze weiter rechts, Typ rechtschaffener Handwerksmeister, hat gerade, wie alle anderen, den Geldspendenumschlag in der Hand. Begonnen wird, als wär's eine Art göttliche Lotterie, mit den großen Einsätzen: Wer fünfzigtausend Reais geben will, trete vor! Zehntausend Reais! Fünftausend! Erst bei 500 Reais – 185 Euro – lösen sich die ersten aus den Sitzreihen, gehen vor und legen ihre Umschläge auf das Podium. Der Handwerksmeister, sichtlich angespannt, hat die Fünfziger schon in der Hand. Er geht bei 200 Reais los, während die Verheißung aus dem Lautsprecher dröhnt, der Herr werde ein Vielfaches entgelten. Je kleiner die Summen, desto größer das Gedränge vorne an der Bühne. Den meisten Gläubigen sieht man ihre bescheidenen Einkommensverhältnisse an der Nasenspitze an.

78

Wundert sich hier niemand, dass die Igreja Universal keine Hilfsprojekte fördert, sich nicht für die Schwachen einsetzt, keine Drogenhilfe, keine Armenspeisung, keine Mütterberatung unterhält? Dass sie die sozialen Probleme Brasiliens, die ihre Anhänger entweder am Leibe verspüren oder tagtäglich mit den eigenen Augen sehen, schlechterdings ignoriert? Und denkt niemand an Bischof Edir Macedo, der 1977, nach einer glanzlosen Karriere als kleiner Angestellter der staatlichen Lotterie, die Igreja Universal gründete und heute, der US-Zeitschrift Forbes zufolge, ein Vermögen von 1,9 Milliarden Reais hat, also etwa 700 Millionen Euro? Finden sie die Villen der Bischöfe, die Flugzeugflotte der Kirche, ihr Medienimperium nicht obszön?

Ganz und gar nicht. »Geld«, sagt Edir Macedo, »ist Gottes heiliges Werkzeug.« Und je heftiger die Kritik der Nichtanhänger, desto enger scheinen sich die Reihen zu schließen. So war das zum Beispiel 2005, als die Polizei umgerechnet 3,4 Millionen Euro in kleinen Scheinen beschlagnahmte, die ein Bischof der Igreja Universal per Flugzeug von Manaus nach São Paulo transportieren wollte. Die Beamten, die elf Stunden brauchten, bis sie das Geld in den sieben Koffern gezählt hatten, vermuteten Geldwäsche – nein, nein, alles ganz legal, hielt die Igreja Universal dagegen, das Geld sei nur ein Teil der Kollekte vom Sonntag vorher.

»Diese Religionen wachsen sogar noch, wenn etwas gegen sie unternommen wird, das sie als Verfolgung auslegen können«, sagt der Soziologe Antônio Flávio Pierucci, der sich auf die neuen religiösen Bewegungen spezialisiert hat. Und sie haben die Definitionsgewalt zum Auslegen. Neben dem direkten Kontakt, den die Pastoren und Bischöfe zu ihrem Anhang haben, beeinflussen sie – und nicht nur die Igreja Universal – die öffentliche Meinung durch ihre Medienunternehmen. Hoffähig sind sie ohnehin längst, in der Gesellschaft ebenso wie in der Politik. Im Kongress in Brasília war die – natürlich fraktionsübergreifende – Fraktion der Evangélicos noch nie so groß wie in der Legislaturperiode 2011–15: Von den 594 Senatoren und Abgeordneten sind 73 als Anhänger der Evangélicos bekannt. Die Kirchen zu vergrätzen kann sich auch der katholischste Politiker nicht leisten. Lula ebenso wie seine Nachfolgerin Dilma Rousseff suchten im Wahlkampf stets die Nähe und die Unterstützung der Evangélico-Politiker. Und zu den ungeklärten Rätseln der Präsidentenwahl 2010 gehört, warum Lulas frühere Umweltministerin Marina Silva gute 19 Prozent holte – weil sie Ökologin ist? Oder weil sie Evangélica ist?

Sicherlich passen die Prosperitätskirchen bestens zu einer Gesellschaft, deren unbedingter Wille zu materiellem Wohlstand und höherem Konsum durch keinerlei kritische Gegenposition aufgeweicht wird. Bis hin zu den Details: Der Zehnte und die Spenden sind die genaue Entsprechung der brasilianischen Kleinkreditkultur: Wenn man ein Auto in 72 Raten abstottern kann, warum dann nicht auch das Himmelreich?

Die Verinnerlichung der Seele ist ersetzt durch die Veräußerung des Geldes, und die sittliche Entscheidung über Gut und Böse fällt auf der finanziellen Ebene – auch das passt schön ins heutige Brasilien. Man kann auch vermuten, das Oberflächlich-Materielle der heutigen Evangélicos sei die späte, indirekte Folge des geringen theologischen Tiefgangs, den die aus Portugal mitgebrachte Volkskirche charakterisiert. Denn viele Prozessionen, wenig theologische Kultur – auf diesen Nenner bringt der Theologieprofessor Mário da França Miranda von der Katholischen Universität Rio de Janeiro die brasilianische Art, an den lieben Gott zu glauben. Was ja auch Freyres Schilderung des Gonçalo-de-Amarante-Festes nahelegt.

Und wie kann die katholische Kirche auf die ständige und immer schnellere Landnahme der Konkurrenz reagieren? Grundsätzlich mit Anpassung – indem sie die Evangélicos zumindest in den Formen nachmacht. Und mit Selbstbesinnung auf ihre eigenen religiösen Grundlagen, die sie den Evangélicos entgegenhalten könnte. Wobei es in der Praxis sicher schwierig ist, beide Strategien miteinander zu vereinbaren. Aber vor allem scheinen sie beide einen großen Nachteil zu haben: Sie reichen nicht aus. Den unaufhaltsamen Siegeszug der Evangélicos hat bisher nichts stoppen können: weder ein Katholizismus in lockererem, charismatischerem Gewand noch ein Katholizismus, der sich stärker auf seine Inhalte besinnt. Wobei erschwerend noch hinzukommt, dass es ganz und gar umstritten ist, auf welche Inhalte er sich besinnen sollte: Eher auf die Nächstenliebe, den daraus erwachsenden Beistand für die Armen und Schwachen, was ja nun womöglich auch auf eine Kritik der herrschenden Verhältnisse hinausliefe? Oder auf das, was Benedikt 2007 in Brasilien als »Glaube an die Liebe Gottes« bezeichnete, also die Doktrin in ihrer eher weltabgewandten Interpretation?

Noch ein Ortstermin am Sonntagvormittag: Der Wallfahrtsort Aparecida an der Autobahn zwischen Rio de Janeiro und São Paulo. Die einzelnen Areale des riesigen Parkplatzes tragen die Namen der Apostel, damit man ja sein Auto auch wieder findet, denn hier können 3000 Pkw und 2000 Busse parken. Aparecida ist einer der größten Wallfahrtsorte der Welt, die Basilika ist das größte christliche Gotteshaus nach dem Petersdom in Rom. Und da wir schon bei den Superlativen und den Zahlen sind: Im Untergeschoss befinden sich nicht weniger als 1143 Toilettenschüsseln und Urinale, ferner Duschen und

Ruheliegen für bis zu 500 Busfahrer. Denn die Basilika fasst 75 000 Menschen, und manchmal sind an einem Sonntag eine Viertelmillion Menschen da.

»Leider müssen Sie in diesem Gedränge ein bisschen aufpassen, wegen der Taschendiebe«, sagt der Aparecida-Pressemann vor der Rampe, die die Pilger zum Marienbildnis leitet. Metallgeländer mit diskret integrierten Opferstöcken teilen die Menschenmenge in sieben Reihen auf. Gemessen bewegen sich die Schlangen auf das ganz und gar in Gold eingefasste Heiligtum hinter dickem Sicherheitsglas zu. Digitalkameras und Handys werden über die Köpfe gehalten, um die feierlich angestrahlte Nationalheilige Brasiliens im Bild festzuhalten. Einer rutscht auf Knien die Rampe zur Madonna hoch und dann dem Ausgang zu. Dort steht er auf, klopft sich, als wär's ihm ein bisschen peinlich, die Jeans aus, setzt die Baseballkappe auf und verschwindet schnell in der Menge.

So viele Fische sprangen von selbst in die Boote, dass sie unterzugehen drohten: Dieses Wunder bewirkte die vierzig Zentimeter hohe Marienstatue, die Fischer 1717 aus dem Rio Paraíba bargen. Man baute ihr eine Kapelle, und als im 19. Jahrhundert die Eisenbahn durch das Paraíba-Tal gelegt wurde, stieg die Zahl der Pilger sprunghaft an. So ähnlich war es noch einmal 1951, als die Autobahn gebaut und über den Wallfahrtsort geführt wurde, den man so genannt hatte wie die Statue: Aparecida, die Erschienene.

Dort, wo die vier Hauptschiffe wie ein Kreuz aufeinandertreffen, steht auf kreisförmigem Podest der Altar, über dem sich die siebzig Meter hohe Kuppel wölbt, die der Basilika – so sagen jedenfalls die Lästerzungen – das Aussehen eines Atommeilers verleiht. Obwohl seit über einem halben Jahrhundert daran gebaut wird, ist sie immer noch nicht fertig. Bis das letzte Stückchen blanken Betons verkleidet ist, sind wohl noch Hunderttausende von Ziegeln nötig.

Die katholische Kirche sei selber daran schuld, dass die Evangélicos so zulegen, meint einer der Redemptoristen-Mönche, die Aparecida verwalten. Sie habe die Gläubigen oft zu wenig respektiert. Bei der Reformierung der Liturgie seien die emotionalen, sinnlichen Elemente verschwunden. Die Geistlichkeit verhalte sich oft einfach zu starr gegenüber den Wandlungen der Zeit, und deshalb wirke die katholische Kirche oft so kalt.

In Aparecida versuche man, diese Fehler zu vermeiden, sagt der Mönch. Nur: Wie schmal ist der Grat zwischen Anpassung und Anbiederung, zwischen Entgegenkommen und Banalisierung? Dass beim Segen die Gemeinde klatscht und winkt, mag man noch aufs lateinamerikanische Temperament zurückführen. Aber die Musik – ist die noch sakral, oder ist das schon die Schlagerparade?

Nicht nur die allenthalben hängenden TV-Monitore geben der Messe in Aparecida die Anmutung einer Religionsshow, sondern auch das Bühnenrund mit dem Altar, auf dem der Geistliche mit dem Mikro in der Hand hin- und herläuft. Sonntags gibt es die Messen nonstop, und immer wenn eine zu Ende ist, schwärmen, wie im Flugzeug nach der Landung, die Reinigungswägelchen aus. Was man nach einem Gottesdienst wegputzen muss? »Na, die Liturgiezettel, und dann natürlich die Bonbonpapiere«, antwortet einer von der Putzkolonne.

Krawatten? Kostüme? Nicht in Aparecida. In der Zwölf-Uhr-Messe triumphiert der Freizeitlook: die Männer in Shorts und Jeans, Sporthemden und T-Shirts, die Frauen geschminkt, mit ins Haar geschobenen Sonnenbrillen, viele schulterfrei, bauchfrei, rückenfrei. Die Predigt ist vage auf die realen Beschwernisse des Alltags bezogen. Der Priester reckt die Bibel in die Höhe. Während kleine Mädchen erschrocken die Augen zukneifen, wenn das Weihwasser verspritzt wird, halten ihre Eltern Fotos, Heiligenbilder, Rosenkränze, Babyschuhe, Schlüssel, Fahrzeugpapiere empor, und natürlich die schon verpackten Aparecida-Figuren, die sie in den Souvenirshops gekauft haben.

»Ich hab für ihn Gnade erfleht, die Bitte ist erhört worden, deshalb sind wir hier«, erklärt die Mutter eines etwas unbeteiligt danebenstehenden Teenagers;

warum das Flehen, will sie nicht verraten. Dem Jungen wird eine Kerze angemessen: In Fünf-Zentimeter-Schritten sind sie im Kerzensupermarkt neben der Basilika in jeder Länge zu haben, zwischen einem halben und zwei Metern. Der Spender individualisiert damit sein Opfer; die Arbeiter, die im Kerzensaal mit dicken Handschuhen in die Becken greifen und kiloweise die erkalteten Wachsplatten fürs Recyceln herausheben, werden die brennenden Kerzen nüchterner betrachten.

Noch individueller geht es im Regal für wächserne Organe zu. Hier hat das Fußballidol Ronaldo 2002 ein Knie zum Preis von umgerechnet 1,10 Euro gekauft, als Dank für seine gelungene Operation, die damals die Fußballwelt beschäftigte. Es gibt linke Arme, rechte Arme, linke Beine, rechte Beine, Erwachsenenköpfe, Kinderköpfe, Blasen, Wirbelsäulen, Lungen, Herzen, Nasen, Brüste klein, Brüste groß, Brüste einzeln, Brüste doppelt – einmal den Körper hinauf und hinunter. Das Fach »Nádegas« ist gerade leer, Pobacken sind aus.

Ein Museum der erfüllten Hoffnungen, eine Sammlung der erhörten Stoßseufzer, ein Archiv des erwiderten Flehens: In den Katakomben der Basilika stehen nicht nur die vielen hundert Porzellanbecken, sondern hier liegt auch die »Sala das Promessas«, die Halle der Gelöbnisse, in der die Dankesgaben in Schaukästen präsentiert werden. Sind Sportler besonders inbrünstige Beter? Jedenfalls stehen die funkelnden Pokale reihenweise neben den Fußballerhemden, Boxhandschuhen und Tennisschlägern. Schlagersänger »danken für diese CD und den Segen«, ihre CD-Hüllen liegen, halb Votivgabe, halb Reklame, stapelweise in der Vitrine. Die von ihren Lastern Befreiten haben jede Menge Schnapsflaschen, Bierdosen, Flachmänner, Kartenspiele, Pillendosen, Tablettenfilme, Zigaretten, Pfeifen und Aschenbecher hinterlassen. Es gibt eine kleine, gruselige Waffensammlung, und da Nossa Senhora Aparecida auch speziell die Rodeoreiter schützt und schirmt, verfügt die Sala das Promessas über eine stattliche Kollektion von Cowboyhüten. Zur Abteilung »Gott sei Dank, noch mal gutgegangen« gehören Skateboards, Motorradhelme, Autolenker, die neben Hufeisen, Silvesterknallern, Dolchen und Scheren hinter Glas liegen. »Walter aus Itajubá« hat seinen verbeulten Fotoapparat dagelassen, der, anders als Walter, den »Sturz aus einem 18,90 Meter hohen Gebäude« nicht unversehrt überstanden hat. Ein angerostetes Kreissägeblatt schwebt über drei angeschossenen Handys, die die Kugel abgehalten haben, und einem halben Dutzend deformierter Dampfkochtöpfe, die bei ihren Explosionen die Köchinnen und Köche wundersam verschont haben.

## Freitag der 13. – aber einen ganzen Monat lang

»Unglück, Tod, Schüsse, Messerstiche – im August kann viel passieren«, sagt der Metzger Tadeu Oliveira da Silva, 44, der vor zehn Jahren im August seinen Bruder bei einem Autounfall verloren hat. Er ist davon überzeugt, dass der August »der übelste Monat des Jahres« ist, und er tut in diesen vier Wochen nichts, was vermieden werden kann. Denn der August ist in Brasilien der Unglücksmonat – jedes Kind kennt den Reim »agosto, mês de desgosto«.

Ob in diesem »Monat der Sorgen und Ärgernisse« die Politiker tatsächlich Entschlüsse vermeiden, ob Autoren ihre Buchvorstellungen lieber auf September verschieben, ob Investitionsentscheidungen wirklich vorverlegt oder vertagt werden, wie viele Brasilianer behaupten, ist unbewiesen. Aber sicher ist, dass seit jeher in den Kirchen die Nachfrage nach Segnungen im Monat August zunimmt – in Rio um das Hundertfache, wie es in einem Buch über Folklore heißt. Viele suchen auch die Priester der afrikanischen Religionen auf, um sich gegen die Boshaftigkeiten des Monats zu feien, in dem die Hunde toll werden und »sich der Teufel losreißt«, wie der Volkspoet Leandro Gomes de Barros schreibt.

Der August als Unheilsbringer ist Thema von Sambas und Titel von Büchern. Zum Beispiel »August« von Rubem Fonseca, der die Vorgänge im August 1954 schildert, als sich der bedrängte Präsident Getúlio Vargas das Leben nahm – bis heute ein nationales Trauma. Auch andere düstere politische Ereignisse fielen auf den achten Monat im Jahr und dienen als

Beweis für seine unheilvollen Kräfte. 1961 trat am 25. August Präsident Jânio Quadros zurück und eröffnete damit eine Phase der Instabilität, die in die Militärdiktatur mündete. Präsident Juscelino Kubitschek kam am 22. August 1976 bei einem Autounfall ums Leben. Im August starben der Samba-könig Sinhô und die Sängerin Carmen Miranda und an Nicht-brasilianern Rodolfo Valentino, Marilyn Monroe, Elvis Presley und Richard Burton. Wer weniger Neigungen zu den schönen Künsten hat, darf sich durch eine Vielzahl von Bränden, Flug-zeugabstürzen, Explosionen und sogar Erdbeben in Brasilien bestätigt sehen, die allesamt im August geschahen. Ganz zu schweigen vom Ausbruch des Ersten Weltkriegs, vom Mau-erbau in Berlin und vom Einmarsch der Roten Armee in die Tschechoslowakei.

Die Ursprünge des August-Aberglaubens liegen im Dunk-len. Roberto DaMatta, der berühmteste brasilianische Anthro-pologe, hat »keine Ahnung«, warum ausgerechnet der August so unheilvoll ist. Für Regina Palieráqui liegt dagegen die Ant-wort auf der Hand. »Das ist der Monat von Obaluaé«, sagt die griechischstämmige Gastronomin aus Salvador da Bahia, »da überlege ich mir jeden Schritt zweimal.« Obaluaé ist eine gewissermaßen janusköpfige Gottheit des Candomblé, einer von den Sklaven aus Westafrika mitgebrachten und bis heute lebendigen Religion – der Herr der Krankheit sowohl als auch der Heilung, der als Einbeiniger dargestellt wird. Allerdings könnten den August-Aberglauben genauso gut die Koloni-satoren mitgebracht haben. Portugals König Sebastian, der am 4. August 1578 in der Schlacht von Ksar el-Kebir fiel, gilt

89

bis heute als die Verkörperung aller Heilserwartungen. Das Volk glaubte damals nicht an seinen Tod und erwartete seine Wiederkehr in besseren Zeiten.

Dass Fürchterliches das ganze Jahr über geschieht, stört nicht. »Es geht nicht um Logik«, sagt der Volkskundler Ricardo Gomes de Lima, »das ganze System von Glück und Unglück steht neben der Rationalität.« Die Menschen brauchten nun mal zusätzliche Deutungsmuster, wenn rationale Erklärungen gerade für schreckliche Erfahrungen als nicht ausreichend empfunden werden. »Fast jeder zivilisierte Mensch trägt Spuren primitiver Ängste in sich, aber in uns Brasilianern machen sie sich stärker bemerkbar, weil wir immer noch im Schatten des Dschungels (...) leben«, schrieb der Soziologe Gilberto Freyre vor achtzig Jahren. Ist Brasilien wirklich abergläubischer als andere Länder? »Ich weiß es nicht«, sagt Gomes, »ich weiß nur, dass es in den USA keine einzige Klinik gibt, wo die Patienten in Zimmer Nummer 13 lägen.«

Sind es tatsächlich die modernen Religionsshows und die neuzeitlichen Wunderkammern und Reliquienschreine, mit denen die Katholiken ihren Konkurrenten Einhalt gebieten können? Dass die Kirche anders auftreten muss, findet auch die »Charismatische Erneuerung«, deren populärster Vertreter Pater Marcelo Rossi ist – ein Medien-Phänomen, das womöglich nur im Geburtsland der Telenovela so umwerfende Wirkung erzielen kann. Eine Fernsehsendung über das Leben von Johannes Paul II. gab dem bis dato so gut wie gar nicht religiösen jungen Mann die entscheidende Wende: Er wollte Priester werden. Er studierte Theologie, wurde 1994, als 27-Jähriger, zum Priester geweiht und begann zu singen und zu tanzen. Er bekam Fernseh- und Musiksendungen, die Rundfunkanstalten rissen sich darum, die von ihm gelesenen Messen übertragen zu dürfen. *Friede, Ohne Grenzen, Engel, Jesus ist der König, Maria Gottesmutter*, solche Titel tragen die CDs, die er am laufenden Band herausgibt und die sich millionenfach verkaufen. Und die sich – natürlich – den Millionen von CDs, die die Evangélicos produzieren, zum Verwechseln gleich anhören. Macht nichts, im Gegenteil: Papst Benedikt hat ihm 2010 einen Preis verliehen, als Anerkennung für seinen Beitrag zur Modernisierung des Evangeliums.

Soziologe Romero, der den Vormarsch der Evangélicos jahrelang untersucht hat, sieht das Problem woanders. Er sagt es nicht so hart, aber seine Schlussfolgerung ist wohl: Die katholische Kirche lässt ihre Schäfchen viel zu oft allein, sie kümmert sich nicht genug um sie. »Den Bischöfen war zwar klar, dass sie ihre Gläubigen verlieren«, sagt Romero, der der Kirchenhierarchie schon vor Jahren seine Erkenntnisse vorgetragen hat, »aber sie hatten völlig falsche Vorstellung, wie viele und vor allem wo«: Nicht etwa einfach in den gottlosen Großstädten, obwohl sich in Rio de Janeiro, der Stadt, über der die Christus-Statue ihre Arme ausbreitet, heute nur noch 45 Prozent zum Katholizismus bekennen. Sondern dort, wo »Chaos und Anomie« herrschen, wie Romero sagt: wo die Menschen entwurzelt sind, wo die Familien zerfallen, wo der Gesellschaft die sozialen Korrektive fehlen, wo der Staat kaum Flagge zeigt. Also vor allem in den Slum-Gürteln, die sich um die Großstädte legen. Und in Amazonien, wo der Wald gerodet wird, neue Siedlungen aus dem Boden sprießen und Menschen aus allen Ecken Brasiliens zum Geldverdienen zusammenkommen.

### Das Wahrzeichen Brasiliens – ist es wirklich brasilianisch?

Die Christusstatue auf dem Corcovado ist eines der Wahrzeichen Brasiliens – aber ist sie auch wirklich richtig brasilianisch? Der 1145 Tonnen schwere, mit winzigen Specksteinplättchen verkleidete Betonkoloss wurde zwar von einem brasilianischen Baumeister errichtet und 1931 feierlich eingeweiht. Aber es war der französische Bildhauer Paul Landowski, der die Figur im Art-déco-Stil modelliert hat. Dessen Erben argumentieren, der brasilianische Ingenieur Heitor da Silva Costa sei eben »nur ein Ingenieur, kein Künstler« gewesen. Ihre Gegner halten da Silva Costa dagegen für den geistigen Vater und Schöpfer der Statue, der Landowski nur mit dem Design des dreißig Tonnen schweren Jesuskopfes und der beiden je acht Tonnen schweren Hände beauftragt habe.

92

Bei diesen Fragen geht es nicht nur um Patriotismus, sondern auch um Geld. Denn die Erben des Franzosen, der in seinem Pariser Atelier zwar Kopf und Hände entworfen hat, aber nie in Brasilien war, beanspruchen Urheberrechte.

Die anderthalb Millionen Besucher, die Jahr für Jahr mit einer Zahnradbahn oder dem Auto auf den 710 Meter hohen Corcovado fahren – ein paar laufen auch auf Dschungelpfaden hinauf –, lassen diese Probleme meist kalt. Sie genießen den spektakulären Blick auf Rio de Janeiro, sie fotografieren einander vor der – den Sockel mitgerechnet – 38 Meter hohen Jesusfigur, die mit ihren riesigen Armen scheinbar die ganze Stadt umfassen will. Dass Brasilien, dass Rio de Janeiro von Gott gesegnet sei, wie die Patrioten und Propagandisten immer wieder beteuern – im Schatten des Christus meint man es sehen und spüren zu können.

Ist die Statue schön? Nach achtzig Jahren stellt sich die Frage nicht mehr. Sie ist eben da, sie gehört dazu. Und zweifellos ist sie gelungener als die anderen Entwürfe, die 1923 vorgestellt wurden: »Kugel-Jesus«, so verspotteten die Zeitgenossen zum Beispiel ein Modell, bei dem Jesus den Globus und ein Kreuz in Händen hielt. Der Riesen-Jesus ist innen hohl wie ein Schokoladenweihnachtsmann. Allerdings hat man ihm ein elf Stockwerke hohes Treppenhaus eingebaut, so dass die Arme – Spannweite 28 Meter – und der Kopf zu Wartungszwecken begangen werden können.

Eigentlich sollte die Figur schon 1922, zum 100. Jahrestag der Unabhängigkeit Brasiliens von Portugal, aufgestellt werden. Aber dann wurden es doch fast zehn Jahre mehr.

93

Die gewaltige Betonkonstruktion wurde in fünf Jahren errichtet – gegen einige Widerstände. Dass der laizistische Staat das Gelände gratis abtrat, ließ die Vertreter anderer Religionen protestieren. Später wurden Plagiatsvorwürfe erhoben, und es gab immer wieder Probleme mit dem Geld.

Heute ist die Christusstatue ein religiöses und ein weltliches Symbol zugleich, und diese Zwitterstellung sorgt bis heute immer wieder für Konflikte. Die Diözese intervenierte, als die Sambaschule Beija-Flor im Karneval 1989 den Corcovado-Jesus als Bettler präsentierte – die Replik der Statue musste verhüllt werden. Der auf Bikini-Oberteile aufgedruckte Jesus missfiel ebenfalls, und der Bischof von Rio war auch nicht amüsiert, als mit dem Bild der Jesusstatue ausgerechnet eine Agentur warb, die Seitensprünge vermittelt.

Priester auszubilden sei langwierig und teuer, und die Pastoren der Evangélicos hätten dagegen ja nur eine theologische Schnellbleiche, entschuldigt der Klerus seine Abwesenheit an den Orten, wo er eigentlich präsent sein sollte. Aber dort, wo sich die Agrargrenze stets schnell verschiebt, wo die Männer nach Gold graben oder Holzköhlereien betreiben, da müsste der geistliche Beistand vielleicht doch kein Latein können. Bei den Evangélicos entfallen auf einen Anhänger 18-mal mehr Pastoren als Priester auf einen Katholiken – und kaum wird irgendwo in Brasilien aus der Kreuzung zweier Straßen ein Dorf, steht auch schon ein Tempel da. Allein die Assem-

94

bleia de Deus, die größte Kirche unter den Neu-pfingstlern, hat 50 000 Pastoren und 100 000 Tempel in Brasilien – gegen knapp 25 000 Pater und knapp 11 000 Pfarreien.

Und die Selbstbesinnung? Da stellt sich, wie ge-sagt, die Frage, worauf sich die Kirche besinnen soll. Wie fast überall auf der Welt geht auch in Brasilien die Gesellschaft halb kopfschüttelnd, halb achsel-zuckend über die konservativen Positionen hinweg, die der Vatikan hartnäckig verteidigt. Das Präser-vativverbot halten, zumal in Zeiten der Pandemie, 94 Prozent der Brasilianer für Unfug. Der Vatikan verdammt die zweite Ehe als »Plage«, während drei von vier Brasilianern die Scheidung für ungefähr genauso gerechtfertigt halten wie die Eheschließung. Und sogar unter den Katholiken finden 59 Prozent, man könnte getrost den Zölibat abschaffen, den Rom so zäh verteidigt, als wäre er das elfte Gebot.

Nur in der Abtreibungsfrage herrscht ein relativ hoher Grad an Übereinstimmung: Zwei Drittel der Brasilianer lehnen eine Liberalisierung der jetzigen, sehr restriktiven Regelung ab. Allerdings wünschen sie auch keine Verschärfung. Als vor ein paar Jahren ein Ärzteteam bei einer Neunjährigen eine Abtrei-bung vornahm, die von ihrem Stiefvater missbraucht und geschwängert worden war, exkommunizierte Dom José Cardoso Sobrinho, der Erzbischof von Re-cife und Olinda, die Ärzte, die Krankenschwestern und die Mutter. Nicht aber den Stiefvater, weil der Missbrauch zwar schlimm, aber nicht so schlimm sei wie die Abtreibung. Der Aufschrei in der Gesellschaft damals war groß. Der Erzbischof ist mittlerweile emeritiert, aber sein Nachfolger sagt bis heute laut und deutlich, dass er genauso entschieden hätte.

Und die Besinnung auf tätige, die politischen und sozialen Realitäten ins Auge fassende Nächstenliebe? Das ist heikel, denn so eine Auffassung vom Priesteramt birgt eine gefährliche Nähe zur Befreiungstheologie, die Joseph Ratzinger früher als Vorsitzender der vatikanischen Glaubenskongregation mit geradezu inquisitorischem Eifer verfolgt hat. Vermintes Gebiet also, gerade in Brasilien, wo die Befreiungstheologie stark war. 2007 hat der Papst übrigens die brasilianischen Bischöfe gerüffelt: Sie sollten gefälligst die Sakramente und die Liturgie wichtiger nehmen als die Sozialarbeit. Glücklicherweise halten sie sich oft nicht dran. Sie nehmen zwar das Wort Befreiungstheologie kaum noch in den Mund, und sicher wird auch nicht mehr groß darüber debattiert, ob das politische System oder das ökonomische Modell schuld ist an Armut, Unterdrückung und Hoffnungslosigkeit. Aber die Landpastorale, der Indianer-Missionsrat Cimi, die Sozialarbeit in den Städten – das sind Tätigkeiten einer Kirche, die den Schwachen, den Armen, den Ausgestoßenen zur Seite steht.

96

Ein letzter Ortstermin, nicht in Rio de Janeiro und nicht am Sonntagvormittag, sondern an einem Spätnachmittag unter der Woche, vor einer Hütte mitten im Busch. Padre Amaro Lopes de Souza, der Priester der Pfarrei Anapu, macht einen Routinebesuch bei den Siedlern der Kooperative Virola-Jatobá. Das ist eine Art Modellvorhaben, das auf die amerikanische Nonne Dorothy Stang zurückgeht: Landlose Kleinbauern bekommen von der Landreformbehörde ihre eigene Scholle zugewiesen – Stücke, die sie bebauen und die mitten im Wald liegen, den sie nachhaltig nutzen dürfen. Durch ihre Präsenz bilden sie eine Art Schutzwall gegen die illegalen Holzfäller, die in den riesigen Waldgebieten wildern. Ein Konzept also, das sich so vernünftig anhört, dass eigentlich niemand etwas dagegen sagen könnte.

Bis auf die Holzmafia natürlich. Ende 2004 sagte Dorothy Stang, dass in Virola-Jatobá und in drei anderen, praktisch identischen Projekten – zusammen etwa 130000 Hektar groß – etwa zehn illegale Holzfällertrupps unterwegs seien. Und wie zum Scherz fügte die Nonne damals hinzu: »Zehntausend Reais – ich bin nicht viel wert, finden Sie nicht?« Denn dieses Geld, damals 3000 Euro, war auf ihren Kopf ausgesetzt. Fünf Monate nach dem Gespräch, am 12. Februar 2005, wurde Schwester Dorothy von einem Auftragsmörder mitten im Wald erschossen.

Pater Amaro, der die Pfarrei von Anapu schon

damals leitete, und die Nonne Kátia Webster haben das Projekt fortgeführt. »Jetzt, acht Jahre nach ihrem Tod, sind ihre Ideen in die Praxis umgesetzt«, sagt der Pater, und Schwester Kátia fügt hinzu: »Es wird von den Leuten immer besser geführt und geradezu bewunderungswürdig verteidigt.« Das Projekt habe sich gefestigt, so dass mehr Kleinbauern zugezogen seien und nun auf eigenem Land wirtschaften könnten. Das Problem, wendet der Pater ein, sei bloß, dass der Staat den Bauern viel zu wenig Hilfestellung gebe. »Deshalb ist die Holzmafia nach wie vor aktiv«, sagt Pater Amaro, und wie zum Beweis zeigt er auf seinem Handy die Fotos einer Brücke über den Rio Anapu, die die Holzfäller gebaut haben, um ihr Diebesgut abzutransportieren.

Die Staubstraße windet sich weiter durch den Wald, vorbei an Lichtungen, auf denen die Kleinbauern leben und ihre Felder bestellen. Auf einer leichten Anhöhe verbreitert sich der Weg zu einem kleinen Platz, in dessen Mitte ein niedriges Kreuz in einer kleinen Blumenrabatte steht. Die Schrift ist verblichen, man kann gerade noch die Geburts- und Sterbedaten von Dorothy Stang lesen, die 1966 nach Brasilien kam und mit 73 Jahren an diesem Ort erschossen wurde. »In Erinnerung an die Märtyrer, die im Kampf für die Erhaltung des Waldes und für die Agrarreform gefallen sind«, steht auf einem Metallschild, das an einem Baum hängt. Nicht zu übersehen sind die Spuren von zahlreichen Schüssen, die auf das Schild abgefeuert wurden.

Als Papst Benedikt 2007 in Brasilien war, hat er Dorothy Stang mit keinem Wort erwähnt.

## 4.
## Der Amazonas – wo sich die Brasilianer gar nicht gerne hineinreden lassen

Was mag aus Karl Waldemar Scholz geworden sein? Ist er wirklich mitten im Ersten Weltkrieg zurückgekehrt nach Deutschland? Oder ist er, als ihm das Wasser bis zum Hals stand, von Manaus aus nach Westen gegangen, den Rio Putumayo hinauf, auf der verzweifelten Suche nach neuen, rettenden geschäftlichen Erfolgen? Und wenn er sich wirklich 1915 das Leben genommen hat – war das in Deutschland? Oder am Putumayo, fern von Manaus, wo er zuvor als unermesslich reicher Kautschukbaron gelebt hatte, bis er plötzlich arm war wie eine Kirchenmaus?

Weder vom steilen Aufstieg noch vom tiefen Fall des Karl Waldemar Scholz ist viel Gesichertes bekannt – und das ist bezeichnend. Der Deutsche ist als Prototyp des Gummimoguls interessant, und zu dieser Figur der Wirtschaftsgeschichte gehört es geradezu, dass ihre Verkörperung aus dem Nichts kommt, ein paar Jahre lang steinreich ist und dann wieder ins Nichts verschwindet. Scholz' Palast über einem Seitenarm des Rio Negro beherbergt heute ein Museum, und wenn man vor diesem Tropen-

Traumschlösschen mit all den Stucksäulen und Veranden, seinen Bronzestatuen und Vorgartenpalmen steht, dann kann man sich vorstellen, wie das damals war in den Jahren des Booms, im Frühjahr 1910 etwa, als der Preis für ein Kilo Kautschuk auf unerhörte sechs Dollar kletterte: Der zahme Löwe im Garten, die Gespanne mit den livrierten Dienern, der Anleger für die Yacht, und natürlich die Badewanne, in der zu vorgerückter Stunde – Höhepunkt der Scholz'schen garden partys – junge Damen ein Bad in kaltem Champagner nahmen. Ob all das, was in den Annalen steht, wirklich bis ins letzte Detail stimmt, ist übrigens nicht so wichtig. Die Übertreibung gehört nun mal ebenso zur Existenz eines Kautschukbarons wie der Exzess.

Scholz übrigens hatte den berühmten Tenor Enrico Caruso mit Telegrammen bombardiert, um ihn für ein Gastspiel in Manaus zu gewinnen. Aber entgegen der Legende – die der seinerseits legendäre Werner-Herzog-Film »Fitzcarraldo« von 1982 nährte – trat der Italiener nie in Manaus auf, und schon gar nicht zur Einweihung der berühmten Oper am Silvestertag 1886, ebenso wenig wie sich Sarah Bernhardt oder die Pawlowa jemals am Amazonas blicken ließen. Womit wir beim Manaus-Mythos schlechthin wären: dem Opernhaus, das bis heute viel zu groß, viel zu prächtig, viel zu unvermittelt im Herzen der nicht besonders bemerkenswerten Amazonas-Metropole liegt. Abgesehen vielleicht vom Turmbau zu Babel gibt es kaum ein anderes architektonisches Werk, das wie das »Teatro Amazonas« für die Irrungen und Wirrungen, die Exzesse und Absurditäten, den Höhenflug und den abgrundtiefen Absturz einer ganzen Epoche steht.

Dabei war Manaus kein Einzelfall mit seinem Theater. Nach dem Sturz der Monarchie 1889 hatten die Provinzen mehr Autonomie gewonnen. Viele schwammen in Geld, ihre Eliten sehnten sich nach standesgemäßen Spielplätzen. Es gibt viele Theaterbauten aus dieser Zeit in Brasilien: Die berühmte Jugendstil-Gusseisenkonstruktion in Fortaleza ist im Baumwollboom entstanden; das Teatro Santa Isabel in Recife gründete auf dem Zuckerreichtum; im Stadttheater von São Paulo drückt sich das Selbstbewusstsein der Kaffeepflanzerelite aus. Und die reiche Hafenstadt Belém (portugiesisch für »Bethlehem«) hatte schon 1869 mit dem Bau ihres Teatro da Paz begonnen, und es kann, was Pracht und Protz angeht, durchaus mit seinem späteren Rivalen in Manaus konkurrieren.

Manaus, die Stadt der Parvenüs, war der Parvenü unter den Städten Brasiliens. Als die Dampfmaschinen und Eisenbahnen immer mehr Gummidichtungen und Transmissionsriemen brauchten, stieg die Nachfrage nach Kautschuk. 1870, als der Boom begann, hatte Manaus 5000 Einwohner. 1910 erreichte die Fieberkurve der Kautschuknotierungen den Höhepunkt vor dem Exitus. Da zählte die Stadt 100 000 Einwohner. Am Theater wurde 18 Jahre lang gebaut, und als es 1899 endlich fertig war, hatte es 110-mal mehr gekostet als ursprünglich kalkuliert. Eingeweiht wurde es schon 1886, aber da fehlten noch die Stuckgesimse und die Deckengemälde, die die Touristen heute, den Kopf in den Nacken gelegt, bewundern, wenn sie in Filzpantoffeln über das aus 12 000 Einzelstücken bestehende Tropenholzparkett schlurfen. Alle Materialien kamen aus Europa, außer dem Parkett- und dem Gestühlholz, das nach Europa verschifft und dort verarbeitet wurde: die Stahlträger aus Glasgow, die Spiegel aus Venedig, die 19 500 bunt glasierten Kuppelkacheln aus dem Elsass. Und die Pflastersteine für den weiten Vorplatz aus Portugal.

Und so steht der in feinem Altrosa und Weiß erstrahlende Musentempel heute noch im Zentrum der Amazonas-Metropole: in all seiner byzantinischen Prunksucht, mit seinen horrenden Kosten und seiner bis heute grotesken Deplatziertheit ein Wahrzeichen des Kautschukzeitalters. Ein Mythos seiner selbst. Und ein Mythos Amazoniens. Eigentlich ist es erstaunlich, dass erst 2005 jemand auf die Idee kam, in Manaus Richard Wagners »Ring des Nibelungen«, diese so mythenträchtige Tetralogie, im »Teatro Amazonas« zu inszenieren. Denn Amazonien ist voller Mythen.

Die im Amazonasbecken lebenden Indianervölker haben ihre Interpretationen der Welt in Mythen erzählt, die heutzutage durch die Elektrizität bedroht oder schon vernichtet sind. Denn wo Strom für Radio und Fernsehen ist, hören die Menschen auf zu singen und zu erzählen, und Indianermythen werden eben gesungen oder gesprochen weitergegeben.

Aber es sind auch die Mythen der Moderne, die Amazonien erzählt: unsere Mythen vom Fremden und Fernen, vom Üppigen und Unberührten, vom Wilden und Ungezähmten, vom Ungestörten und Unversehrten. Die endlosen Weiten einer eigenen, verschlossenen Welt, deren ewige Harmonie durch die Lebensfeindlichkeit nur noch unterstrichen wird, die jedem Eindringling wie eine Strafe für sein Eindringen entgegenschlägt – dieses Bild von Amazonien trägt die Moderne im Kopf. Die aufsehenerregenden Fotos, die 2010 von den Pano-Indianern geschossen wurden und um die Welt gingen, reproduzieren genau dieses Bild von Amazonien: Die Pano, eines der auf brasilianischem Territorium lebenden Indianervölker, die den Kontakt zur Außenwelt ablehnen, schauen erschrocken in den Himmel, wo das Flugzeug mit dem Fotografen über sie hinwegfegt. Und durch dessen Linse starrt die Welt – die Außenwelt – auf den winzigen Ausschnitt dieses fremden, verletzlichen, gefährdeten Kosmos, der abgetrennt und losgelöst von unserem da unten in diesem grünen Höllenparadies existiert. Was für eine Verweigerung in Zeiten der Globalisierung!

Der deutsche Naturforscher Alexander von Humboldt erblickte, als er die Urwälder Südamerikas durchstreifte, »das freundliche Bild eines üppigen Pflanzenwuchses und schäumender Flussthäler«, dem französischen Ethnologen Claude Lévi-Strauss erschien der Wald als »monumentales Universum«, der brasilianische Anthropologe Darcy Ribeiro rühmte die »vollkommene Schönheit des unberührten Waldes«. Drei Beschreibungen von Amazonien, die allesamt voller Ehrfurcht vor der Erhabenheit, der Größe und der Harmonie der Natur sind. Man muss das Bild Amazoniens dagegenhalten, das die Satelliten aus dem Weltraum festhalten: das berüchtigte Fischgrätmuster der Zerstörung, die sich entlang der Hauptstraßen und der rechtwinkelig dazu in den Busch geschlagenen Nebenwege zeigt.

Dieses Fischgerippe, symbolhaft wie ein Piktogramm, wertet die alten Schilderungen von der Erhabenheit Amazoniens zur weltfremd-verträumten Romantik ab. Es scheint, als gäbe es keinen Zwischenzustand in Amazonien, keinen Mittelweg, keine Vereinbarkeit zwischen Nutzung und Erhaltung – nur hastige Inwertsetzung, die die unberührte Natur sofort und unmittelbar in bedrohte Natur verwandelt. Zwischen dem Heilen und dem Zerstörten gibt es nichts. Die ruhige, wenn auch in Wahrheit etwas trügerische Harmonie einer gewachsenen, gehegten und gepflegten Kulturlandschaft, wie wir sie aus Europa kennen, ist in Amazonien nicht zu erblicken. Vielleicht liegt das am Tempo: Was bei uns langsam vonstattenging und Jahrhunderte brauchte, bemisst sich hier in so und so vielen Quadratkilometern Wald, die von Jahr zu Jahr vernichtet werden.

Und die genutzte, bewirtschaftete Landschaft offenbart immer die vorhergegangenen Zyklen der Zerstörung. Auf den frisch eingesäten Grasweiden sind, wie die Totempfähle der Kettensägenkultur, die von der Sonne gebleichten Stämme jener Bäume stehen geblieben, deren geringe Holzqualität das Fällen nicht lohnt. Jedes Rind, das sich auf seinem eigenen Hektar Weideland dem Schlachthof entgegenfrisst, scheint auf den kleinen Anteil an den fünf bis zehn Millionen Tierarten Amazoniens zu verweisen, den es durch seine Existenz auf dieser Weide verdrängt hat. Und die Sojafelder, die von Süden her immer weiter ins Amazonasbecken vordringen, erinnern schon durch ihre brettebene Endlosigkeit an die Abwesenheit dessen, was früher dort von Horizont zu Horizont stand.

Gewirtschaftet und zerstört wird natürlich nicht erst seit unseren Tagen im Amazonasbecken. Als Francisco de Orellana 1541 als erster Europäer den Strom von den Anden bis zum Atlantik hinunterfuhr, war die Marajoara-Kultur schon lange untergegangen; die Keramikscherben, die ihre Existenz ver-bürgen, sind 3000 Jahre alt. Spanier und Portugiesen stritten sich um den Verlauf der Grenzen, die ihre Herrschaftsgebiete voneinander absetzten, Missio-nare versuchten die Seelen der Indianer zu retten, während die Sklavenjäger eher an ihrer Muskelkraft interessiert waren. Jäger und Fischer, Gauner und Goldsucher, Kapitäne und Kaufleute hatten den bis zu 48 Kilometer breiten Strom mit seinen 10 000 Ne-benflüssen jahrhundertelang bevölkert, ehe Kaiser Pedro II. im Jahre 1850 die Konzession für die Dampfschifffahrt vergab.

Aber einen so gewaltigen Boom wie die Nachfrage nach Kautschuk hatte das Amazonasbecken noch nie erfasst. Zwei bis drei Bäume pro Hektar, dichter stehen die Hevea-Brasiliensis-Bäume in der Natur nicht. Der Zapfer muss täglich weite Wege durch den Busch laufen, um das Latex zu sammeln, das aus den leicht schräg in die graue Rinde getriebenen Ritzen tritt. Wie ein ins Feinste verästeltes Kapillarsystem erfassten Habgier und Ausbeutung nach und nach die entlegensten Ecken des Amazonasbeckens, in denen Hevea Brasiliensis wächst. Zwischenhändler, die die Preise unter das Existenzminimum drückten und die Zapfer durch Schuldknechtschaft in Ab-hängigkeit hielten – das waren noch die harmloseren unter den brutalen Bedingungen damals. Im Westen, nach Peru und Bolivien hin, waren die Verhältnisse

107

weitaus wilder, wie der peruanische Romancier und Nobelpreisträger Mario Vargas Llosa in seinem Buch »Der Traum des Kelten« schildert. Die Pistoleiros der Unternehmer richteten unter den Indianern, die als Sklaven gehalten wurden, immer wieder furchtbare Gemetzel an. Auf den 2010 aufgenommenen Luftbildern von den Pano-Indianern sind ein metallener Topf und ein Haumesser zu sehen. Denn sie hatten früher Kontakt zur Außenwelt, den sie nun vermeiden: Sie sind die Nachfahren von Indianern, die vor hundert Jahren während des Kautschukbooms grausam niedergemacht wurden.

#### Brasiliens Nationalbaum

Für Brasilien ist er das, was die Eiche für Deutschland ist, und dafür ist er ein überraschend unscheinbares Gewächs. Brasiliens Nationalbaum – da würde man einen Urwaldriesen erwarten, einen außergewöhnlichen, spektakulären, bewunderungswürdigen Bewohner der tropischen Wälder. Aber der Baum, dessen Stamm über Jahrhunderte hinweg millionenfach exportiert wurde und die portugiesische Krone, die Händler und die Schmuggler reich gemacht hat, wird höchstens 25 Meter hoch; nichts, was dem Nichtfachmann ins Auge stäche. Seine Verdienste um die Kunst und Kultur des Abendlandes sieht man ihm nicht an: Sein Holz hat im 16. Jahrhundert die Mode, im 18. Jahrhundert die Musik revolutioniert.

108

Der Stamm ist von grau-weißen, abblätternden Borkenstücken besetzt, unter denen das charakteristische Rotbraun der Rinde hervorkommt. Bereits in ein paar Metern Höhe verzweigt sich der Stamm, statt einer mächtigen Krone entwickelt er ein eher lichtes als dichtes Laubdach, das wegen der nicht einmal fingernagelgroßen Blättchen zwar leicht und filigran, aber auch etwas buschig und wedelig wirkt. Er ist nur eine der schätzungsweise 10 000 Pflanzenarten, die in seinem natürlichen Habitat, Brasiliens Küstenwaldstreifen, vorkommen. Die Indianer nannten ihn Ibirapitanga, der botanische Name lautet Caesalpinia echinata, landläufig wird er als Pau Brasil bezeichnet. Und Bogenbauer in der ganzen Welt kennen sein Holz als Fernambuk oder Pernambuco. Die Bogenbauer sind auf Pernambuco angewiesen, ein akzeptables Substitut gibt es nicht. Kaum ein anderes Holz eignet sich so gut für Bögen, und für gute Bögen wird kaum ein anderes Holz verwendet – seit bald einem Vierteljahrtausend.

»Die Geige, das ist der Bogen«, hat Giovanni Battista Viotti, der große Violinvirtuose des 18. Jahrhunderts, gesagt, und es gibt sogar Experten, die dem Bogen eine größere Bedeutung zumessen als dem Instrument: Schließlich sei er es, der mit der rechten Hand geführt, mit dem die Musik hauptsächlich gestaltet werde.

Auf Viottis Zeit datiert die Musikgeschichte eine Art Revolution. Der Franzose François Xavier Tourte, ein gelernter Uhrmacher, perfektionierte den Bogen. Die Folgen seiner mechanisch-technischen Innovation beschreibt Klaus Grünke, der zusammen mit seinem Vater und seinem Bruder eine

109

renommierte Bogenwerkstatt im fränkischen Bubenreuth führt: »Ein näheres Spiel, bessere Kontrolle, größeres Klangvolumen, höhere Spannung.« Tourte benutzte nicht mehr das herkömmliche, schwerere Schlangenholz, sondern Fernambuk, das ein als ideal empfundenes Schwingungsverhalten aufweist, hervorragende Werkstoffeigenschaften hat und außerdem noch schön aussieht.

Tourtes Bögen ließen die Instrumente lauter erklingen, und damit entsprachen sie den Erfordernissen der Zeit. Musik wurde nicht mehr vor allem in den intimen Kabinetten der Aristokratie aufgeführt, sondern in Hallen, in denen sich das Bürgertum dem Kunstgenuss hingab. »Mit den Ansprüchen an größere Konzerträume fing dann allmählich der ›Powerbogen‹ an sich durchzusetzen«, resümiert Annette Otterstedt vom Staatlichen Institut für Musikforschung in Berlin. Zu Zeiten der Französischen Revolution habe es erstmals »Open-Air-Konzerte« gegeben – »kein Zufall, dass der moderne Bogen in dieser Zeit gebaut wurde«, sagt Otterstedt.

Die Heimat des Baumes ist die »Mata Atlântica«, der tropische Regenwaldstreifen, der sich über 1,3 Millionen Quadratkilometer entlang der Nord-Süd-Küste erstreckte. Brasilien, das war über Jahrhunderte hinweg nur der Küstenstreifen: Hier wurde gerodet und gesiedelt, abgeholzt und angebaut, entwaldet und entwickelt, während das Landesinnere erst sehr viel später erkundet, erobert, erschlossen wurde. Ausrottung und Zerstörung folgten der gleichen Chronologie. Als die Abholzung des Amazonasgebietes international zum Thema wurde, sprach niemand mehr über den Küstenwaldstreifen – der war schon vernichtet. »Mehr noch als der Amazonaswald war die Mata Atlântica Schauplatz der größten ökologischen Tragödie Brasiliens«, sagt der Botaniker Haroldo Cavalcante de Lima, Leiter der wissenschaftlichen Abteilung des Botanischen Gartens von Rio de Janeiro. Heute sind von den 1,3 Millionen gerade noch 52 000 Quadratkilometer übrig, zerfleddert in zahllose winzige Stückchen hie und da. Einen wild wachsenden Pau Brasil muss man heute suchen.

Lange bevor Tourte das spezielle Schwingverhalten des Fernambukholzes entdeckte und seine hervorragenden Werkstoffeigenschaften erprobte, war es eine ganz andere ästhetische Qualität, die das Holz begehrt und teuer machte: Man kann mit ihm Stoffe färben. Und zwar rot – die Modefarbe der Renaissance, der beginnenden Neuzeit. Bereits vier Jahre nach der Entdeckung der »Terra de Santa Cruz«, wie Brasilien zunächst hieß, wurden monatlich 100 Tonnen Färbeholz nach Europa geschifft, eine ungeheure Menge, gemessen an den damaligen Schiffskapazitäten. Schon 1502 hatte der portugiesische König Manuel das Färbeholz zum staatlichen Monopol erklärt und seine Ausbeutung – sozusagen die erste Privatisierung in der Geschichte Brasiliens – an ein Konsortium von Geschäftsleuten vergeben. Fortan blieb das Holz ein Monopol, 358 Jahre lang – so lange, bis es Mitte des 19. Jahrhunderts sinnlos geworden war: Die Erfindung synthetischer Farben entwertete den Naturstoff jäh, und dabei waren noch ein paar Jahre vorher die Gewinne aus dem Monopol bei der Bank von England verpfändet worden.

Färbeholz aus Indien und Sumatra war bereits seit dem

111

12. Jahrhundert in Europa bekannt und ein Riesengeschäft. Denn Sappan, botanisch ein Verwandter des Pau Brasil, konnte – wenn auch relativ flüchtig, so doch auch vergleichsweise billig – die luxuriösen Rottöne Purpur und Karmesin nachahmen: alte, mythische Symbole von Herrschaft und Macht, von Leben und Zerstörung, ursprünglich den höchsten weltlichen und geistlichen Autoritäten vorbehalten. Dass Karmesin aus Blattläusen gewonnen wurde, spiegelt sich bis heute in der Sprache wider: »vermelho«, rot auf Portugiesisch, stammt von »verme«, Wurm, Made.

Genauso wie Sappan trug auch Pau Brasil zu dem immer wieder auftretenden Prozess bei, den man als »Demokratisierung des Luxus« bezeichnet: Die Farbe Rot changierte ihre soziale Wertigkeit vom Luxuriösen zum Gewöhnlichen. Was der Brasilienimport damals allen anderen Rotfarbstoffen voraus hatte, war die außerordentliche, vorher nie gekannte Variationsbreite der Töne. Je nach Intensität des Säurebads entstand alles vom hellen Orange bis zum düstersten Violett. Die erste, 1540 in Venedig gedruckte Färbeanleitung enthielt fünf Rezepte für Gelb-, sechs für Blau- und 33 für Rottöne. Davon wurden 26 mit Pau Brasil hergestellt.

Das Holz ist nicht nach dem Land seiner Herkunft benannt, sondern umgekehrt: Brasilien heißt nach dem Holz. Es gibt eine ganze Reihe von etymologischen Erklärungen, der gängigsten zufolge stammt »brasil« aus dem Keltischen: »breazail«, Zinnoberrot. Das Holz war ein Synonym für das Land und umgekehrt; das fromme »Terra de Santa Cruz« wich bald dem Namen, der aus der wirtschaftlichen Bedeutung

112

abgeleitet war. Vor Zucker, vor Gold, vor Kaffee war Brasilholz die Ware, die den ersten großen Wirtschaftszyklus Brasiliens in Gang setzte. Franzosen und Holländer versuchten, die portugiesische Kolonie zu erobern – nicht nur, aber eben auch wegen der begehrten Stämme, die in Europa zersägt und zerraspelt wurden. Wegen der Härte des Holzes eine Sträflingsarbeit, die tatsächlich Gefängnisinsassen verrichten mussten. Angeblich sind – natürlich ist das eine unsichere Schätzung – im Laufe der fünf Jahrhunderte 22 Millionen Pernambuco-Bäume gefällt worden.

Der erste und einzige Rohstoff Brasiliens, von dem alle Welt profitiert hatte, aber eigentlich nie die Brasilianer: Der künstlerischen Avantgarde Brasiliens galt Pau Brasil zu Beginn des 20. Jahrhunderts als düstere Metapher für die schmerzlich fehlende wirtschaftliche und intellektuelle Eigenständigkeit ihres Landes.

Der Höhepunkt dieses fieberhaften Kautschuk-Booms fällt zeitlich fast zusammen mit seinem Ende, und das verbindet sich in der kollektiven Erinnerung Brasiliens mit einer sorgsam gehegten und gepflegten traumatischen Erfahrung: der des Raubes, der genauso unverzichtbar zur Mythologie Amazoniens gehört wie das Opernhaus von Manaus. Der Räuber war der Engländer Henry A. Wickham, der 1876 – so geht das beliebteste Schauermärchen der Wirtschaftsgeschichte – bei Nacht und Nebel die Hevea-Brasiliensis-Samen durch strenge Grenzkontrollen

113

außer Landes schmuggelte. Und Wickhams dreister Akt der Biopiraterie, wie man das heute nennen würde, wäre demnach schuld daran, dass die Kautschuk-Plantagen in Südostasien angelegt wurden, dass die Preise dadurch ins Bodenlose fielen, dass der Latexwirtschaft und damit mehr oder weniger der ganzen Ökonomie Nordbrasiliens der Todesstoß versetzt wurde.

Aber die historische Wahrheit sieht etwas anders aus: Wickham war eine eher dubiose Figur, ein chronischer Pechvogel, der mit einigem Geld nach Amazonien gekommen war und sich dort als Zucker-, Tabak-, Maniok- und Kaffeefarmer versuchte – alles ohne Erfolg. Sein Kapital war dahingeschmolzen, und als die britischen Behörden auf ihn zukamen mit dem Auftrag, größere Mengen Samen des Hevea-Brasiliensis-Baumes zu sammeln, muss ihm das als der rettende Strohhalm erschienen sein. Mit dem Geld, das damit zu verdienen war, konnten er und seine Frau die Schiffspassage zurück nach England bezahlen. Aber dass Wickham die Vision gehabt hätte, das brasilianische Monopol zu brechen und dadurch die Weltwirtschaft umzukrempeln – keine Spur davon. Er sammelte die Samen, mehr nicht. Wickham war kein Botaniker, und er schien auch sonst nicht viel von der Materie zu verstehen. Er hatte zwar früher in England eine Studie über Kautschuk veröffentlicht, aber wären die Hevea-Bäume tatsäch-

114

lich so angezapft worden wie von ihm beschrieben und illustriert, dann wären sie nach übereinstimmender Ansicht der Praktiker eingegangen. Wie er es schaffte, innerhalb kurzer Zeit – denn das Material sollte ja frisch sein – angeblich 70 000 Samen von Bäumen zusammenzukriegen, von denen in der Natur nur drei pro Hektar wachsen, blieb damals schon im Dunkeln. Jedenfalls hat er seinen Auftraggebern dürftiges genetisches Material übergeben. Nur vier Prozent der Samen keimten.

Über die entscheidende Episode hat der damals dreißigjährige Wickham später Widersprüchliches geäußert: Wie die zwischen Bananenblättern gelagerten, in Körbe verpackten Samen Brasilien verließen. Die Historiker haben jede Menge Belege und Beweise gefunden, dass Wickham später seine Heldentat weit über die Realität hinaus dramatisiert, dass er also schlechterdings geflunkert hat – je später, desto wilder, weil kein Zeitzeuge mehr lebte, der ihm hätte widersprechen können. Das liegt in gewisser Weise in der Natur der Sache: Nur der Samenschmuggel, den er mit dreißig Jahren begangen hat, begründete die Fama des alten Herren mit der schlohweißen Löwenmähne. Und je kühner er seine Tat darstellte, desto größer die Fama.

Aber der Export von Saatgut aus Brasilien war damals gar nicht verboten, was sich natürlich weder mit Wickhams späterem Crocodile-Dundee-Auftreten

115

noch mit Brasiliens wehleidigem Schauermärchen von der epochalen Biopiraterie verträgt. Der Artikel 643 der damals geltenden brasilianischen Zollbestimmungen – dass es mindestens 642 andere Artikel gegeben haben muss, erlaubt den Schluss, dass die Vorschriften wohl nicht gerade lax waren – legte für »Produkte, die für Naturkunde-Kabinette bestimmt sind«, fest, dass sie bei Export nicht inspiziert werden sollten; die Zollgebühren dafür seien gemäß dem Wert zu erheben, den der Ausführende selber erkläre. Da das Saatgut ja für den Königlichen Botanischen Garten in Kew bestimmt war, hat Wickham es also ganz legal ausführen dürfen. So wie übrigens schon vorher zwei Sendungen Samen das Land auf Veranlassung des britischen Konsulats in Belém verlassen hatten. Völlig legal und unbeanstandet.

Und was die Engländer damit vorhatten, wurde so öffentlich diskutiert, dass es dem brasilianischen Botschafter in London unmöglich entgangen sein konnte. Allerdings hatte 1876, als Wickham mit seinen Körben aus Brasilien abfuhr, der Latexboom seinen Höhepunkt noch längst nicht erreicht. Vielleicht wurde die Bedeutung des Hevea-Transfers deshalb nicht richtig eingeschätzt. Hinzu kommt wohl, dass die brasilianische Politik schwankte: Nach der Geheimniskrämerei, die zur Zeit der Kolonie gang und gäbe war, wollte sich Brasilien, das den Fortschritt und die Entwicklung förderte, dem Wissenschaftsaustausch nicht verschließen. Daher der so liberale Artikel 643 – aber wenn die Behörden gewollt hätten, hätten sie natürlich tausend andere Gründe finden können, den Engländer mit seinen Körben aufzuhalten.

Die geradezu explosionsartig anwachsende Nachfrage, die die Motorisierung nach sich zog, hätte das archaische System der Latexproduktion Brasiliens auf kurz oder lang sowieso nicht befriedigen können. In den Plantagen Südostasiens oder Westafrikas wuchsen nicht zwei bis drei, sondern 350 Bäume auf einem Hektar. In Brasilien die Produktion zu erhöhen hätte höhere Kosten bedeutet, weil der Latex an immer weiter entlegenen Orten hätte gesammelt werden müssen. In Malaysia dagegen bedeutete mehr Gummi weniger Kosten; der Produktionsprozess wurde durch mehr Ausstoß nur rationaler. 1912 zapften Brasiliens Seringueiros (Kautschuksammler) 43 000 Tonnen, und Asien schleuste 28 000 Tonnen auf den Weltmarkt. Sieben Jahre später war Brasiliens Produktion auf 34 000 Tonnen gesunken, und Asien beherrschte den Weltmarkt: mit 382 000 Tonnen.

Und warum wurden im Amazonasbecken keine Plantagen angelegt, wo es doch – eine bittere Ironie der Geschichte – ein Brasilianer war, der 1861 diese Idee erstmals verfocht? Weil das Kapital ebenso knapp war wie die Arbeitskraft. Weil die natürlichen Plagen in der Heimat der Hevea Brasiliensis – dass die Bäume in der Natur so weit auseinanderstehen, ist ein Schutzmechanismus der Natur – viel übler wüten als in der quasi künstlichen Umgebung Asiens, wo die Bäume sogar noch ergiebiger sind. Und vermutlich auch weil sich wohl einfach niemand vorstellen konnte, dass der Gummiboom eines Tages einmal jäh zu Ende sein würde.

Das Wickham-Schauermärchen gilt in Brasilien bis heute als traumatische Episode, die immer wieder aufgerufen wird, um zu beweisen, wie berechtigt die Angst ist, dass »das Ausland« den Brasilianern etwas wegnehmen wolle – vor allem Amazonien. Und diese Furcht ist bis heute so weit verbreitet, dass sie mitunter die Dimensionen einer »nationalen Paranoia« annimmt, wie die »New York Times« vor ein paar Jahren kopfschüttelnd befand. Es ist nicht irgendein ultranationalistischer Zirkel – so etwas gibt es in Brasilien sowieso kaum –, sondern schlechterdings die Mehrheit der erwachsenen Bevölkerung, die sich solchen Angstvorstellungen hingibt. Einer schon etwas älteren Umfrage zufolge halten es drei von vier Brasilianern für möglich, dass eines Tages fremde Truppen einmarschieren, um sich die Naturschätze des Landes anzueignen, und nur 19 Prozent schließen einen solchen Überfall aus.

Selbst ein so witziger, gewandter und weltoffener Zeitgenosse wie der Schriftsteller João Ubaldo Ribeiro argumentiert, die Amerikaner hätten schließlich

118

Nord- und Südvietnam und Nord- und Südkorea geschaffen – warum sei es dann undenkbar, dass sie nicht eines Tages auch mal Nord- von Südbrasilien abteilen? Auch Eduardo Braga, der frühere Gouverneur und heutige Senator des Bundesstaates Amazonas, gab zu Protokoll, dass er das nicht für unwahrscheinlich halte, und führte als Beleg den Irakkrieg an. An den Stammtischen sind die enormen Süßwasservorräte des Amazonasbeckens ein stets gern mit kriegerischem Unterton verteidigter Schatz der Natur. Die Frage, ob dann Flotten von Tankschiffen leer in den Amazonas ein- und mit Wasser gefüllt wieder ausführen, wird meist ebenso ignoriert wie das Argument, dass man zur Sicherung des Rohstoffnachschubs heutzutage nicht mehr Soldaten mit Panzern und Kanonen, sondern eher Geschäftsleute mit Smartphones und Taschenrechnern durch die Welt schickt. Genauso wie das brasilianische Firmen auch tun, die die Rohstoffvorräte in den Nachbarländern aufkaufen.

Die eigentlich seriöse Zeitschrift »IstoÉ« sah 2008 die Invasionsstreitkraft fast schon vor der Tür stehen, bloß weil die »New York Times« und der britische »Independent« den Rücktritt der hoch angesehenen Umweltministerin Marina Silva zum Anlass genommen hatten, Brasiliens schlampigen Umgang mit seiner Natur zu kritisieren. »Amazonien ist massiv bedroht«, schlussfolgerte »IstoÉ«. Das Blatt forderte geradezu säbelrasselnd, Präsident Luiz Inácio Lula da Silva – der seiner Ministerin so wenig Rückendeckung gegeben hatte, dass sie entnervt aufgab, zwei Jahre später als Grüne für die Präsidentschaft kandidierte und verblüffende 19 Prozent holte – müsse »eine starke Entscheidung treffen, um in aller Welt die Gewissheit widerhallen zu lassen, dass Amazonien uns gehört«. Denn es sei ja offensichtlich, »dass die Ausländer nicht nur von guten Absichten geleitet sind. Weit genauer als auf die Brandrodung und die Umweltverschmutzung schauen sie auf die unermesslichen Reichtümer Amazoniens.« Unter »Gefahr für Amazonien« listete das Blatt unter anderem »schätzungsweise 100 000 Nichtregierungsorganisationen« auf. Sie – »sie«, nicht »einige« oder »manche« – würden beschuldigt, in Drogenhandel und Geldwäsche verwickelt zu sein.

Als der spätere US-Vizepräsident und Nobelpreisträger Al Gore 1989 behauptete, das Amazonasbecken gehöre »uns allen«, und Frankreichs sozialistischer Präsident François Mitterrand befand, Brasilien könne nicht mehr als eine »relative Souveränität« an Amazonien geltend machen – nein, das waren natürlich keine Sternstunden der Staatskunst. Es lag ja wohl auf der Hand, dass Brasilien gar nicht anders als mit eisiger Ablehnung reagieren konnte. Vor allem Gore wird bis heute immer noch als Kronzeuge für die finsteren Absichten des Auslandes zitiert, und nach wie vor reagieren die Brasilianer empfindlich, wenn Ausländer mit Kritik ankommen. Wobei es ja längst in erster Linie Brasilianer sind, die ihre Stimme gegen die Naturzerstörung und die zweifelhaften Begleiterscheinungen des Fortschritts erheben. Die brasilianischen Ableger der großen internationalen Umweltschutzorganisationen sind längst, vom Direktor bis zum Pförtner, mit Brasilianerinnen und Brasilianern besetzt, von den großen nationalen Verbänden und den kleinen, örtlichen Protest- und Widerstandsgruppen ganz zu schweigen. Oder von der katholischen Kirche Brasilien, die vielerorts, gerade in Amazonien, die Zweifel am vorherrschenden Entwicklungsmodell am eindringlichsten und oft am engagiertesten und klügsten artikuliert.

Und sie haben es ja auch wirklich nicht gut gemacht, die Brasilianer. Im ersten Jahrzehnt des 21. Jahrhunderts ist im ganzen Amazonasbecken eine Waldfläche fast so groß wie die alte Bundesrepublik abgeholzt worden: 240000 Quadratkilometer. Davon gehen achtzig Prozent auf das Konto Brasiliens, obwohl nur 58 Prozent des Amazonasbeckens zu Brasilien gehören. Während die Kettensägen und Planierraupen jedes Jahr Wälder in der Größenordnung deutscher Bundesländer umlegten, schwadronierte noch Präsident Luiz Inácio Lula da Silva, er könne die zwanzig Millionen Bewohner Amazoniens doch nicht zu ewiger Armut verdam-

121

men. Was zwar nicht falsch, aber in dieser Schlichtheit eben einfach viel zu dürftig ist.

Jahrzehntelang taten die brasilianischen Regierungen, egal welcher politischen Couleur, wenig, um dem Eindruck erschreckender Untätigkeit entgegenzutreten. Und so schickten die Holzunternehmer ihre Kettensägenbataillone in intakte Wälder, die ihnen nicht gehörten, wo sie für jeden halbwegs wertvollen Stamm eine eigene Schneise der Zerstörung schlugen. Flüsse und Erdreich wurden großflächig von den Garimpeiros, den Goldsuchern, und ihrem Quecksilber verseucht, die wie die Heuschrecken einfallen, wenn sich die Nachricht von neuen Vorkommen verbreitet. Seit Anfang des Jahrtausends begann in Asien die Nachfrage nach Soja zu steigen, und dass Brasilien sie bedienen konnte, war eine der Voraussetzungen des spektakulären Wirtschaftsaufschwungs, den das Land im ersten Jahrzehnt des 21. Jahrhunderts erlebte. Aber der Sojaboom, der die Cerrado-Savannen südlich Amazoniens längst in ökologisch öde, wenn auch ökonomisch prosperierende Landwirtschaftswüsten verwandelt hat, drückt die Agrargrenze mit unerbittlicher Gewalt immer weiter nach Norden. Das Zuckerrohr für die Zucker- und die Ethanolproduktion breitet sich praktisch nur im Süden aus, wo es besser wächst als in Amazonien, aber dadurch steigen im Süden die Preise für Land. Viehweiden werden in lukrativere Zuckerrohrfelder

122

verwandelt, und für das Vieh wird einfach neues Land gerodet – weiter im Norden, in Amazonien, wo es ja genug gibt. Ein Hektar pro Rind, lautet die Faustregel einer Viehzucht, von der die Farmer selber sagen, dass sie eigentlich rückständig und archaisch sei.

### Glückspilze und Pechvögel: Der Traum vom schnellen Reichtum im Goldgräber-Camp

Sie nannten ihn Paulista, weil er aus São Paulo hier hochgekommen war ins Amazonasgebiet, und dass er der Glückspilz war, sah man ihm nicht an. Jeden Morgen stand er in einem löchrigen blauen Hemd hinter einem roh gezimmerten Tisch unter den Bäumen und haute von einem vierzig oder fünfzig Kilo schweren Trumm Rindfleisch Portionen ab, wie sie in Kochtöpfe passen. Das war ein gutes Geschäft, weil er das Fleisch in der Kleinstadt Apui billig kaufte und im Goldgräberlager am Rio Juma mit Aufschlag verkaufte. Aber Glückspilz – das war er, weil er das Gold gefunden hatte.

Und zwar nicht nur die »ungefähr vier Kilo«, die er aus dem Sand gewaschen hat, sondern den ganzen Garimpo, die ganze Goldgrube. Mit ein paar Freunden hatte er versuchsweise im Wald herumgegraben. »Wir haben erst fünf Gramm gefunden, und dann immer mehr«, erzählt er. Ein paar Monate lang konnten sie es geheim halten, aber dann hat einer der Partner »im Suff davon erzählt, als er in Apui einkaufen war«. Und in den Wochen danach stieg der Absatz von Haushaltsgeräten,

123

Musikanlagen und Fernsehern in Apui kräftig an – ein untrügliches Anzeichen dafür, dass sich die Nachricht herumgesprochen hatte.

Und als zwei Monate später das Fernsehen darüber berichtete, brach am Rio Juma der Goldrausch aus. Das ist ein paar Jahre her, aber so ist das immer, und es ist ganz normal in diesem riesigen Land Brasilien: Irgendwo wird Gold gefunden – und Tausende lassen alles stehen und liegen und kommen, um reich zu werden.

Luciana Bibo war bis zu den Oberschenkeln mit Schlamm bespritzt und hatte trotzdem Wimperntusche und Lidschatten angelegt, und das am helllichten Tag mitten im Garimpo. Sie hatte ihren Job als Kreditvermittlerin sausen lassen und war nach Juma gereist. Ihr Mann war schon vorgegangen, aber in dem Chaos der Goldgruben und Hüttendörfer liefen sie einen Monat aneinander vorbei, bis sie sich zufällig trafen. Da hatte sie schon auf eigene Faust ein Team zusammengestellt, eine Grube abgesteckt – und viel mehr gefunden als ihr Mann. Ihr gefalle das, sie habe eben so einen Unternehmergeist, sagte sie, so als wäre Juma eine Art Abenteuerspielplatz. 300 Gramm hatte sie gefunden, etwa 4200 Euro. Genug, um von einem eigenen Häuschen zu träumen.

Sie schaufeln das sandige Erdreich aus der Grube und vermengen es mit Wasser. Die Pampe wird halbeimerweise auf einen Rost geschüttet, über den ein ständiger Wasserstrahl niedergeht. Der Schlamm wird über ein Brett geleitet, das mit einem groben Stoff bespannt ist, in dem sich die Goldpartikel fangen. Am Ende der Arbeit waschen die Partner das Tuch in

124

einer flachen Schale aus – und dann schauen alle gespannt zu, wie vorsichtig der letzte Sand herausgeschwenkt wird und das Gold erscheint.

Die wenigen Wege ersticken im Schlamm, wenn es regnet, und trotz der Latrinen stinkt es praktisch überall. Die Menschen leben so eng aufeinander, wie ihre Hängematten nebeneinander geknüpft sind, der Müll häuft sich an jeder Ecke, und das Geknatter von Generatoren und Motorpumpen vermischt sich mit dem Lärm der Musikanlagen und der Fernseher, die unter den Plastikplanen (dem wichtigsten Baustoff) der improvisierten Kneipen und Läden plärren. Nichts von feierlicher Stille des Urwaldes.

Zé da Balsa war ein Glückspilz, der sofort zum Pechvogel wurde. Er war mit einem Kumpel, kaum waren die Gerüchte um das Garimpo aufgekommen, losgezogen, und die beiden Landarbeiter hatten tatsächlich Glück. Sie stießen auf eine ergiebige Grube, die drei-, vierhundert Gramm am Tag versprach. Aber als Zés Partner in die Stadt ging, um Werkzeug und Hilfskräfte zu holen, tauchten acht oder zehn Leute mit Gewehren auf und zwangen ihn, den genauen Fundort zu verraten.

Ob Zé Capeta zu den Glückspilzen oder zu den Pechvögeln gehörte, war schwer zu sagen. Ihm gehörte das Gelände, auf dem der Garimpo lag – aber was heißt das schon. Zé Capeta war kein mächtiger Grundbesitzer, sondern ein bescheidener Landarbeiter, der nicht lesen und schreiben konnte und der seine Besitzansprüche mit einer Schulheftseite untermauerte, auf der mit Kuli ein Vertrag notiert war: Ein Waldstück von

125

2497 Hektar, das er 2004 gekauft und unter anderem mit einem »Motorrad XR 200, Baujahr 2001, Farbe schwarz« bezahlt hat. Ein Glückspilz? Zunächst hat er von allen Goldgräbern zehn Prozent kassiert. Dann wurde er so angefeindet, dass er sich nur noch mit Leibwächtern nach Juma wagen konnte. Und schließlich erstattete er in Apui auf der Polizeiwache Anzeige gegen seine Leibwächter, die ihm angeblich zwanzig Kilo Gold geklaut hatten und getürmt waren.

Ambulante Goldschmiede machten ihre Buden auf und verarbeiteten das Gold gleich in Ketten, Anstecker oder Armreife. Ein Zahnarzt behandelte seine Patienten auf einer Campingliege und füllte die Löcher in ihren Zähnen mit Gold. Am Samstagabend, wenn die Musikanlagen besonders laut plärrten, wenn die jungen Frauen in Stöckelschuhen durch den Matsch stolzierten, wenn Forró getanzt, Bier getrunken und Marihuana geraucht wurde, dann saß Nilberto Leite bis spät hinter seiner mechanischen Goldwaage und tauschte Gold in Geld. »Manche kommen mehrmals am Abend«, erzählte er – getauscht wurde bei ihm nur für den unmittelbaren Konsum. Im Garimpo gab es viel weniger Geld für ein Gramm Gold als in Apui. Aber nach Apui zu fahren kostet hin und zurück über zwei Gramm. Und Andréia Gobbi, 35, Mutter von drei Kindern und Chefin des Gobbi-Supermarkts in Apui, kam auf die Idee, in Juma einen Puff aufzumachen: ein »Nightclub« mit zwanzig Zimmern. Die Nummer kostet sieben Gramm Gold.

Und was tut der Staat gegen die Abholzung? Er hat kein Geld, kein Konzept, keine Durchsetzungskraft,

126

heißt es immer wieder. Aber vor allem das mit dem Geld ist heute kein so richtiges Argument mehr. Was fehlt, insbesondere auf regionaler und örtlicher Ebene, ist der politische Wille, die eigentlich ausgezeichnete brasilianische Umweltgesetzgebung gegen die Interessen all derer durchzusetzen, die aus der Zerstörung der Umwelt Gewinn schlagen. Dass dieser Wille in Orten wie Tailândia im Bundesstaat Pará fehlt, ist nicht erstaunlich, wenn man sich anschaut, wer dort Politik macht. Von ein paar Jahren, als Tailândia durch die Presse ging, weil es die Gemeinde mit der höchsten Abholzungsrate ganz Brasiliens war, bestand so ziemlich die gesamte politische Führung, vom Bürgermeister bis zum Umweltdezernenten, aus Sägewerksbesitzern oder ihren Mitarbeitern.

Einer der berüchtigtsten Fälle ist der Staatsforst Bom Futuro ganz im Westen Brasiliens. Auf der buntgescheckten Landkarte des Bundesstaates Rondônia – die vielen zusammenhängenden grünen und gelben Flecken weisen Naturschutzgebiete und Indianerreservate aus – gibt er einen satt dunkelgrünen Tupfer ab. Denn Floresta Nacional, Staatsforst, das bedeutet, dass für das Gebiet, verglichen mit anderen rechtlichen Formen des Naturschutzes, äußerst restriktive Regeln gelten. So ist in Staatsforsten nur »nachhaltige Nutzung« erlaubt. Aufgrund eines Wirtschaftsplans dürften – aber so ein Plan ist seit

127

der Ausweisung des Staatsforstes mit dem Namen »Gute Zukunft« nie aufgestellt worden – die Ortsansässigen zum Beispiel höchstens jagen oder Honig sammeln.

Rondônia ist so etwas wie Brasiliens wilder Westen. Der Bundesstaat an der Grenze zu Bolivien verdankt seine Entstehung der Straße, die ihn von Süd nach Nord durchzieht. In den Siebzigern durch den damals noch ziemlich intakten Urwald geschlagen, verband sie Südbrasilien mit dem großen Straßenbauprojekt Transamazônica, einer Ost-West-Straße, die die Militärregierung damals südlich des Amazonas bauen ließ. Sie ging dann weiter nach Norden, wo sie Manaus erreichte – ein heute verfallener, kaum befahrbarer Abschnitt.

Für die Militärs war das ihr Jahrhundertprojekt. Von den zivilen Vorgängern, die sie 1964 stürzten, hatten sie die gerade in die Landesmitte gebaute Hauptstadt Brasília geerbt, das strahlend moderne, weltweit bestaunte Symbol der nationalen Integration. Der Anschluss Amazoniens an den Rest des Landes – das sahen nun sie als ihre Sendung und Aufgabe an. Wobei schon damals die nationale Paranoia gepflegt wurde, irgendeine fremde Macht könnte sich Amazonien aneignen. »Integrar para não entregar«, lautete die Losung, die sie ausgaben – also etwa: Amazonien einbeziehen, um es nicht auszuliefern. Und da Amazonien damals als »Land ohne

Menschen für Menschen ohne Land« galt, fand das heute berüchtigte Fischgrätmuster, das damals eher als Piktogramm für Fortschritt und Entwicklung entschlüsselt worden wäre, entlang der Tausende von Kilometer langen Straße weite Verbreitung.

Die Erschließung Rondônias ist also noch kein Menschenalter her. Entsprechend frisch und lebendig geht hier noch der alte Pioniergeist um, der Fortschritt mit Abholzen gleichsetzt und der für Umweltschutz kein, aber auch gar kein Verständnis hat. Was die Landespolitik angeht, so erinnert sie ein bisschen an Tailândia. Da sich in Rondônia alles um Rinder, Holz und Kaffee dreht, besteht die politische Klasse weitgehend aus Rinderzüchtern, Sägewerksbesitzern und Kaffeefarmern oder den ihnen Nahestehenden. Und dass der dicke grüne Fleck, der als Bom Futuro auf der Landkarte eingezeichnet ist, sich in der Landschaft etwas anders darstellt, ahnt man schon, wenn man nach Alto Paraíso kommt. Diese Kleinstadt, das Eingangstor zum Forst, besteht im Wesentlichen aus Sägewerken und verschwimmt im bläulichen Rauch der verbrennenden Holzabfälle. Wenn man die Brücke über das Flüsschen Candeiras überquert, das die Grenze zwischen Wald und Nichtwald, zwischen Naturschutzgebiet und Farmland bildet, dann stellt man verblüfft fest, dass es auf beiden Seiten des Flusses haargenau gleich aussieht: Viehweiden, so weit das Auge reicht. Bloß dass über den Weiden, die schon zum Staatsforst gehören, am Horizont die Rauchwolken neuer Abholzungen in den Himmel steigen.

In Bom Futuro haben die Behörden einfach vor den Verhältnissen kapituliert. 1988 wurde der Staatsforst ausgewiesen, aber dabei blieb es; von Schutz, Bewahrung und Bewirtschaftung gemäß den Vorschriften keine Spur. 2004 hatten Tausende von Invasoren schon knapp ein Drittel des Waldes gerodet: Es waren sowohl Großfarmer als auch viele Kleinbauern, denen der Name des Waldes – gute Zukunft – eine Verheißung war, die sich für sie erfüllte. Sie fühlten sich im Recht, und das tun sie bis heute. Denn jeder von ihnen hatte Geld zusammengekratzt und von obskuren Maklern ein paar Dutzende Hektar Land gekauft, ohne zu wissen – aber wohl auch ohne groß zu fragen –, wem es wirklich gehört. Sie hatten jahrelang geackert und geschuftet, sie hatten sich nach und nach einen gewissen Wohlstand erarbeitet, und nun sollten sie raus, bloß weil ihre Papiere nicht stimmten? Hinter den Kleinen versteckten sich die Großen, die Farmen von zwei-, dreitausend Hektar haben – unter ihnen Bundes-, Landes- und Kommunalparlamentarier, Staatsbeamte und sogar höhere Polizeioffiziere.

So stellte sich die Lage 2004 dar, als die brasilianische Naturschutzbehörde Ibama versuchte, die Eindringlinge aus dem Wald hinauszukomplimen-

130

tieren. Aber die zwanzig Ibama-Beamten, die mit achtzig Polizisten anrückten, stießen auf erbitterten Widerstand. Die Hundertschaft wurde eingekesselt und festgesetzt, mit Flinten und Knüppeln bedroht und ihrerseits aus dem Wald – oder was davon noch übrig war – hinausgejagt. Nach dieser Niederlage trauten sich die Ibama-Leute kaum noch in den Wald hinein. Wenn sie hinein- oder durchfahren, dann möglichst schnell. Denn dort einzumarschieren und das Recht durchzusetzen, das hat in dieser ländlichen, vom Wald und vom Raubbau an ihm lebenden Gegend den Ruch des Volksverrats. Staatsforst hin, Staatsforst her, in Rondônia herrscht weitgehend Übereinstimmung, dass der Umweltschutz in der Praxis völlig überzogen wird.

In diesem politisch-gesellschaftlichen Milieu ist im Laufe der Jahre mitten im Staatsforst, in dem eigentlich kaum etwas anderes als Jagen, Fischen und Honigsammeln erlaubt ist, eine ganze Stadt entstanden, mit Kirchen und Kneipen, Geschäften und Tankstelle: Rio Pardo. Und statt die Realität an das Gesetz anzupassen, wurde das Gesetz der Realität angepasst. Rondônia pflegt eine in Brasilien einzigartig starke Tradition, einmal ausgewiesene Naturschutzgebiete durch Beschluss des Landesparlamentes und ohne die dafür vorgeschriebenen Umweltgutachten zu verkleinern: 21 000 Quadratkilometer Naturschutzzone wurden so in nur acht Jahren in normales Land verwandelt. Bom Futuro ist da keine Ausnahme. Der Forst war bei seiner Ausweisung 2800 Quadratkilometer groß, und dann wurde er immer kleiner. Seit der vorerst letzten Schrumpfung besteht er aus nur noch 970 Quadratkilometern. Dafür ist ein neues Schutzgebiet entstanden, eine sogenannte »área de proteção ambiental«, abgekürzt APA. Und wenn man nicht wüsste, dass eine APA die schwächste Form des Naturschutzes ist, die praktisch keine Einschränkung der Nutzung vorsieht, dann würde es der Name der neuen APA verraten: Das neue Gebilde heißt Rio Pardo. Genauso wie die Stadt.

Das ist ein Beispiel für das archaische Brasilien: Die zeitgenössische Variante der alten, agrarischen Machtstrukturen, in denen die Großgrundbesitzer mit ihrem politischen Einfluss ihre Interessen durchsetzen und die Kleinen dabei vorschieben, sozusagen als sozialstaatliche Tarnung. Dieses Grundmuster der Macht findet sich immer wieder, und nicht nur in Amazonien. Aber genauso oft mobilisiert sich heute der Widerstand dagegen. Dem archaischen steht ein modernes Brasilien gegenüber – die Erkenntnis, dass es so nicht weitergehen kann, dass ein anderes Modell von Wirtschaft und Entwicklung her muss. Selbst Präsident Lula, den man nicht gerade grüner Neigungen verdächtigen kann, hat eine gewisse Wende vollzogen. Er stammt aus der Gewerkschaftsbewegung, und in Europa würde man ihn wohl

als Sozialdemokraten einordnen. Seine umwelt-
politischen Ansichten, kann man etwas ketzerisch
sagen, glichen denen der nordrhein-westfälischen
Sozialdemokratie in den siebziger Jahren: Umweltschutz ja, sofern das Wirtschaftswachstum nicht be-
einträchtigt wird. Dennoch hat auch er sich gedreht,
übrigens sicherlich auch unter dem Eindruck des ihn
drängenden Auslandes. Gegen Ende seiner Amtszeit
hat er tatsächlich eine »starke Entscheidung« getroffen, aber eine ganz andere und viel bessere als die,
die »IstoÉ« damals von ihm forderte: Er unternahm
tatsächlich einiges, um den Wald zu schützen.

Im November 2012 konnte Umweltministerin Izabella Teixeira die niedrigste jährliche Abholzungsrate seit 1988 verkünden: 4656 Quadratkilometer.
Also 27 Prozent weniger als im Vorjahresvergleich.
Und eine ganz andere Größenordnung als Ende
der Neunziger oder noch 2004, als pro Jahr Wälder
von der Größe Hessens umgelegt wurden, also über
20 000 Quadratkilometer. Der Rückgang scheint
endlich auf energischere Politik zurückzugehen. Die
Wälder werden besser überwacht – natürlich nicht
überall und schon gar nicht vollständig. Die Waldfrevler werden strikter verfolgt, was natürlich nicht
heißt, dass nicht immer noch genug straflos davon-
kommen. Die Behörden fordern die Einhaltung der
gesetzlichen Vorschriften unnachsichtiger ein, jede
Menge Schlitzohrigkeiten wie im Falle von Bom

Futuro sicher ausgenommen. Farmer, die illegal gerodet haben, kommen nicht mehr – oder wenigstens schlechter – an Kredite. Wenn die Maschinen eines Abholzers und seine Beute beschlagnahmt werden, dann werden sie wirklich beschlagnahmt und nicht, wie früher mangels sicherer Orte zum Aufbewahren, dort gelassen, wo sie waren, nämlich beim Besitzer. Izabella Teixeiras Vorgänger Carlos Minc erfand die griffige Vokabel »boi-pirata«, das Piraten-Rindvieh – für die auf illegal gerodetem Land grasenden und deshalb beschlagnahmten Kühe.

Ist das ein Sieg für immer und ewig? Wie hängt das seltenere Kreischen der Kettensägen mit der Weltwirtschaftskrise zusammen, durch die auch weniger Soja, weniger Fleisch, weniger Zucker, weniger Ethanol nachgefragt wird – alles Faktoren, die ja direkt oder indirekt Druck auf die Urwälder ausüben? Welche Rolle spielen die Konsumenten im Ausland, die keine Produkte mehr kaufen wollen, die – wie schwierig auch immer nachzuweisen – mit der Abholzung in Verbindung zu bringen sind? Wie stark wirkt sich das Soja-Moratorium von 2006 aus, in dem Sojagroßhändler zusichern, Lieferanten auszuschließen, die auf frisch gerodeten Urwaldflächen anbauen? Und welche Folgen wird das neue, den Farmern außerordentlich entgegenkommende Forstgesetz haben, das ja noch nicht verabschiedet war, als Teixeiras Daten erhoben wurden? – Das alles war zu Anfang des Jahres 2013 noch unklar, aber eines immerhin hat sich geändert: Brasilien steht in der Weltöffentlichkeit nicht mehr als verantwortungsloser Waldfrevler da, der sich keinen Deut um das Weltklima schert und deshalb am besten unter Kuratel gestellt werden sollte.

Aber Lula und seine Nachfolgerin, Präsidentin Dilma Rousseff, sind natürlich keine Umweltschützer, sondern Modernisierer. Die archaischen Formen der Naturausbeutung ist ihnen in erster Linie zuwider, weil diese Formen Ausdruck des alten, agrarisch-oligarchischen, rückständigen Brasiliens sind. Die Grundzüge des ökologischen Gedankengutes sind ihnen im Grunde ihres Herzens und Denkens wohl fremd – sie sind Entwicklungs-, Fortschritts-, Wachstumsfanatiker. Das ist bis zu einem gewissen Grade verständlich: Die glücklichen Umstände der Weltkonjunktur geben ihren Präsidentschaften die wunderbare Chance, Brasilien wirtschaftlich und sozial voranzubringen, und das nach Jahrzehnten des Rückstandes, des Stillstandes, des bestenfalls zähen Vorankommens. Diese Chance wollen sie nutzen – jetzt oder nie.

In ihren Augen geht es um ein epochales Modernisierungsprojekt, und das Amazonasbecken ist dabei vorgesehen als Energielieferant. Brasilien, so die Wachstumsfanatiker im Planalto-Palast in Brasília, braucht jede Menge Strom, um zu den In-

135

dustrieländern aufzuschließen. Strom, das heißt in Amazonien: riesige Wasserkraftwerke. Und die sind zurzeit ungefähr so umstritten wie Atomkraftwerke in Deutschland vor dreißig Jahren.

Dabei kann sich Brasilien einer ziemlich grünen Energiematrix rühmen, der »erneuerbarsten der industrialisierten Welt«, wie die Regierung sagt. Denn rund 45 Prozent des Energieverbrauchs wird durch Wasserkraft, Biomasse, Ethanol, Wind- und Sonnenenergie gedeckt. Das hört sich schön an, zumal die anderen Industrienationen auf durchschnittlich nur 13 Prozent kommen. Aber »erneuerbar« heißt alles andere als problemfrei. Für die Ethanolproduktion ist in riesigem Maßstab Zuckerrohrmonokultur nötig, mit allen üblen Begleiterscheinungen. Und Wasserkraft – die in Brasilien sogar 77 Prozent des Strombedarfs deckt – mag eine schöne Energieform sein, wenn man an kleine, idyllische Talsperren denkt, wie sie im 19. Jahrhundert in europäischen Mittelgebirgen gebaut wurden und heute zur Landschaft gehören. Die gibt es in Brasilien zwar auch, aber die sind nicht gemeint, wenn von der Zukunft die Rede ist. Nicht kleckern, sondern klotzen, lautet die Devise: Bis 2017 sollen im Rahmen eines Zehnjahresplans 71 neue Wasserkraftwerke entstanden sein, die 29000 Megawatt erzeugen werden. Also grob gerechnet die Leistung von 29 deutschen Atomkraftwerken.

136

Und die großen Staudämme entstehen vor allem in Amazonien. Dort werden 28 der 71 Wasserkraftwerke gebaut oder noch geplant, und diese 28 sollen 22 900 Megawatt erzeugen. Oder anders gesagt: In Amazonien werden vierzig Prozent der neuen Wasserkraftwerke achtzig Prozent der zusätzlichen Leistung hervorbringen.

Das größte und umstrittenste Projekt ist Belo Monte am Rio Xingu, einem rechten Nebenfluss des Amazonas. Jahrzehntelang schlummerte das Vorhaben in den Schubladen der Verwaltung, weil kein Geld da war, es zu verwirklichen, und als es in den Achtzigern so aussah, als könnte es losgehen, löste das schon eine kleine Völkerwanderung von Menschen aus allen Ecken und Enden Brasiliens aus, die auf einen Job hofften. Aber wegen ökologischer Bedenken, wegen heftiger, auch internationaler Proteste und wegen der Finanzierung wurde Belo Monte damals erneut auf die lange Bank geschoben. Bis die Regierung Lula schließlich sowohl das Geld als auch den politischen Willen hatte. Der Bau wurde 2005 beschlossen, 2010 erteilte das Umweltministerium die erste Genehmigung.

Mit seinen 11 233 Megawatt Leistung wird Belo Monte, wenn es 2015 gemäß der Planung fertig ist, das drittgrößte Wasserkraftwerk der Welt sein, nach dem Drei-Schluchten-Staudamm in China und Itaipu an der brasilianisch-paraguayischen Grenze.

Fairerweise muss man sagen, dass das heutige Projekt eine abgespeckte Version des ursprünglichen ist, bei dem rund 2000 Quadratkilometer überflutet werden sollten. Nun werden es wohl um die 500 Quadratkilometer sein, also ungefähr die Größe des Bodensees. Gemessen an der Leistung ist das erfreulich wenig, jedenfalls verglichen mit dem Horrorbeispiel Balbina, einem 1989 in Betrieb genommenen Kraftwerk, das für eine Leistung von bescheidenen 250 Megawatt eine Fläche von 2360 Quadratkilometern unter Wasser gesetzt hat. Die Ingenieure rühmen sich heute ihrer modernen, viel effizienteren Turbinen, die den relativ geringen Flächenverbrauch erst möglich machen. Aber andererseits hätte so etwas wie Balbina heutzutage auch keine Chance mehr, genehmigt zu werden.

Altamira, die in der Nähe des Bauwerks gelegene Kreisstadt, ist seit dem Baubeschluss und Baubeginn erst mal chaotischer, dreckiger und härter geworden. Zwischen Ende 2010 und Anfang 2012, als die Arbeiten begannen, sei die Bevölkerung um 42 Prozent gewachsen, auf 130 000 Menschen, sagt der Planungschef von Altamira – welche Stadt verkraftet das schon? Altamira ist nach wie vor eine dieser spukhässlichen, zusammengewürfelten Ansiedlungen, von denen es in Brasilien immer noch jede Menge gibt: In denen die Abwässer nicht geklärt werden, die Schulen fehlen, die Krankenhäuser in

138

prekärem Zustand sind, die Straßen aus Schlaglöchern bestehen. Seit Belo Monte beschlossen und begonnen wurde, kommt noch eine absurde Teuerung hinzu: Hotels, Restaurants, Mieten, Taxis, alles hat São-Paulo-Niveau.

Das Einzige in Altamira, was die Bezeichnung »schön« verdient, ist die Uferpromenade. Denn von dort aus blickt man auf den Rio Xingu, ein sogar in der Trockenzeit noch imposant breites, geradezu majestätisch dahinströmendes Gewässer. Was gegenüberliegt und wie das andere Ufer aussieht, ist nur eine Flussinsel. Denn hier, auf der Höhe von Altamira, ist der Xingu ungefähr neun Kilometer breit. Auf seinen 2000 Kilometern Länge entwässert er ein Gebiet von der Größe Frankreichs.

Gleich hinter Altamira beginnt die Volta Grande, die Große Schleife. Riesige Felsmassen lenken den eigentlich nach Nordosten, dem Amazonas zustrebenden Strom erst nach Südosten, dann wieder nach Nordwesten um. So wie dieses N fließt er seit Urzeiten. Aber das Staudammprojekt lenkt ihn um. Ein sechs Kilometer langer Betonwall zwingt ihn in ein riesiges, neues Reservoir, das nördlich der Volta Grande liegt, die Große Schleife also abkürzt. Und wo dann der Xingu wieder in sein natürliches Bett einmündet, entsteht das, was die Ingenieure ins Schwärmen bringt: Ein im brettebenen Amazonasbecken so seltenes Gefälle von neunzig Metern – technisch ideal für die zwanzig Turbinen mit je 550 Megawatt Leistung, die an einer zweiten, 3,5 Kilometer langen Staumauer entstehen.

Für den Menschen haben diese gewaltigen Eingriffe in die Natur und den Verlauf des Flusses riesige Folgen. In Altamira wird der Wasserspiegel steigen, so dass dem Konsortium zufolge 25000 Menschen umgesiedelt werden müssen; die Kritiker sprechen von bis zu 40000. Und auf der anderen Seite wird in der Großen Schleife nur noch ein Rinnsal fließen. Das betrifft die Indianer, die dort leben. Sie fürchten, dass sie künftig weder fischen noch auf dem Fluss nach Altamira fahren können, wo sie den Fisch bisher verkauft haben. Sie sind also mehr oder weniger von der Außenwelt abgeschnitten, weil der Fluss als Transportweg fehlt. Norte Energia ist verpflichtet, ihnen als Ersatz Straßen zu bauen. Aber die Indianer misstrauen der Firma. Sie werfen ihr vor, die Indianer spalten zu wollen – durch Geschenke und Bestechung der Häuptlinge, die sich ihnen beugen. Die Folge: Mehrmals schon haben Indianer die Zufahrtswege zur Baustelle blockiert, so dass Tausende von Bauarbeitern Däumchen drehend warten mussten – tagelang, bis die Firma den Indianern entgegenkam.

Auf Norte Energia ist so gut wie niemand in Altamira und Umgebung gut zu sprechen. Die Firma kümmere sich nur um den Bau ihres Kraftwerkes

140

und weniger um die Ausgleichsmaßnahmen, zu denen sie verpflichtet ist, heißt es immer wieder. Der Planungschef von Altamira wirft dem Konsortium vor, es hätte schon Jahre vor dem Baubeginn die Umweltplanung vorlegen müssen – nicht erst sieben Monate nach Baubeginn. Die Müllverbrennungsanlage, die Sanierung von Schulen und Krankenhäusern, das Abwassersystem – zu all dem sei Norte Energia verpflichtet, und nichts sei nach Zeitplan begonnen und gebaut worden. Hinzu kommen frühere Verfahrensfehler, aus denen die Gegner schließen, Belo Monte sei schlechterdings illegal. Andréia Macedo Barreto, die zuständige »defensora pública«, eine Art Ombudsfrau, formuliert etwas vorsichtiger. Offenbar seien »politische Absprachen über die strikte Legalität gestellt worden«. Und dass im Wesentlichen der Staat der Bauherr sei, gebe dem Projekt eine eigene Dynamik. Denn wäre das Konsortium privat, spielte der Staat eine beaufsichtigende, kontrollierende, vermittelnde Rolle. So aber verschwömmen die Grenzen zwischen·Staat und Firma, also zwischen Kontrolleur und Kontrollierten. Was man übrigens an den Polizeiautos in Altamira sehen kann: Weil Norte Energia die Polizei dort finanzierte, fuhren deren Autos mit Norte-Energia-Aufklebern herum.

Im Jahr 2013 sollte die Zahl der am Bau Beteiligten ihr Maximum erreichen: 24000 Beschäftigte. Aber wenn das Kraftwerk fertig ist, reichen 500 bis

141

600 Leute, um es zu betreiben. Und die anderen? Viele werden auf andere Baustellen weiterziehen, und einige finden vielleicht in der weitgehend trockengelegten Großen Schleife und Umgebung Arbeit, beim kanadischen Minenkonzern Belo Sun, der dort Gold fördern will – das größte Minenprojekt dieser Art in ganz Südamerika. Aber viele werden in der weiteren Umgebung von Belo Monte bleiben, sich ein Stück Land kaufen, sich irgendwo niederlassen und das Fischgrätmuster noch ein bisschen weiter in die grünen Flächen treiben.

Die neuen Wasserkraftwerke in Amazonien »beeinflussen das Profil der Energieverteilung im ganzen Land und eröffnen damit ganz neue Möglichkeiten der regionalen und nationalen Entwicklung«, schwärmt die Regierung auf einer ihrer Websites. Aber wenn in Brasilien gar so euphorisch von der schönen, neuen Zukunft schwadroniert wird, ist es immer ganz lehrreich, den Blick zurückzuwenden in die Vergangenheit. In diesem Falle bietet sich das Wasserkraftwerk Tucuruí an, das 300 Kilometer südöstlich von Altamira den Rio Tocantins aufstaut.

Tucuruí wurde in den Fünfzigern ersonnen, in den Siebzigern begonnen und 1984 in Betrieb genommen, und solange Belo Monte noch nicht fertig ist, kann Tucuruí für sich beanspruchen, das viertgrößte Wasserkraftwerk der Welt zu sein. Es leistet 8000 Megawatt, also knapp achtmal Biblis A. Der

Betreiber zahlt seit bald dreißig Jahren Millionen über Millionen an Nutzungsgebühren – da müsste man eigentlich sehr schön studieren können, welche »neuen Möglichkeiten der regionalen und nationalen Entwicklung« sich hier entfaltet haben.

Aber wenn man die Stadt Tucuruí besucht, die neben dem Kraftwerk entstanden ist, wird man die zukunftsfrohen Prophezeiungen der Regierung als schlichten Zynismus empfinden. Entwickelt hat sich so gut wie nichts. Von den 100 000 Einwohnern leben 28 Prozent in Slums, die Straßen sind nicht asphaltiert und voller Schlaglöcher, Kanalisation gibt es nicht. Das Kraftwerk hat praktisch keinerlei Industrie oder sonstigen Arbeitsmöglichkeiten erzeugt oder angezogen. Außer einer Fabrik für Milchprodukte, die die Erzeugnisse der Landwirtschaft aus dem Umkreis in Joghurt und Käse weiterverarbeitet, gibt es praktisch nur Jobs im Handel und bei der Prefeitura, also der Stadtverwaltung.

Tucuruí hat knapp 3000 Quadratkilometer überschwemmt. Tausende von Familien wurden 300 Kilometer weit weg in den Busch zwangsumgesiedelt, wo es nicht einmal trinkbares Wasser gab. Also kamen viele von ihnen zurück und besetzten die Ufer des Staudamms und viele der 1600 Inseln, die durch die Überflutung entstanden waren – Land, auf dem sie früher lebten und das nun dem Betreiber des Kraftwerks gehört. Und die bittere Pointe dieser Geschichte: Rund 12 000 dieser Familien haben bis heute keinen Stromanschluss – zu teuer, zu kompliziert, rechtlich zu unsicher, heißt es.

2003 hat Präsident Lula das Programm »Luz para todos« aus der Taufe gehoben, zur Elektrifizierung des ländlichen Raums. Zehn Jahre später sitzen die, die für die Stromproduktion vertrieben wurden, immer noch im Dunklen. Viele immerhin sehen in der Entfernung einen hellen Schimmer am Nachthimmel: die Lichter der Stadt Tucuruí.

**5.**
**Der Mythos vom schönen Körper**
**und warum die Brasilianer trotzdem**
**immer dicker werden**

Die Eingangshalle der Klinik ist so repräsentativ wie das Foyer eines kleinen, exklusiven Hotels. Der Aufzug endet im Dachgeschoss, wo Professor Ivo Pitanguy seine Privaträume hat. Er wohnt natürlich nicht hier, sondern in einer Villa im feinen Stadtteil Gávea, wo seine Chagalls und Dalís und Picassos hängen, und außerdem besitzt er noch eine Privatinsel bei Angra dos Reis, westlich von Rio. Hier oben, im obersten Stock seiner Klinik in Rios bürgerlichem Stadtteil Botafogo, empfängt er Besucher, die keine Patienten sind. Die Räume sind vollgestopft wie eine Asservatenkammer – eine riesige Sammlung der Belege seiner langen Karriere als plastischer Chirurg. Orden, Medaillen, Preise, Urkunden, Schärpen, Ehrennadeln und natürlich hochglanzpolierte Statuetten in Form von perfekten Frauenleibern. Denn Ivo Pitanguy ist der berühmteste Schönheitschirurg der Welt. Über vierzig Bücher und mehr als 900 Fachartikel hat er verfasst, er hat die erste Klinik für Handchirurgie ganz Südamerikas gegründet, seit

Jahrzehnten widmet er einen Teil seiner Zeit der Arbeit in einem Armenhospital in Rio. Und um seine Erfolge auch noch mit den Kriterien der Klatschpresse zu umreißen: Er hat Sophia Loren, Candice Bergen, Gina Lollobrigida und die Farah Diba unter dem Messer gehabt.

Er erwähnt seine prominenten Patientinnen nie, obwohl er sein Licht nicht unter den Scheffel stellt. Sein Selbstbewusstsein grenzt durchaus an Eitelkeit, aber dennoch: Wenn die Rede auf die Grenzen seines Metiers kommt, äußert sich der alte Herr geradezu demütig. »Wir sind nun mal keine Künstler«, sagt er, »wir müssen uns der Natur gegenüber loyal verhalten, sie setzt unserer Kreativität die Grenzen, und daran müssen wir uns halten.« Die glücklichsten seien die Menschen – wie er selber –, die mit sich und ihrem Selbstbild zufrieden sind und deshalb keine Korrektur ihres Aussehens brauchen. Und die Unglücklichsten? Die eine Schönheitschirurgie nur wollen, um einem Dritten zu gefallen.

Seine Lieblingsklientel, das sind natürlich die dazwischen: »Es ist ein außerordentliches Gefühl, wenn man als Arzt bewirken kann, dass sich ein Mensch plötzlich in Einklang mit seinem Selbstbild befindet.« Aber die »exzessive Beschäftigung mit dem eigenen Körper« heutzutage gefällt ihm ganz und gar nicht, sagt er nachdenklich im Gespräch. Es gebe eine »oft völlig unnötige Nachfrage« nach Schön-

146

heitsoperationen, und es sei am Chirurgen, sich gut zu überlegen, ob es dem Patienten danach wirklich besser gehe. Die plastische Chirurgie werde banalisiert: »Eine Operation ist eben kein Friseurbesuch.«

Exzessive Beschäftigung mit dem eigenen Körper? Das kann man wohl sagen. Nirgendwo auf der Welt legen sich die Menschen häufiger der Schönheit wegen auf den Operationstisch als in Brasilien: 905 000 im Jahr 2011, sagt eine Studie, die der Fachverband der Schönheitschirurgen 2013 veröffentlichte. Die USA schlagen Brasilien zwar mit 1,1 Millionen Operationen in absoluten Zahlen. Aber relativ gerechnet sind die Brasilianer mit 4,6 Schönheitsoperationen pro 1000 Menschen die Weltmeister – in den USA sind es 3,5, in Deutschland 2,3, also nur halb so viel. Und wenige Wirtschaftsbranchen können derartige Zuwachsraten melden wie die plastischen Chirurgen Brasiliens: Von 2007 auf 2011 hat sich die Zahl der Operationen knapp verdoppelt, von 457 000 auf 905 000. Die flottesten Zuwächse verzeichnen Lipoaspirationen, also Fettabsaugungen, deren Anzahl hat sich seit 2007 um 130 Prozent erhöht. Schwacher als erwartet war das Geschäft mit der Brustvergrößerung (Zuwachs 55 Prozent), weil die Meldungen über gerissene Implantate eine abschreckende Wirkung ausübten. Verringerungen der Bauchumfänge lagen an dritter, Lidkorrekturen an vierter, Brustverkleinerungen an fünfter Stelle – und diese fünf Arten

147

des chirurgischen Eingriffs machen rund zwei Drittel aller Operationen aus. Männer holen übrigens auf: 2007 stellten sie 12 Prozent der Patienten, 2011 kam ein Mann auf vier Frauen.

5200 Fachärzte für Schönheitschirurgie sind im Fachverband zusammengeschlossen, und sie rühmen sich ihrer Spezialausbildung und besonderen Kompetenz. Aber in Brasilien darf praktisch jeder Arzt das Skalpell in die Hand nehmen – und viele tun es, ohne es besonders gut zu können, besonders in kleineren Städten, wo Angebot und Konkurrenz kleiner und die Preise der Operationen geringer sind. Aber auch jenseits der schwarzen Schafe – die exzessive Beschäftigung mit dem eigenen Körper, die Pitanguy beklagt, schlägt sich nicht nur in der großen Zahl der Operationen nieder, sondern auch in der Sorglosigkeit und Unbefangenheit, mit der die Patienten schwere, also riskante und nicht gerade billige Operationen auf sich nehmen.

Woher kommt diese brasilianische Leichtigkeit? Warum diese Neigung zur Korrektur der Natur? Und warum diese Obsession mit dem Körper? »Die Eitelkeit der brasilianischen Frau!«, pflegen die Schönheitschirurgen wie aus der Pistole geschossen zu antworten. Allerdings ist Eitelkeit nichts anderes als die exzessive Beschäftigung mit dem Körper; diese Antwort sagt also nicht viel. Interessant ist in Brasilien freilich die Bedeutung des Wortes »vaidade«, Eitelkeit. Männer, die von ihrer Frau sagen, sie sei »muito viadosa«, sehr eitel, verbinden diese Bemerkung nicht einmal mit dem leisesten Anflug von Kritik; sie besagt eigentlich nur, dass die Gattin auf ihr Äußeres achtet, dass sie gepflegt auftritt. Es ist eher umgekehrt: Eine Frau, die ausdrücklich als nicht eitel bezeichnet wird – das ist fast schon so, als würde man sie Schlampe nennen.

### Kalt, ungemütlich und laut!
### Eine Warnung vor Brasilien

Halb acht Uhr abends, immer noch 34 Grad, der Verkehr lässt langsam nach, vor den Kneipen stehen die Feierabendfeierer mit dem kalten Bierchen in der Hand, und wer ist der Exot, der mit einem Pullover unterm Arm vorbeiläuft? In Rio de Janeiro ist das entweder ein armer Irrer oder ein Europäer, der gerade ins Kino geht. Denn in Brasilien sind die Kinos krachkalt. Aber das Erstaunliche ist, dass den Brasilianern das nichts ausmacht. Sie können ohne weiteres eine Polarkinovorstellung in T-Shirt und kurzen Hosen überstehen, ohne die nächsten Tage eine Schniefnase zu haben.

Und das, obwohl die Kälte in den Tropen ja immer künstlich ist; kälter als »weniger heiß« bringt die Natur hier normalerweise von sich aus nicht zustande. Kälte als Kultur, niedrige Temperatur als verfeinerte Lebensart – so könnte man sich die brasilianische Kältesucht erklären. Die feinen Unterschiede zwischen den Klassen liest man auch am Thermometer ab: Bei

149

den Armen langt es höchstens für einen Ventilator. Oder für ein kaltes Bier, das in Brasilien normalerweise möglichst nahe am Gefrierpunkt serviert werden muss. Wer auf sich hält, »liga o ar« – schaltet die Klimaanlage an.

Die Reichen machen sich im Juli auf nach Campos do Jordão. Das ist ein Winterfrischeort zwei Autostunden von São Paulo weg, ein kühles Refugium für die Reichen und Schönen, deren Frauen dort endlich mal Gelegenheit haben, die Winterkollektion auszuführen – die kniehohen Stiefel zum Beispiel, die bei Hitze zwar auch sexy, aber leider etwas albern aussehen. Oder sogar den Pelz, der sonst höchstens bei der Shoppingtour nach New York oder Paris zum Einsatz kommt. Denn Campos do Jordão, die »Schweiz Brasiliens«, liegt 1626 Meter hoch, volle 68 Meter höher als Davos, wie die Lokalpatrioten stolz unterstreichen. Also eine Art Zauberberg auf brasilianisch. Dass man jedoch in der Umgebung des Winterfrischeortes in Eiseskälte zu erfrieren droht, so wie Hans Castorp bei Thomas Mann, ist nicht sehr wahrscheinlich. Die letzten Schneefälle in Campos do Jordão wurden 1928, 1942, 1947 und 1966 registriert.

Ähnlich ist es mit dem Licht. In Santa Teresa, dem nettesten Stadtteil von Rio de Janeiro, liegt die »Bar do Mineiro«, eine alteingeführte Szenekneipe. Sie ist vom Fußboden bis knapp unter die Decke weiß gekachelt und von 15 Neonröhren beleuchtet, und daran scheint niemand Anstoß zu nehmen, denn der »Mineiro« ist immer rappelvoll. An diesem harten, kalten Licht, wie es Neonröhren und Energiesparbirnen abstrahlen, scheint sich in Brasilien niemand zu stören. Wenn man durch

150

die Straßen geht, schaut man immer wieder in Wohnungen, in deren gardinenlosen Zimmern nur eine überhelle, grelle Birne kalt von der Decke brennt. Der traute Schein, der heimelige Schimmer, die Wärme gedämpften Lichtes, das gibt es natürlich auch. Aber es scheint nicht so wichtig zu sein. Es kann genauso gut auch kaltes Licht sein, egal ob im Korridor eines Krankenhauses oder im Schlafzimmer. So als gäbe es die Vokabel Gemütlichkeit gar nicht.

Einen sozialen Hintergrund kann das nicht haben. Ob Favela oder Villenviertel, das Verhältnis von gelblich-warmen zu neon-kalten Fensterhöhlen ist immer ungefähr gleich. Es sind nicht die Armen, es sind nicht die Reichen, denen das eiskalte Licht nichts ausmacht. Es sind die Brasilianer.

Woran das liegt? – Vermutlich an der Idee des Fortschritts, und die wird in Brasilien viel unbekümmerter hochgehalten als in Europa. Scheint im gelblich-warmen Licht nicht auch immer die Reminiszenz an die ums Feuer gelagerte Urhorde auf? Sehnen wir uns, selbst im Fortschritt der Moderne, nicht immer ein bisschen nach der Natur und ihren elementaren Zuständen? – In Brasilien dagegen war Fortschritt immer die schlichte Antithese zur Natur. Roden und Siedeln, Abholzen und Anpflanzen, Entwalden und Entwickeln – ein Volk, dessen kollektives Unterbewusstsein von solchen Zyklen geprägt ist, sehnt sich nicht nach Urfeuern und Urhorden zurück.

Und schließlich der Hörsinn! Nach einem langen Tag im Auto ist man endlich in Januária angekommen. Man setzt sich an die Uferpromenade unter die dichten Ficusbäume, bestellt in der Kneipe gegenüber ein paar Häppchen und ein

151

Bier und schaut sich den Sonnenuntergang über dem breiten Bett des Rio São Francisco an ... Ein frisches Abendlüftchen kommt auf, man genießt sein kleines Glück in diesem großen Land Brasilien, an einem friedlichen Abend in einem stillen, freundlichen Provinzstädtchen. Und dabei macht man nur einen Fehler: Man denkt, dass das so bleibt.

Aber irgendwann kommt unweigerlich so ein unscheinbarer Kleinwagen angefahren. Der Fahrer hält vor der Kneipe, er schaltet den Motor ab, steigt aus, öffnet die Heckklappe, und das war's dann mit dem Frieden: Das mickrige Auto ist in Wahrheit eine fahrende Diskothek, die halb Januária beschallt.

Januária ist überall. Wenn es mal still ist, bleibt das nie lange so. Brasilien ist ein lautes Land. In den Hotels ist die Glotze schon zum Frühstück an. Viele Kneipen lassen Musik und Fernsehen gleichzeitig laufen. Natürlich wird man in Aufzügen und Supermärkten und Tiefgaragen beschallt, in Omnibussen und Strandbars, beim Friseur, beim Arzt im Wartezimmer und sogar in den altehrwürdigen Hallen des Nationalmuseums von Rio de Janeiro.

Das Merkwürdige ist, dass niemand etwas dabei findet. Offenbar haben nicht nur einzelne Menschen, sondern ganze Völker völlig unterschiedliche Vorstellungen davon, wann ein Geräusch die Grenze zum Unangenehmen überschreitet und zum Lärm wird. Denn wenn eine Band spielt, setzen sich die Brasilianer möglichst nahe an die Lautsprecher, schreien sich während der Musik an, nennen das »Unterhaltung« – und sind glücklich dabei.

152

Und die moralisch diskreditierte Übertreibung der Beschäftigung mit dem eigenen Körper, die beim deutschen Wort Eitelkeit ja mitschwingt? Die wird in Brasilien nur in ganz krassen Fällen eingeräumt: Wenn Operationen misslungen sind und weitere zur Korrektur gemacht werden müssen. Oder wenn so tragische Fälle wie der der prominenten Fernsehjournalistin Glória Maria ans Licht kommen, die aus Angst vor dem Altern zeitweise über sechzig verschiedene Medikamente schluckte.

Und dass sie eitel seien, das sagen die Brasilianer und Brasilianerinnen von sich durchaus mit einem gewissen Behagen: Diese Aussage grenzt ja schließlich, wenn das Bedeutungselement des Übertriebenen getilgt ist, an die Behauptung, sie seien schön. So dass Eitelkeit im heutigen Brasilien ganz und gar nicht die erste der Todsünden ist, wie Thomas von Aquin urteilte. Eitelkeit ist in Brasilien überhaupt keine Sünde, sondern eine Tugend – ein gesellschaftlich durch und durch befürwortetes Verhalten.

»Was heißt schon Eitelkeit«, erklärt Volney Pitombo leichthin, ein anderer der über 600 in Rio offiziell praktizierenden Schönheitschirurgen, »die Brasilianerinnen kümmern sich viel um ihren Körper, und das ist doch ein sehr gesundes Verhalten. Bewundern und bewundert werden – darum geht es hier. Die Frauen sagen zueinander: Waaaas, du hast ein neues Brustimplantat – zeig mal!« Seine Patientinnen seien anspruchsvoll und entsprechend gut informiert, und dass jemand mit dem ausdrücklichen Wunsch kommt, »den Busen von Gisele Bündchen« hinoperiert zu bekommen – nein, das seien höchstens fünf Prozent.

Das klingt schon etwas anders als bei Pitanguy. Pitombo sagt, er müsse selten jemandem etwas ausreden – was umgedreht freilich heißt: Die allermeisten Wünsche werden erfüllt. Bei einer Fünfzehnjährigen die Brust verkleinern? »Kann man machen«, sagt Pitombo. Eine Woche vor dem Gespräch hat er eine Achtzigjährige operiert – wie bitte, eine Achtzigjährige? »Die brasilianische Philosophie lautet, was gut ist, ist schön, und was schön ist, ist gut«, antwortet Pitombo. Und wann ist der beste Zeitpunkt für eine »plástica«, Herr Doktor? »Wenn du in den Spiegel schaust und nicht mehr zufrieden bist!« – So einfach ist das in Brasilien.

Und jedermann redet darüber. Die Natur korrigiert zu haben, das ist nichts, worüber der Mantel der Diskretion gebreitet werden müsste. Im Gegenteil, ein neuer Busen – das ist ein schönes Thema für die Klatschmagazine, wenn seine Besitzerin von einiger Prominenz ist. Dass sich jemand aus dem Showbusiness in seinen Persönlichkeitsrechten geschmälert fühlt, bloß weil die Presse über die neuen Brüste berichtet – das kommt nicht vor. Denn als

154

Ausweis von Wohlstand und Schönheit erhöht die »cirurgia« das Sozialprestige.

Das warme Klima, die leichte Kleidung, die schönen Strände, das sind die anderen, jedoch ebenso banalen Erklärungen für die brasilianische Körperbesessenheit, die die Skalpellkünstler auch gerne geben. Aber in Portugal, in Südafrika oder auf den Philippinen scheint die Sonne auch auf leichtbekleidete Menschen an schönen Stränden, ohne dass die so hemmungslos zum Schönheitschirurgen liefen wie in Brasilien. Ist es womöglich ein amerikanisches Phänomen? – Denn nirgendwo ist die Schönheitschirurgie weiter verbreitet, stärker akzeptiert, unbekümmerter angewendet als in den USA und in Brasilien. Aber beide Länder, groß wie Kontinente und erst vor relativ kurzer Zeit nach und nach erschlossen, haben die historische Erfahrung gemacht, dass nur durch den Kampf gegen die Natur die Schönheit der Kultur und die Perfektion der Zivilisation zu erringen sind. Kann es da nicht sein, dass diese in der kollektiven Identität beider Völker so tief verankerte Selbstverständlichkeit, die Natur ständig korrigieren zu müssen, auch auf die Individuen und ihre Körper übertragen wird?

Die etwas geläufigere Erklärung für die Unbeschwertheit, mit der sich die Brasilianer massenweise ihren Schönheitschirurgen ans Messer liefern, zielt auf den Hedonismus einer extrem konsum-

155

orientierten Mittelschicht. Als typische Patientin gilt heute die verheiratete, berufstätige Frau, deren Familie ein mittleres Monatseinkommen zur Verfügung steht. Im Juli und im Januar sind die Praxen besonders voll – da sind Schulferien, da hat Mutti Zeit für den Chirurgen, zumal nach Weihnachten der Druck zur Körperkorrektur als besonders groß empfunden wird. Die Durchschnittskundin stottert die Operation ab. So wie schon vor fünfzig Jahren die Einführung von Kleinkrediten das damalige Wirtschaftswunder mitbewirkte, so trug die Ratenzahlung zum Boom der Eitelkeitsmedizin bei. »Parcelado em 36 vezes«, also in 36 Raten abgezahlt, so sind auch größere Eingriffe finanziell zu schaffen. Während früher der Einsatz des Skalpells ein Privileg der Reichen war, sind durch die Finanzierungsmöglichkeiten ganz neue Patienten- oder besser gesagt Kundenschichten zu erreichen. Und »viele Brasilianer verschieben lieber einen medizinisch nötigen Eingriff und leisten sich stattdessen eine Schönheits-OP«, meint ein Internist in Rio de Janeiro, »der Lustgewinn ist ja auch größer.«

Unvergessen ist der berüchtigte Ausspruch des frisch silikonierten TV-Stars Xuxa: »Die Leute sagen, das seien gar nicht meine Brüste – so ein Unfug, ich hab sie doch selbst gekauft!« Dass der Körper immer schön zu sein hat, dass künstliche Hilfsmittel nicht nur statthaft sind, sondern zur Schönheit dazugehören und dass das alles durchaus etwas kosten darf, das kriegen die kleinen Mädchen der Mittelklasse schnell beigebracht. Der Widerstand gegen den Kommerz für die Körper der Kinder ist gering; diejenigen, die die Werbung für Kinder strenger regeln wollen, sind in Brasilien eine ähnlich kleine Minderheit wie die Freunde des pädagogisch wertvollen Holzspielzeugs. 2012 hat die brasilianische Gesundheitsbehörde jedoch neue Vorschriften zum Schminken von Kindern erlassen: Lidschatten und Lippenstift für Kinder unter drei Jahren sind generell untersagt, wogegen sie für Drei- bis Fünfjährige, sofern von Erwachsenen aufgetragen, erlaubt sind, und ab fünf dürfen sich die Kleinen selber herausputzen, aber unter Aufsicht eines Erziehungsberechtigten.

Die Frage der Überwachung und Einhaltung solcher Vorschriften mal beiseitegelassen – Kinderärzte wettern, es sei völlig verfrüht, dass kleine Mädchen in so zartem Alter für die Welt der künstlichen Schönheit initiiert werden, Schminken gehöre doch ins Arsenal der sexuellen Verführung. Mädchen hätten ihre Mama schon immer imitiert, lautet das Argument derer, die das alles unbedenklich finden. Dreijährige, die eigene Schminkköfferchen besitzen, Geburtstagspartys, die im Kinderschönheitssalon beginnen, Mütter, die ihre Elfjährigen als Femme fatale herausputzen lassen – alles nicht ungewöhnlich.

Nach den meist ungenauen statistischen Angaben

hat sich der Anteil von Jugendlichen unter der Klientel der plastischen Chirurgen in den vergangenen Jahren verdreifacht, auf etwa 15 Prozent. Ein Großteil davon wird auf abstehende Ohren, klobige Nasen und Ähnliches entfallen. Aber auch Brustvergrößerungen bei Mädchen sind nicht selten – wie gut tun 250 Milliliter Silikon dem Selbstbewusstsein? Dass sie, weil sie so leicht und so schnell das Skalpell ansetzen, Geldschneider seien, weisen die Ärzte natürlich zurück. Im Gegenteil, sie schafften in einer einstündigen Operation, was die Psychologen in endlos vielen, kostspieligen Therapiestunden oft nicht erreichen: dem Patienten neues Selbstwertgefühl zu geben.

Brustvergrößerungen bei jungen Männern sind zwar kein Massenphänomen, aber immerhin – über fünfzig Chirurgen allein in Rio de Janeiro bieten diese Operation zur optischen Verbreiterung des Thorax an. Auf dem Computerschirm eines der Spezialisten sieht man, wie es geht: Ein fünf Zentimeter langer Schnitt unter der Achsel, dann fährt der gummibehandschuhte Finger des Chirurgen in die Wunde, mit einer gewissen Grobheit – der Patient liegt ja in Vollnarkose – wühlt die Hand zwischen Brustmuskel und Rippen herum und schafft dort den Hohlraum für das weißliche Silikon-Kissen. Als wär's der Schlauch eines Autoreifens, so wird das Implantat hineingestopft und hin- und hergezogen, um es richtig zu platzieren – zugenäht – fertig!

158

## Machismo – typisch für Brasilien?

»Mit dem Elfenbeinteint des Südens« war sie »außerordentlich schön«, schrieb Thomas Mann über seine Mutter, die in Brasilien geborene Julia da Silva Bruns, und ihrer südländisch-sinnlichen Schönheit setzte er die nordische Nüchternheit seines Vaters entgegen, des Lübecker Senators Thomas Johann Heinrich Mann. Süden und Norden – in seinem Werk stilisiert Mann die Himmelsrichtungen immer wieder zu Synonymen für Libertinage und Sinnlichkeit einer-, für Selbstzucht und Pflichtgefühl anderseits: Tonio Kröger gegen Hans Hansen. Thomas Mann hat das nicht erfunden. Der Gegensatz Nord und Süd als Synonym für Rationalität und Trieb gehört zu jenen Vorstellungen von der Welt, die sich längst nicht mehr auf ihren Wahrheitsgehalt hin befragen lassen müssen: Ein bisschen wahr und ein bisschen falsch zugleich, für jede Kaffeehausdebatte geeignet, weil stets durch irgendein Beispiel belegbar.

Das Wort »Machismo« hat in den vergangenen dreißig, vierzig Jahren Eingang gefunden in die deutsche Sprache, und es wird längst jenseits der feministischen Zirkel verwendet, die es einst als Kampfvokabel benutzten. Aber es ist bezeichnenderweise nie eingedeutscht worden: Wir sagen nicht Maschismus, sondern benutzen die spanische Form, die mit der portugiesischen identisch ist – warum? Weil dahinter die Vorstellung steckt, das Wort transportiere etwas genuin Lateinamerikanisches. Eine Art der Männerdominanz, so stark und herrisch, so archaisch und gewalttätig, so blind und brutal, wie sie nur noch in Lateinamerika zu existieren scheint.

Menschen, die so ein Fremdwort benutzen, haben vermutlich auch die großen lateinamerikanischen Romanciers gelesen, und bei denen finden sich die Belege für die Männerherrschaft, die angeblich der Kultur eines ganzen Halbkontinents eingeschrieben ist: Die Buben, die im Bordell initiiert werden, die Caudillos, die sich mehrere Frauen halten, die Großgrundbesitzer, die ihre Landarbeiterinnen nehmen, ohne auch nur ein Wort zu sprechen. Die Gewalttätigkeit des Sexus korrespondiert mit geradezu magischer Potenz – ist das nicht der literarische Beleg eines regionalspezifischen Herrschaftssystems?

»In Brasilien als einer typisch lateinamerikanischen Macho-Gesellschaft erfreuen sich Männer eines erhöhten, einem Halbgott gleichen Status«, heißt es in der International Encyclopedia of Sexuality, einem einschlägigen Standardwerk. Männer wollten – so die Definition von Machismo – Sex mit so vielen Frauen wie möglich und so viele Kinder wie möglich. Frauen müssten verführerisch und rein zugleich sein, und dass sie Spaß am Sex haben, sei nicht wichtig, weil sie in erster Linie ihren Mann befriedigen sollten. Und so weiter und so weiter – all das, was man sich klassischerweise unter Machismo vorstellt. Bloß: Was hat das mit der Realität heute zu tun?

Die brasilianische Soziologin Mirian Goldenberg, die seit zwanzig Jahren über die Geschlechterbeziehungen in Brasilien forscht, benutzt die Vokabel Machismo zwar im Gespräch, aber nicht als wissenschaftlichen Begriff. Natürlich, sagt sie, gebe es in Brasilien Machismo. Aber grundsätzlich sei der – trotz vieler regionaler Ausprägungen – nichts anderes als männliche Dominanz, wie sie in praktisch allen Ländern auftrete. Nichts spezifisch Lateinamerikanisches oder Brasilianisches also.

Es gibt wenige vergleichende Statistiken, aber so dürftig die Zahlen auch sind, so wenig belegen sie eine spezifisch lateinamerikanische Männerdominanz. In São Paulo geben zehn Prozent der Frauen an, Opfer einer Vergewaltigung oder eines sexuellen Übergriffs gewesen zu sein. In London sagen das 23 Prozent. Genauso viele wie in Lima.

Zwar bekleiden in Brasilien prozentual deutlich weniger Frauen politische Ämter als in Europa, und sie verdienen auch weniger als Männer. Aber Jura studieren mehr Frauen als Männer – der Mann als Halbgott? In Rio de Janeiro hängt die U-Bahn in Stoßzeiten Frauenwaggons an – die Frau als Freiwild? Seit rund dreißig Jahren gibt es in Brasilien spezielle Polizeiwachen für Frauen – Europa als Speerspitze des Fortschritts? Nicht, dass es in Brasilien keinen Machismo gäbe. Er ist bloß nicht schlimmer als anderswo.

Warum hält sich in Europa die Vorstellung, die männliche Vorherrschaft sei in Lateinamerika besonders brutal und unangefochten? Vermutlich, weil uns die vermeintlich archaischen Verhältnisse anderswo guttun. Denn das führt uns offenbar vor Augen, wie aufgeklärt und fortgeschritten wir sind.

Die Frage ist nur, ob das wirklich stimmt. Thomas Mann übrigens hat im privaten Kreis seiner Mutter eine eigentümliche Kühle zugeschrieben ...

161

Früher war schön, wer füllig war – Ausdruck von Wohlstand und Gesundheit in einer Zeit, in der Armut einherging mit Unterernährung. Noch 1960 lancierte die brasilianische Spielwarenfabrik Estrela zusammen mit dem Kinderpopopuder-Produzenten Johnson & Johnson die »Semana do bebê robusto«, also frei übersetzt die Woche des moppeligen Babys; sie begann mit dem Tag des Kindes am 12. Oktober, der auch heute noch eine ähnliche Einkaufsorgie auslöst wie der Muttertag oder der »Tag der Verliebten« .

Heute ist diese Bezeichnung natürlich tabu, moppelige Babys sind nicht mehr Mode. Und was das Schönheitsideal für Frauen betrifft – Brasilien hat sogar zwei: Für den Export das globalisierte Ideal, dessen schönste Verkörperung die blonde, europäisch anmutende Gisele Bündchen ist. Und für den Hausgebrauch die nationale Vorstellung von Schönheit, personifiziert durch den dunklen, lateinamerikanisch-rassigen Novela-Star Juliana Paes. Ein weiterer Unterschied zwischen beiden Schönheitsidealen lässt sich übrigens an den branchenüblichen Zahlenreihen ablesen: 86-61-86 (Gisele) und 86-66-99 (Juliana).

Aber Körperfülle gleich Wohlstand, diese Gleichung geht fast nirgendwo auf der Erde mehr auf. Das Schönheitsideal, das sicherlich immer und überall variabel war, unterliegt heute viel schnel-

162

leren Veränderungen, und deren Auslöser sind eher das globale Modebusiness, das internationale Showgeschäft oder die Trendsetter- und die ihr hinterherschreibende Klatschpresse. Und die Möglichkeiten, durch Chirurgie die Körper zu verändern, beschleunigen offenbar den Wandel der Ideale. In den frühen Neunzigern jedenfalls waren von zehn Brustoperationen in Brasilien neun Verkleinerungen, und heutzutage kommen auf vier Verkleinerungen sechs Vergrößerungen. »Der Busen«, sagt die Soziologin Mirian Goldenberg, »war bei uns früher nicht sehr wichtig, bis in die achtziger Jahre zählte vor allem das Hinterteil.« A bunda, sprachlich ein Mitbringsel der afrikanischen Sklaven, verliere seine Rolle als erotischer Signalgeber. Das allerdings werden vermutlich viele männliche Brasilianer energisch bestreiten. Immerhin haben 2011 Brasiliens Schönheitschirurgen 21 452-mal Silikonkissen in Hinterteile – und das ja wohl meist in weibliche – implantiert, heißt es in der erwähnten Studie. Gegenüber 2007 stellt das einen fabelhaften Zuwachs von 367 Prozent dar.

Dennoch: Heute zählt vor allem der Busen (149 000 Vergrößerungen im Jahr 2011), beeinflusst vermutlich durch die nordamerikanischen Vorbilder. Die Hersteller verkaufen immer mehr Brustimplantate, und die künstlichen Brüste tendieren zu immer größerem Volumen. 2001 war das 175-Milliliter-Implantat der Verkaufsschlager der Firma Silimed, des

163

in Rio de Janeiro beheimateten, größten Silikonimplantatherstellers Lateinamerikas. Seitdem hat die durchschnittliche Größe von Jahr zu Jahr zugenommen. 2011 waren 305 Milliliter das sich am besten verkaufende Format. Wobei sich Silimeds brasilianischer Konkurrent Lifesil rühmt, sogar Ein-Liter-Implantate auf Lager zu haben, eine Supergröße, die offenbar eher im artistischen Milieu Verwendung findet und nicht allzu oft nachgefragt wird. Generell jedoch gehen die Geschäfte mit den Silikonsäckchen blendend. Silimed verzeichnet Steigerungsraten von jährlich zehn bis fünfzehn Prozent. Ein Paar kostet übrigens 1400 Reais, also rund 500 Euro – ein Drittel der Gesamtkosten einer Brustvergrößerung. »Ich denke, es gibt heute in Brasilien zwei Sorten von Frauen«, sagt Sebastião Guerra, der Präsident des Verbandes plastischer Chirurgen, siegesgewiss, »nämlich die, die schon ein Silikonimplantat haben, und die, die sich bald eins einsetzen lassen.«

Dass die Brasilianer schöne Menschen sind, diese Ansicht gehört zu Brasilien wie der Zuckerhut zu Rio. Schon die europäischen Reisenden früherer Jahrhunderte priesen das Aussehen der Eingeborenen, die exotische Vermischung der Rassen weckte die Vorstellung von Sinnlichkeit und körperlichem Ebenmaß, und die Populärkultur hat das Pauschalurteil verfestigt. »Olha que coisa mais linda …« – das bekannteste brasilianische Musikstück besingt die

Schönheit einer Frau, eben dieses Mädchens von Ipanema, bei dem der paradiesische Strand, das tropische Klima und das moderne Brasilien sozusagen gleich mitgesungen werden. Wenn man Brasilien als Marke bestimmen will, dann würde sie für Leidenschaft, Fröhlichkeit, Musik, ein freieres Leben, Entspanntheit und Schönheit stehen – alles Sehnsuchtsfelder für die Ausländer, die das alles nicht haben oder meinen, es nicht zu haben.

Werbefachleute wissen, dass solche Bilder in erster Linie Wahrnehmung sind, die aus Vordergründigem bezogen wird. Die Realität wird zum Großteil ausgeblendet. Wer von Brasiliens Leidenschaft schwärmt, denkt dabei nicht an die über 50 000 Morde pro Jahr, wer die Fröhlichkeit des Landes preist, verdrängt die deprimierenden Lebensverhältnisse in den Favelas. Und wer die Schönheit der Menschen rühmt, lässt dabei unter den Tisch fallen, dass immer mehr Brasilianer dicker und dicker werden. Und zwar rapide: 2006 hatten 42,7 Prozent der Brasilianer zu viel auf den Rippen, 2011 war der Anteil auf 49 Prozent angestiegen. Und noch schneller nimmt die Fettleibigkeit zu, also der Anteil der Menschen, deren Kilos geteilt durch das Quadrat ihrer Körpergröße in Metern (so die Formel des Body-Mass-Index) höher als 30 ist: von 11,4 auf 15,8 Prozent. Selbst in Rio, wo dem Körperkult noch mehr gefrönt wird als in anderen Städten Brasiliens (sogar Strandstädten), sind 49,6 Prozent zu dick, und unter »obesidade«, Fettleibigkeit, leiden überdurchschnittliche 16,5 Prozent. Was man daraus schließen kann? Dass der Körperkult, für den die Brasilianer so berühmt sind, in erster Linie ein Nischenphänomen ist. So beharrlich die Medien, die brasilianischen ebenso wie die ausländischen, den Girl-from-Ipanema-Mythos ausschlachten – die Silhouette der real existierenden Brasilianerinnen und Brasilianer gleicht sich immer mehr der an, die in den Industrieländern üblich geworden ist. Der Übergang vom Zuwenig zum Zuviel war kurz: Vor noch nicht allzu langer Zeit war Unterernährung eines der großen Probleme der Volksgesundheit in Brasilien, heute sind es Fehlernährung und Übergewicht.

Rio de Janeiro, Stadtteil Copacabana, Rua Santa Clara 33: Hier müssten eigentlich die Expertinnen für die Veränderung des brasilianischen Körpers zu finden sein, vor allem des weiblichen. Ein unscheinbarer Eingang, zwei Fahrstühle in die oberen Geschosse, in denen sich ein Bikini- und Accessoire-Laden an den anderen reiht. Bei »Yoho Biquinis« steht Claudia Regina Rodrigues hinter dem Ladentisch: dreißig Jahre alt, 159 Zentimeter groß, 68 Kilo schwer, »also 16 Kilo von meinem Idealgewicht entfernt«, wie sie sagt. Die Veränderungen, die in Brasilien vorgegangen sind, illustriert sie anhand von zwei Biki-

166

ni-Höschen: »Die hier ist Größe 44, das war früher sehr groß, jetzt ist es groß«, sagt sie, »und die hier ist Größe 36 – die verkaufen wir kaum noch.«

Tatsächlich schlägt sich Brasiliens Wirtschaftsaufschwung im Lebensstil, in den Essgewohnheiten und in den Leibesumfängen nieder. Millionen von Armen sind neuerdings in einen bescheidenen Mittelstand aufgestiegen. Wie die Bundesrepublik nach dem Krieg wird die Unterschicht Brasiliens von einer Fresswelle überrollt. »Sie essen mehr, aber sie essen nicht besser«, sagt Helmuth Taubald, Autor mehrerer Brasilien-Reiseführer. Die Freizeit bestehe heute »bei achtzig Prozent der Bevölkerung aus Fernsehen und Essen«, und deshalb haben sich »die Körperdimensionen in den letzten Jahren deutlich gewandelt«. Taubald spricht spaßhaft vom »Lula-Effekt im Gesäßbereich«, denn der Aufschwung samt seiner Folgen für die Leibesumfänge fand vor allem in der Regierungszeit von Präsident Luiz Inácio Lula da Silva (2003–2010) statt.

Es gibt zwar in Brasilien den Beruf des – oder wohl meist: der – »nutricionista«, also einer auf Ernährungsberatung spezialisierten Fachkraft. Eine Profession, die den Brasilianern sagt, was und wie sie essen sollen. Aber die alten Essgewohnheiten verändern sich nur langsam. Die Tradition einer verfeinerten Küche ist in Brasilien nicht sehr ausgeprägt; die Reichen essen seit jeher mehr und vielleicht Bes-

167

seres als die Armen, aber die brasilianische Küche bietet nicht sehr viel Feineres. Und sosehr sich das Leben ändert, wie die Bikini-Verkäuferin Claudia sagt, so hartnäckig halten sich die Essgewohnheiten. Viel Reis und Bohnen, viel rotes Fleisch, viel Pasta und viel Brot, viel Fett und viel Zucker, aber wenig Obst, noch weniger Gemüse und so gut wie gar keinen Salat – so etwa ernährt sich die Mehrheit. Hinzu kommt eine spezielle brasilianische Leidenschaft: Das »lanchinho«, also die Kleinigkeit, die zwischendurch, am Kiosk, in der Bäckerei, an der Tankstelle eingeworfen wird. Und die besteht sehr, sehr oft aus in Fett ausgebackenen Teigtaschen und anderen Kalorienbomben. Wie ohnehin das Braten, Panieren und Frittieren gleich nach Fußballspielen zu den Nationalleidenschaften gehört.

#### Wie ein sprachliches Augenzwinkern

Die Liebe der Brasilianer zum Diminutiv ist unendlich groß. Beispiele? Es ist heikel, diese endlose Flut von Verkleinerungsformen zu übersetzen, denn im Deutschen hört sich das so an, als stünden die 195 Millionen Brasilianer alle auf dem geistigen Niveau von Siebenjährigen. Aber es können zum Beispiel Rechtsanwältinnen, Lastwagenfahrer, Buchhalterinnen oder Computerspezialisten sein, also alles Leute mit normalem geistigen Niveau, die – sagen wir mal – in einem Restaurantchen oder einem Barlein zusammensitzen und ein

168

Essenchen verzehren, das typischerweise aus Böhnchen mit einem Reislein und einem saftigen Steaklein besteht, dazu Bierlein oder Weinlein oder ein Limonädchen trinken und unter denen dann bei Käffchen und Nachtischlein die Debatte über das Bäuchlein aufkommt und ob man ihm mit ein paar Übungchen oder besser gleich mit einem Lipolein zu Leibe rücken sollte ...

Man kann in Brasilien grundsätzlich an jedes Substantiv ein -inho oder ein -inha anhängen, und gerne auch an Adjektive und Adverbien. Im Portugiesischen hört sich das nicht lächerlich an wie im Deutschen, sondern weicher: Das Diminutiv ist das sprachliche Mittel, um die Ecken und Kanten des Lebens ein bisschen abzuschleifen. In die Verkleinerungsform gesetzt, ist die Regel nicht mehr so hart, die Moral nicht mehr so streng, der Zwang nicht mehr so zwingend. Also so eine Art gesprochenes Augenzwinkern: Der Bus darf zwar eigentlich nur an der »parada«, an der Haltestelle, stoppen, aber können Sie an der nächsten Ecke nicht mal eine »paradinha« für mich machen, Herr Busfahrer?

Seit Jahren macht die »puxadinha« Schlagzeilen, der kleine Ruck. Traditionell ruckt es in Brasilien von unten nach oben: Wenn auf zwei genehmigte Stockwerke plötzlich noch ein drittes, illegales draufgeruckt wird. In den letzten Jahren ruckt es allerdings auch horizontal. Denn die Brasilianer, die sich seit jeher am liebsten in geschlossenen und klimatisierten Räumen aufhalten, entdecken die Freuden des Draußensitzens. Die meisten Kneipen stellen nachts einfach Plastikstühle und -tische vor die Tür. Aber die feinen Restaurants in den mon-

169

dänen Vierteln bauen feste Veranden und Holzdecks vor ihre Eingänge – eine puxadinha, und weg ist ein Stück Bürgersteig.

Die private Aneignung des öffentlichen Raums ist immerhin ein egalitäres Element in der sonst so ungleichen brasilianischen Gesellschaft: Nicht nur die Reichen tun's, sondern auch die Armen. Es gibt zwar legale Parkplatzeinweiser, die – wie menschliche Parkuhren – im Auftrag der Stadt Parkgebühren kassieren. Aber es gibt eben auch illegale: Nachts vor allem, in den Vergnügungsvierteln, wo für eine »vaguinha«, ein Parkplätzlein, schon mal acht Euro kassiert werden. Dieses Geldlein bezahlt man zähneknirschend, weil es mit der unausgesprochenen Drohung eingefordert wird, dass sonst dem Autochen ein Kratzerlein zugefügt wird.

Natürlich gelten sie als Landplage. Früher hatten sie ein Tuch dabei, mit dem sie über die Windschutzscheibe wischten. Dieser Service ist aus der Mode gekommen, aber er gibt den illegalen Parkplatzverwaltern bis heute ihren Namen: flanelinhas – Flanelltüchlein.

Und was ist das Lieblingsgetränk der Brasilianer? Kaffee? Falsch geraten, beim Kaffeekonsum liegen sie mit 79 Liter pro Jahr und Kopf weit hinter den Deutschen (über 150 Liter). Caipirinha? Auch falsch geraten, die Mischung aus Zuckerrohrschnaps, Zucker, Zitrone und Eis ist etwas fürs Bürgertum. Bier? – Da kommen wir der Sache schon näher: Mit einer Jahresproduktion von 13 Milliarden Litern ist Brasilien die drittgrößte Braunation der Welt, und beim Pro-

Kopf-Konsum pro Jahr liegen die Brasilianer immerhin an 24. Stelle, mit 65 Litern (Deutschland: 107). Aber das absolute Lieblingsgetränk der Brasilianer heißt »refrigerante« – also industriell hergestellte, mit Kohlesäure versetzte Erfrischungsgetränke, die dank ihres hohen Zuckeranteils auch in Brasilien eine kräftige Mitschuld an den »pneus«, den Autoreifen genannten Wülsten um die Wampe, tragen. 86 Liter pro Kopf trinkt durchschnittlich jeder Brasilianer im Jahr. Die Zwei-Liter-Flasche Coca-Cola oder Guaraná steht fast immer auf dem Tisch, wenn sich eine brasilianische Familie der unteren Mittelklasse zum Mittagessen zusammensetzt.

Claudia, die Bikini-Verkäuferin, ist in den USA groß geworden: »Hier bin ich dick, dort bin ich normal.« Sie zweifelt nicht daran, dass in Brasilien die Körper bald die gleichen Umrisse haben werden wie in den USA: »Wir gehen den gleichen Weg wie die Amis, wir essen mehr als früher, wir essen mehr ungesundes Zeug, und statt am Strand spazieren zu gehen, hängen wir vor dem Computer.«

# 6.
## Wo die Tropen so richtig traurig sind:
## bei Brasiliens Indianern

»Als ich jung war«, sagt Carlitos de Oliveira, 76, und breitet dabei die Arme aus, als wollte er die weite Landschaft vor sich umarmen, »da war das noch ein Paradies.« Das kann man sich heute kaum vorstellen. Der breite, still dahinfließende Rio Dourados mit seinem Streifen Uferwald da unten am sanft abfallenden Abhang, na schön, der sieht noch ein bisschen nach Naturparadies aus, aber sonst? Als wäre die Welt mit grünem Teppichboden ausgelegt, so einheitlich, so eben, so endlos reichen die monotonen Felder von Horizont zum Horizont. Gerade so wie Brasiliens ganz und gar unparadiesische Turbolandwirtschaft es erfordert.

Dazwischen liegt die Siedlung Paso Piraju, in der Carlitos zusammen mit 150 Indianern vom Volk der Guarani-Kaiowá lebt, und die ist auch alles andere als das Paradies: eine Ansammlung von verfallenen Bretterbuden, Autowracks und durchgesessenen Sofas, über der der beißende Rauch von verbrennendem Plastik weht. Dürre Hunde dösen im Sand, Kinder mit viel zu großen Bäuchen spielen zwischen dem Abfall und dem Unkraut, so als sollte der deprimierende Anblick des Zivilisationsmülls Carlitos' traurigen Befund illustrieren: »Der Indianer ist verloren«, sagt er, »und wissen Sie warum? Weil er den Weg des weißen Bruders eingeschlagen hat.«

Als ob das ein freiwilliger Entschluss gewesen wäre! »1957 sind wir hier vertrieben worden, damals waren wir 5000«, sagt er und deutet vage auf den Horizont: »Das gehörte alles uns, heute leben wir wie eingepfercht.« Die vierzig Familien, die seit dem Jahr 2000 schon dreimal vertrieben wurden, aber immer wieder hierher zurückkamen, bewirtschaften zehn Hektar. Also viel zu wenig, und so wie die Felder aussehen, haben sie es auch aufgegeben, sie zu bestellen, um davon ihren Unterhalt zu bestreiten. In Wahrheit leben sie von den Lebensmitteln, die die Behörden ab und zu verteilen.

Ein Gebiet so groß wie Deutschland, bewohnt von 2,5 Millionen Menschen – da sollte eigentlich Platz sein für alle. Aber so ist es nicht, nicht hier in Mato Grosso do Sul. Der Bundesstaat an der Grenze zu Paraguay ist eine hoch produktive Agrarregion. Auf 650 000 Hektar steht Zuckerrohr, hier werden fast fünf Prozent der nationalen Zuckerernte erzeugt – an den schnurgeraden Landstraßen stehen immer wieder die von silbrigen Schloten gekrönten Usinas, die Fabriken, die aus Zuckerrohr sowohl Zucker als auch den Treibstoff Ethanol erzeugen, der in

Brasilien dem Benzin aus Erdöl beigemischt ist. Auf weiteren zwei Millionen Hektar wächst Getreide. Mato Grosso do Sul ist der fünftgrößte Soja- und der viertgrößte Baumwollproduzent unter Brasiliens 26 Bundesstaaten. Rinder grasen zur Versorgung der Schlachthöfe, für die Papierherstellung wachsen Baumplantagen. Jedes Fleckchen ist genutzt, jeder Hektar bringt Geld, und in den immer noch provinziell wirkenden Städten des Bundesstaates entstehen Hochhäuser und Einkaufspassagen, fast so wie in São Paulo. Bloß dass hier der Anteil an dicken Geländewagen auf den Straßen viel höher ist.

Und trotz dieses Aufschwungs der Landwirtschaft geht es den 45 000 Guarani-Kaiowá immer schlechter – genauer gesagt *wegen* dieses Aufschwungs, denn der Boom der Landwirtschaft schränkt ihren Lebensraum immer mehr ein. »Wir verlangen ja nicht ganz Brasilien«, sagt Anastacio Peralta, der bei der Indianerbehörde Funai arbeitet, in Anspielung auf die Zeit, bevor die Portugiesen kamen, »aber doch wenigstens ein bisschen davon.«

Von der Modernisierung kriegen sie kaum mehr als die Nachteile ab. An die 10 000 Indianer schuften unter extrem harten Bedingungen als Zuckerrohrschneider. Aber sogar diese Jobs sind in Gefahr. Auf Dauer sind Schneidemaschinen billiger als Menschen. Und paradoxerweise auch ökologischer. Bei Zuckerrohr, das von Menschenhand geschnitten

174

wird, wird vorher das Laub abgebrannt, dann schaffen die Schneider deutlich mehr. Für die Maschinen macht es jedoch keinen Unterschied, ob die Blätter noch dran sind oder nicht.

Lebensweise, Zustand, System, Gesetz, Norm, Gewohnheit, Verhalten – alle diese Begriffe sind in dem Wort Tekoha aufgehoben, das die Guarani-Kaiowá für »Erde« benutzen. Ihr Land ist ihnen heilig, auf ihm gründet ihre Kultur. Aber heute leben sie eingezwängt in acht Reservate und 31 wilde Siedlungen, so wie Paso Piraju. »Legal besitzen sie höchstens 42 000 Hektar«, sagt der Historiker Antonio Brand, der die Guarani-Kaiowá seit 37 Jahren studiert. Womit auf einen Indianer weniger Fläche entfiele als auf ein Rind, das in Mato Grosso do Sul durchschnittlich etwas mehr als einen Hektar Weidefläche hat.

Die Verfassung von 1988 sagte Brasiliens Indianern das Recht auf ihr angestammtes Land zu. Als sie verabschiedet wurde, hieß es, in fünf Jahren, also bis 1993, sollten die »terras indígenas«, die Gebiete der Indianervölker, identifiziert, abgegrenzt und juristisch fixiert sein. Im Nachhinein ein geradezu lachhafter Vorsatz: Es lag damals schon auf der Hand, dass um dieses Land zähe und blutige Kämpfe zwischen den Indianern und den Besitzern – oder Besetzern – ausbrechen würden. Der staatlichen Indianerschutzbehörde Funai zufolge zählt Brasilien heute 688 »terras indígenas« plus einige städtische

Gebiete, auf denen ebenfalls Indianer leben. Aber der Indianer-Missionsrat der katholischen Kirche, Cimi, der weitaus engagierter – und gelegentlich enragierter – für die Indianer Partei ergreift als die eigentlich zuständige Funai, zählt ganz anders. Er kommt auf 1046 Indianergebiete, von denen gerade mal 363 den Prozess hinter sich haben, der der Verfassung zufolge schon vor zwanzig Jahren abgeschlossen sein sollte. Weitere 335 Gebiete befinden sich noch in einem der verschiedenen Stadien des komplizierten und langwierigen Anerkennungsverfahrens. Und noch mal 348 Gebiete werden von Indianervölkern beansprucht, ohne dass auch nur der erste Schritt zur Legalisierung gemacht worden wäre.

Auch für die Guarani-Kaiowá blieb das Verfassungsgebot ein leeres Versprechen: Nichts geschah. Die Lage änderte sich erst 2007, als das Ministério Público, eine Art Staatsanwaltschaft, die der Verwaltung auf die Finger sieht, die Behörden zwang, in Mato Grosso do Sul aktiv zu werden, nachdem sie 19 Jahre lang verschleppt hatten, was die Verfassung gebot. Und »da begannen die Probleme«, sagt Marcelo Cristovão, Vertreter des Ministério Público vor Ort. Denn die Grundbesitzer waren empört, als die Ethnologen anrückten und, wie es das Verfahren vorschreibt, zu erforschen begannen, wo sich die Guarani-Kaiowá historisch bewegt haben. Und die Indianer suchten die Gunst der Stunde zu nutzen und begannen verstärkt, die von ihnen beanspruchten Gelände »zurückzunehmen« – die Fazendeiros nennen es »illegal besetzen« –, also das zu tun, was Carlitos Leute schon dreimal getan haben.

»Sie kamen mit acht Pick-ups, jeder voll besetzt, einer davon mit drei Bewaffneten«, erinnert sich Crescencia Flores an den Tag, an dem ihr Vater verschwand, »sie fingen sofort an zu schießen, und wir rannten in den Wald.« Von der Hauptstraße führt ein enger Fahrweg zwischen Sojafeldern in eine bewaldete Senke, in der ein Bach verläuft – viel mehr hat die Landwirtschaft nicht übrig gelassen vom Land der Vorväter. Hier setzten sie sich im November 2011 fest, und hier tauchten ein paar Tage danach die acht Autos auf, mit Pappstücken vor den Nummernschildern und mit den zum Teil vermummten Bewaffneten. »Meinen Vater trafen einige Schüsse, er taumelte, er war am Arm und am Hals getroffen, da hat er jedenfalls schwer geblutet«, berichtete Valmir, der Sohn des Häuptlings Nísio Gomes, später. Die Täter packten den zusammengesackten Gomes, warfen ihn auf einen der Pick-ups und verschwanden in Windeseile. Bis heute ist unklar, was aus dem 71-Jährigen geworden ist.

Eduardo Riedel, der Präsident des Bauernverbands von Mato Grosso do Sul, hält den Fall Gomes für eine »Farce«, weil noch nach dem Vorfall Geld vom Sozialhilfekonto des Häuptlings abgehoben wurde. Aber selbst wenn Riedels einigermaßen phantastische Unterstellung zuträfe, der ganze Vorfall sei von den Indianern fingiert, so ist völlig unstrittig, dass die Guarani-Kaiowá immer wieder Opfer furchtbarster Gewalt werden und dass sie unter miserabelsten Umständen leben. Alle Indikatoren beschreiben ein trostloses Bild. Bei den Guarani-Kaiowá ist die Kindersterblichkeit anderthalbmal so hoch wie der brasilianische Durchschnitt. Im völlig übervölkerten Reservat Dourados werden sechsmal mehr Morde verübt als sonst in Brasilien. Es ist kein Zufall, dass sich die Zahl 2007 fast verdoppelte, denn da »begannen die Probleme«, wie der Jurist des Ministério Público sagt.

Es gibt haarsträubende Dauerkonflikte. Zum Beispiel Y'poi, im südwestlichsten Zipfel des Bundesstaates: Dort versuchten die Indianer 2009, sich auf dem Land festzusetzen, das sie historisch beanspruchen. Dabei wurden zwei der ihren ermordet, mutmaßlich von den Pistolenmännern des Farmers, der das Guarani-Kaiowá-Lager seitdem eingekesselt hat. Die Indianerbehörde Funai hat zwar juristisch Zugang erstritten, aber nur zu bestimmten Zeiten. »Sollen wir etwa zu den Indianern sagen, ihr könnt nur dann krank werden, wenn wir hineindürfen?«, knurrt Silvio Raimundo da Silva, der zuständige Funai-Mann. Immerhin: Wegen der zwei Morde vor drei Jahren sind 2012 sechs Männer angeklagt worden. »Ein Meilenstein«, urteilt die Indianerschutz-organisation Survival International. Denn meist gibt es keine Verfahren, und die Killer gehen straflos aus.

Hinzu kommen die inneren Spannungen der eingepferchten, bettelarmen und ziemlich orientie-rungslosen Indianer. Die Autorität der alten, weisen Männer ist durch das reale Elend zerrüttet, gegen das sie machtlos sind – in der Misere der Modernität zerfallen die Sozialstrukturen. Der trostloseste Beleg: In Mato Grosso do Sul leben rund 70 000, also knapp neun Prozent aller Indianer Brasiliens, aber 83 Pro-zent aller Suizide von Indianern werden hier verübt, so die Zahlen des Indianer-Missionsrates. Dass das die brasilianische Öffentlichkeit nennenswert inter-essieren oder gar bewegen würde, kann man nicht sagen. In der allgemeinen Begeisterung über die neue Rolle als Agrargroßmacht und Kornkammer der Welt stören die nur, die als die Verlierer bei all diesen Erfolgen dastehen. Es muss schon etwas Spektakuläres geschehen, damit die Medien mal hin-schauen. So wie im Oktober 2012, als im Internet ein Appell einer Gruppe von Guarani-Kaoiwá kursierte, der als die Ankündigung eines kollektiven Selbst-mordes gelesen werden konnte. Was die 170 Unter-zeichner als ihr Land beanspruchten, war ein Teil der 700 Hektar großen Fazenda Cambará in der Ge-meinde Tacuru – kein sehr großer Teil: Es ging um ganze zwei Hektar.

179

Normalerweise sind in Brasilien die Konflikte um das Land der Indianer einfach die Folge früherer Rechtsbrüche: Farmer machten sich in den Gebieten der Indianer breit, ohne nach den Besitzern zu fragen und ohne sich um deren Rechte zu scheren. Aber in Mato Grosso do Sul liegt der Konflikt anders. Absurderweise haben beide Seiten recht. Denn die brasilianische Regierung hat, nachdem die Besiedlung durch Weiße schon im 19. Jahrhundert begonnen hatte, das Land in den vierziger und fünfziger Jahren des 20. Jahrhunderts formell »kolonisiert«, also zuziehenden Farmern rechtskräftige Titel verliehen, so dass sich heute die Rechte der Indianer mit denen der Farmer überlappen. »Der Staat hat das Durcheinander selber angerichtet«, sagt Historiker Brand. Schon in der Verfassung von 1934 seien die Indianerrechte gewährt worden, und dennoch habe die Regierung später dagegen verstoßen. Brand, der in einer Kommission zur Lösung der vertrackten Lage sitzt, plädiert dafür, dass die Regierung die Farmer finanziell entschädigt und deren Land den Indianern gibt, und dem stimmt auch Bauernverbandschef Riedel grundsätzlich zu.

Das wäre eine Sonderregelung, die die Farmer freilich gerne nicht nur im Spezialfall Mato Grosso do Sul, sondern bei allen Landkonflikten mit den Indianern angewendet sehen würden. »Der Kampf der Fazendeiros richtet sich ja nicht gegen die indigenen Völker«, sagt Kátia Abreu, Senatorin und Chefin des mächtigen Farmerverbandes, »sondern dagegen, dass das Land enteignet wird, aber nur Entschädigung für die Investitionen gezahlt wird.« Mit anderen Worten, der Staat solle das illegal besetzte Land entschädigen und nicht nur die Scheunen, die die Farmer daraufgestellt haben. Genau das also, was die Verfassung von 1988 verbietet. Und was in Mato Grosso do Sul nur mit der besonderen historischen Situation zu rechtfertigen wäre.

Den Indianern in Mato Grosso do Sul das Geld zu geben, damit sie sich woanders Land kaufen können, so wie es viele Farmer gerne hätten, hält Brand für sinnlos: »Sie wollen nicht Land, sondern ihr Land.« Denn auf ihrem Land, dem der Vorväter, fußt ihre ganze Kultur und Existenz, wie die allumfassende Bedeutung des Wortes Tehoka zeigt. Und es wäre wirklich nur ein bisschen Brasilien, das sie fordern: Auf höchstens 700 000 Hektar schätzt Brand das Land, das die Guarani-Kaiowá beanspruchen könnten. Also ungefähr zwei Prozent von Mato Grosso do Sul.

»Mato Grosso bedeutet (…) ›großer Busch‹, und kein Terminus könnte besser auf diese wilde und traurige Gegend passen, deren Monotonie dennoch etwas Grandioses und Erregendes hat«, schrieb der französische Ethnologe Claude Lévi-Strauss in seinem Bericht über die Forschungsreise, die ihn in den dreißiger Jahren in die nördlichen Gebiete von Mato Grosso führte. »Traurige Tropen« heißt das Buch, ein vielzitierter Titel, in dem der Kulturschock zwischen den sogenannten primitiven Völkern und der sogenannten Zivilisation ebenso deutlich zum Ausdruck kommt wie dessen Folge: das Aussterben der ungeheuer vielfältigen Indianerkulturen. Auch wenn sich seither vieles geändert hat in Brasilien, wenn das Land geradezu birst vor Fortschrittsfreude und Entwicklungseuphorie: Bei Brasiliens Indianern sind die Tropen nach wie vor traurig. Anders traurig als zu Lévi-Strauss' Zeiten, aber nicht weniger traurig.

Der ökonomische Druck, den die Landwirtschaft, der Bergbau, die riesigen Wasserkraftwerke heute auf ihren Lebensraum ausüben, ist – nicht überall, aber an vielen Orten – viel brutaler als die Konfrontation mit den Vorposten der Zivilisation, denen die Indianer in den Dreißigern ausgeliefert waren. »Die auf Raubbau und Ausbeutung fußende Wirtschaftsentwicklung, die die Umwelt ausbeutet und Rohstoffe exportiert und die auf den autoritären Entscheidungen unserer gegenwärtigen Regierung beruht, macht die Indianervölker zu den zuerst und am schlimmsten betroffenen Opfern«, schreibt der Indianer-Missionsrat in seinem Jahresbericht 2012 – und schlussfolgert, was heute auf wirtschaftlichem und politischem Gebiet geschehe, sei nichts als eine

182

»schlichte Wiederauflage des Regierungsmodells« der Militärdiktatur der siebziger Jahre.

### Piraten im Dschungel

Brasiliens Natur wird seit 500 Jahren ausgeplündert. Pau Brasil, die fast verschwundene Hartholzart, hat Brasilien sogar den Namen gegeben, und Henry Wickham, der 1876 die Samen des Kautschukbaums ausführte, ist bis heute der historische Schurke der Nation. Die ist freilich selber durch die Biodiversität anderer Länder reich geworden: Soja und Zuckerrohr wurden in Brasilien heimisch, als noch niemand ans Reglementieren dachte, während der Kaffee eindeutig durch Biopiraterie nach Brasilien gekommen ist: 1727 illegal aus Französisch-Guayana eingeschmuggelt. Wobei natürlich die Franzosen ihrerseits als Biopiraten aktiv wurden und den Kaffee aus Afrika mitbrachten.

Zwar kursieren Schätzungen, nach denen mit der illegalen Ausbeutung der Natur jährlich weltweit 60 Milliarden Dollar umgesetzt werden, und angeblich entfällt davon ein Zehntel auf Brasilien, aber verlässliche Statistiken gibt es nicht. Wie häufig Biopiraterie vorkommt und wie sie im Einzelnen aussieht, solche Zahlen und Informationen sind dem Fachanwalt Gustavo Freitas de Morais noch nie untergekommen. Das liegt daran, dass das Wort Biopiraterie keinen Straftatbestand beschreibt, sondern eher ein mit viel Empörung unterfütterter Kampfbegriff ist, der auf kaum miteinander zu vergleichende Fälle angewandt wird. Was hat der Wissenschaftler, dem eine

183

Genehmigung fehlt, schon gemein mit einer Bande von Papageienschmugglern oder mit den Agenten großer Pharma- und Kosmetikkonzerne, die illegal genetische Informationen sammeln.

Unbestritten sind die Begehrlichkeiten, die der immense biologische Reichtum Brasiliens weckt. Allein im Amazonasbecken finden sich bis zu einem Fünftel aller beschriebenen Lebewesen, ferner rund 55 000 Pflanzenarten und die größte Primaten-, Amphibien-, Süßwasserfisch- und Insekten-Artenvielfalt des Planeten. Die Industrieländer, die in den artenreichen Gegenden der Südhalbkugel Partnerschaften zur Erforschung und Anwendung vor allem biotechnologischer Prozesse abschließen, seien grundsätzlich in einer stärkeren Position, sagt Rute Maria Gonçalves de Andrade, die Generalsekretärin der Brasilianischen Gesellschaft zur Förderung der Wissenschaft. Denn sie verfügten immer über mehr Geld, mehr Wissen und neuere Technologien.

Grundlage der brasilianischen Gesetzgebung gegen Biopiraterie ist die Konvention über Artenvielfalt, die 1992 auf der UN-Umweltkonferenz in Rio de Janeiro verabschiedet wurde. Seit damals wird der Bioreichtum nicht mehr als Erbe der Menschheit angesehen, auf den jedermann zugreifen kann, sondern die Konvention erkennt die Souveränität der Staaten über ihre genetischen Ressourcen an. Seitdem versucht Brasilien, den Zugriff auf seine Artenvielfalt zu regeln, aber auf der Basis einer Bestimmung aus dem Jahr 2001, die als überholt und impraktikabel kritisiert wird. Die Brasilianer, so wenden die Kritiker ein, seien übers Ziel hinausgeschossen.

184

So wird zum Beispiel nicht nur genetisches Material, sondern schon die Information darüber dem geschützten Bereich zugerechnet, zum Beispiel eine Studie. Auch die Vorschriften über Bioprospektion – also die Versuche, bestimmtes Material wirtschaftlich zu nutzen – seien zu weitgehend. »Über die Gewinne muss schon ein Vertrag geschlossen werden, noch bevor man weiß, was für ein wirtschaftliches Potential ein Projekt überhaupt hat – völlig absurd«, sagt Jurist de Freitas, der seinem Land »eine gewisse Hysterie« bei der Verteidigung des biologischen Vermögens bescheinigt.

Kopfzerbrechen hat auch immer wieder die Bestimmung gemacht, die Gewinne müssten »gerecht und zu gleichen Teilen« an die Vertragsparteien fließen. Darüber wacht ein staatlicher Genetikrat, dem freilich der Vorwurf entgegenschlägt, er kneble damit die Vertragsparteien. Hinzu kommt, dass gerade in den Gegenden mit hoher Artenvielfalt die Landbesitzverhältnisse unklar sind, dass die traditionellen Gemeinschaften sich schwertun, regelmäßig an den Sitzungen des Genetikrates in Brasília teilzunehmen, und dass etwa die Figur des Eigentums an der Natur gar nicht in die indianische Vorstellungswelt passt.

»Die gegenwärtigen Vorschriften erschweren die wissenschaftliche Forschung beträchtlich«, klagt Rute Gonçalves. Wer Feldforschung betreiben wolle, brauche verschiedene Genehmigungen verschiedener Behörden, und oft sei die eine Lizenz schon abgelaufen, bevor die andere erteilt wird. Alles, was Wissenschaftler in den vergangenen hundert Jahren der Natur an Pflanzen und Tieren entnommen haben, sei nur ein Bruchteil dessen, was zerstört wird, wenn ein paar Hektar Wald abgeholzt werden – und wenn Forscher am Tag vor der Abholzung in diesem Waldstück Proben sammeln, riskieren sie Gefängnis.

Unabhängig davon, ob dieser ruppige Vergleich mit der Diktatur angemessen ist – grundsätzlich trifft die Kritik ins Schwarze. Zwar gibt es Verfassungsgarantien, die den Betroffenen Anhörung und Ausgleich gewährt, zwar gibt es ein Umweltrecht, um das Brasilien von den Ökologen in den Nachbarländern beneidet wird. Aber oft wird einfach dagegen verstoßen, und solange eine Klage dagegen läuft, wird einfach weitergemacht, bis immer mehr Gelder verbaut und damit immer mehr Fakten geschaffen sind. Die Justiz pflegt ihre Entscheidungen so lange hinauszuzögern, dass sie Nichtentscheidungen gleichkommen, und im Parlament haben seit eh und je die »ruralistas«, die Vertreter der Groß- und Kleinfarmer, einen gewaltigen Einfluss. Und so bestätigt sich, Ausnahmen natürlich zugestanden, immer wieder der gleiche trostlose Eindruck: dass die Indianer ihre Rechte nur dann haben, wenn sie ihnen von niemandem streitig gemacht werden.

Die Landwirtschaft verschiebt ihre Grenzen stets weiter nach Norden, ins Amazonasbecken hinein, und plötzlich wachsen Soja oder Reis in Gebieten, die eigentlich den Indianern gehören. Auch in längst anerkannten »terras indígenas« tauchen immer wieder illegale Holzfäller auf, gegen die die Indianer nichts machen können – außer die Polizei zu rufen, die im Zweifel nichts unternimmt. Riesige Wasserkraftwerke werden gebaut, ohne dass die indigenen Völker wirklich angehört, dass ihre Einwände ernst genommen würden; normalerweise werden sie mit Geld und Geschenken besänftigt, so wie früher mit Glasperlen. Drogenschmuggler sowie Gold- und Diamantensucher legen selbst in den entferntesten Ecken des riesigen Yanomami-Gebietes im nordwestlichen Amazonasbecken ihre Landepisten an und entlassen das giftige Quecksilber in die Flüsse, das sie beim Goldschürfen brauchen. Und dass die Großfarmen mit ihrem heftigen Einsatz von Herbiziden und Pestiziden die benachbarten Indianergebiete mitverseuchen, gehört zu den üblichsten unter den zahlreichen Klagen.

817 000 Indianer leben in Brasilien, also rund 0,4 Prozent der Bevölkerung – so wenige, dass die meisten Brasilianer noch nie einen leibhaftigen Indianer zu Gesicht bekommen haben. Von Aikanã bis Zuruahã – etwa 220 verschiedene Völker haben die Ethnologen gezählt. Außerdem gibt es Hinweise auf rund achtzig Völker, die den Kontakt zur Außenwelt meiden und von denen man deshalb weder Namen noch Zahl noch Kultur oder Wohngebiete kennt.

Die Mitglieder dieser Gesellschaften sprechen

mindestens 180 Sprachen, die dreißig Sprachfamilien zugerechnet werden. Wenn man eine Sprache als Datenspeicher einer je eigenen Weltsicht betrachtet, stellen die 180 Sprachen eine gewaltige kulturelle Vielfalt dar – und zugleich eine gewaltige kulturelle Verarmung, denn vor 500 Jahren wurden in Brasilien schätzungsweise 1300 Sprachen gesprochen. Auch wenn die Zahl der Indianer in Brasilien heutzutage nicht abnimmt, ist die Vielzahl der Sprachen durchaus in Gefahr. Denn die einzelnen Indianervölker sind klein, so dass leicht eine Sprache aussterben kann. Zum Volk der Akuntsu im Bundesstaat Rondônia zählten 2012 noch fünf Menschen. Die Vokabel »Überlebende« wäre angemessener.

Für die nichtindianischen 99,6 Prozent der brasilianischen Bevölkerung ist diese Minderheit ein exotischer Fremdkörper. Darcy Ribeiro, der bekannteste brasilianische Ethnologe und alles andere als ein Feind der indigenen Völker, definierte noch in den fünfziger Jahren die Indianer als »jenen Teil der brasilianischen Bevölkerung, der Probleme der Nichtanpassung an die brasilianische Gesellschaft hat, die aus der Beibehaltung von in vorkolumbianischen Traditionen wurzelnden Sitten und Gebräuchen herrühren«. Also etwas Fremdes, Außenstehendes, Nichtdazugehöriges. Nichts Brasilianisches also – und das über die Nachfahren der Ureinwohner!

Die meisten Brasilianer dürften heute den Indianern gegenüber vornehmlich Indifferenz empfinden, einfach, weil sie in ihrem Alltag nicht vorkommen. Aber auf dem Land, gerade da, wo sich die Konflikte abspielen, schlägt den Indianern meist mehr oder weniger offene Feindseligkeit entgegen. Sie gelten als Hemmnis des Fortschritts, angeblich geschützt von den Mächtigen in Brasília, die wiederum bloß Befehlsempfänger der Ausländer sind; solche Thesen sind durchaus im Schwange. Das Hauptärgernis ist fast immer das viele Land, das Vater Staat den Indianern zugesteht.

Tatsächlich sind 13,3 Prozent des Staatsgebietes Indianerland – über eine Million der 8,5 Millionen Quadratkilometer. Aber wie man am Beispiel Mato Grosso do Sul sieht, ist der Staat beileibe nicht immer großzügig mit dem Land, und schon gar nicht, wenn es wertvoll ist. 98,5 Prozent der Indianergebiete liegen in Amazonien, also fernab von allem im Urwald und damit wertlos nach den üblichen wirtschaftlichen Kategorien. Auch wenn sich zum Beispiel 20 000 Yanomami auf der doppelten Fläche Niedersachsens ausbreiten können – diese 96 650 Quadratkilometer sind eben kein Niedersachsen, sondern Busch, den zu bewohnen eine Lebensweise erfordert, die nur die Indianer praktizieren. Dass sie anders leben und wirtschaften, dass sie nicht den letzten Hektar unter den Pflug nehmen wollen, dass

189

sie die Erde nicht als Produktionsfaktor, sondern als ein Stück Weltenparadies betrachten – das sind Ansichten, die sich kaum vereinbaren lassen mit einer auf Ertrag und Gewinn geeichten Form des Produzierens und Wirtschaftens. Müßiggang und Faulheit, so lauten die Vorwürfe und Vorurteile, die aus diesen unterschiedlichen Sichten der Welt erwachsen. Hinzu kommt der Neidfaktor: Terras indígenas sind den Indianern zur Nutznießung überlassen. Sie können ihr Land nicht verkaufen und es sich deshalb – das ist der Sinn der gutgemeinten, bevormundenden Bestimmung – nicht abschwatzen lassen. Aber für den, der sein Land kaufen muss, sieht es so aus, als bekämen die Indianer vom Staat etwas geschenkt.

In scharfem Kontrast zu solchen feindseligen Meinungen über die Indianer steht ihre Idealisierung. Die Indianer als Herren und Bewahrer der Welt, als erste Bewohner, die stets und bis heute im Einklang mit der Natur leben, arbeiten und wirtschaften, die nur entnehmen, was der Wald, die Erde, die Flüsse hergeben, ohne sie auszubeuten: Eine solche Idealisierung gelingt umso leichter, je weiter man von ihnen weg ist, je weniger man sie kennt, je weniger man in Konkurrenz um Ressourcen wie Erde oder staatliche Zuwendungen steht. Das gilt nicht nur für Brasilianer in den hochindustrialisierten Metropolen im Süden, sondern auch für die noch weiter entfernten Europäer, die ja eine jahrhundertealte

Tradition pflegen, die »edlen Wilden« anderswo auf der Erde zu suchen und als Gegenentwurf zu ihrer von der kapitalistischen Zivilisation beschädigten Gesellschaft zu idealisieren. Zu dieser Sicht der Welt passt schön die Klage, dass die edlen Wilden am Aussterben seien. Aber im Allgemeinen sind Brasiliens indigene Populationen, die Akuntsu mal beiseitegelassen, in den vergangenen drei, vier Jahrzehnten wieder gewachsen.

Paradoxerweise treffen sich die Indianerfeinde und die Indianerfreunde an einem Punkt: Beide stellen sich die Indianergesellschaften als statisch, als nicht dynamisch vor. Die Schlussfolgerungen sind natürlich völlig verschiedenen: Die Indianerfeinde sehen die angeblich fehlende Dynamik als negativ an – ein Beweis für Faulheit und Schmarotzertum. Für die Indianerfreunde dagegen ist das angeblich Statische positiv – ein Beweis für die Ursprünglichkeit und den Einklang mit der Natur.

Was für Folgen die beiden Sichtweisen in der Praxis haben, lässt sich am Fall des Staudammprojektes Belo Monte illustrieren. Sie sprächen ja alle längst Portugiesisch, hätten Sofas und Parabolantennen und Leichtmetallboote, murrt zum Beispiel einer der Direktoren des Baukonsortiums Norte Energia. Für ihn sind die Indianer ein unvermeidliches Übel, deren Forderungen den Bau nur teurer machen – deshalb spricht er ihnen, indem er ihre Anpassung an die normalen Konsumgewohnheiten Brasiliens anprangert, indirekt den Status als Indianer ab und stellt damit die Berechtigung ihrer Forderungen in Frage. Was die Idealisierer angeht, so fällt auf, dass Belo Monte weltweit erheblich mehr Protest ausgelöst hat als etwa die beiden hintereinander in den Rio Madeira gebauten Wasserkraftwerke Santo Antônio und Jirau – warum wohl? Bloß weil Belo Monte noch ein bisschen gigantomanischer ausgefallen ist als die beiden Madeira-Konkurrenten zusammen? Oder doch eher, weil sich am Rio Madeira keine so TV-gerecht ausstaffierten Indianer zu Wort gemeldet haben wie in Belo Monte?

Im Fall von Santo Antônio und Jirau weiß man, dass in der Nähe Indianer leben, die den Kontakt zur Außenwelt meiden. Menschen also, die womöglich noch schlimmer betroffen sind als die Indianer in der weiteren Umgebung von Belo Monte. Aber sie melden sich nicht zu Wort. Egal ob mit oder ohne Federschmuck, sie schauen nicht in die Kameras, sie machen keine kriegerische Miene, sie schwingen keine Haumesser.

Der jahrelange Konflikt zwischen den Tupiniquim-Indianern und dem Zellstoffkonzern Aracruz ist mittlerweile beigelegt; nach langem Kampf haben die Indianer ihr Land 2010 endlich zugesprochen bekommen. Das endlose Tauziehen um insgesamt 18 000 Hektar, im Bundesstaat Espíritu Santo östlich von Rio de Janeiro gelegen, war insofern ein typischer Konflikt, als auf den ersten Blick die Fronten so verliefen, wie es das David-gegen-Goliath-Klischee verlangt. Aber auf den zweiten Blick stellte es sich als erheblich komplizierter dar.

Goliath ist in der Tat ein Riese: der Aracruz-Konzern, der 2006, auf dem Höhepunkt der Auseinandersetzungen, in seinem Werk in der Gemeinde gleichen Namens drei Millionen Tonnen Zellstoff jährlich herstellte. 500 Lastwagenladungen Eukalyptusstämme verleibt sich die Fabrik jeden Tag ein, und dafür stößt sie tonnenweise die weiß eingeschlagenen Stapel an Zellulose aus, die sich, weil aus Eukalyptus und deshalb kurzfaserig, besonders für Flauschiges eignet. Also für Toilettenpapier und Papiertaschentücher. 99 Prozent der Produktion gingen auf den Weltmarkt und davon vierzig Prozent nach Europa. Weshalb die Umweltschutzorganisation Robin Wood, als die Polizei im Zuge des Streits um einen Teil der 18 000 Hektar das besetzte Gelände räumte, die Parole »Für Tempo-Taschentücher werden in Brasilien Menschen vertrieben« daraus machte.

Goliath ist immer groß, stark und dumm, und Aracruz erfüllt auch dieses Klischee. Die Firma besitzt 261 000 Hektar Eukalyptuswald, der genauso wenig Wald ist wie ein Sojafeld eine Wiese. Er ist dank einer staatlichen Kapitalbeteiligung politisch bestens vernetzt. Er behauptet penetrant, Eukalyptusplantagen seien grundsätzlich »nachhaltig«, und im Streit mit den Indianern argumentiert er wie mit der Brechstange. »Aracruz brachte den Fortschritt, die Funai die Indianer« stand auf den Schildern, die die Firma aufstellen ließ. Obwohl seriöse Ethnologen nachweisen können, dass das Land seit langem angestammtes Gebiet der Tupiniquim ist.

Und der David? Antônio dos Santos schimpft auf die modernen Zeiten: »Der Eukalyptus macht den Boden kaputt, das Wetter hat sich verändert, die Flüsse führen weniger Wasser, und oft ist es auch noch verseucht«, sagt der alte Herr, der »vor langer Zeit« Häuptling der Tupiniquim war. Und die Frauen, die hätten früher einfach gesündere Kinder geboren. Wie die alten Leute überall auf der Welt trauert er den goldenen Zeiten nach: Als man noch nach Herzenslust jagen und fischen konnte. Als das Leben ruhiger war, als man nur »Seife, Salz oder Kerosene« eintauschte, oder Kleidung – »aber die trug man nur, wenn man den Wald verließ. Meine Eltern gingen noch nackt.«

So weit die Idylle. Aber lange bevor den rund 3000 Indianern die umstrittenen 11 000 Hektar zugesprochen wurden, gab es bereits eine Übereinkunft. Über sieben Jahre zahlte Aracruz, teils direkt an die Familien, teils in Projekte, die den Indianergemeinden zugutekommen sollten – mindestens zehn Millionen Dollar. Die Indianer kündigten die

194

Abmachung jedoch auf. »Wir wollen unser Land«, sagt Häuptling Werá Kwaray, der sich, die Alligatorzähnekette um den Hals, den Papageienfederschmuck auf dem Kopf und das Handyetui am Gürtel, den Journalisten präsentiert, »und wir wollen zeigen, dass man mit dem Land etwas anderes als Eukalyptusanbau anfangen kann.« Dass es mit dem Abkommen nicht geklappt hat, führt ein Berater der Indianer auf den kommerziellen Charakter der Abmachungen zurück. Die Indianer hätten sich zu sehr auf die Funai und auf Aracruz einstellen müssen. Und es sei ihnen fremd, sich in Genossenschaften zu organisieren.

Ein schwer zu akzeptierendes Argument: Warum kann man Menschen, die Auto, Handy, Motorsäge benutzen und deren Muttersprache längst Portugiesisch geworden ist, nicht zumuten, sich zur Verteidigung ihrer Interessen zusammenzuschließen? Dass sie selber Eukalyptus pflanzen und an Aracruz verkaufen, räumen sie auf Befragen etwas verschämt ein. Na schön – bloß wie vereinbart sich das mit der Idealisierung des früheren Naturzustandes?

»Früher hörte man abends den Legenden der Alten zu, heute sitzt jeder vor dem Fernseher«, klagt Deusdeia de Souza, Leiterin der Frauengruppe. Aber die kulturelle Entfremdung wurde natürlich nicht aufgehoben, als die Indianer ihr Land zurückbekamen. Ist das dann nur die Zurück-zur-Natur-Propaganda, die die Unterstützer hören wollen? Die sich mit der Idealisierung der Indianer besser verträgt als das etwas kleinlaute Eingeständnis, dass auch sie auf ihrem Land Eukalyptus für den Goliath anbauen?

Früher sollten die Indianer einfach im brasilianischen Völkermix aufgehen. Sie sollten ihre ethnische Identität aufgeben, ihre Lebensweise ablegen, Kleinbauern oder Fischer werden oder in die Städte ziehen und dort arbeiten. Gute, moderne Brasilianer also – genau das nicht geworden zu sein, werfen ihnen die Indianerfeinde heute vor. Die Alternative, die die Indianerfreunde früher verfochten, lief auf das Gegenteil hinaus: auf die künstliche Konservierung einer Lebensweise, wie es sie in der Realität kaum noch gab, also die Indianer als lebendes Inventar eines tropisch-ethnologischen Freilichtmuseums.

Beide Varianten sind heute überholt, niemand verficht die eine wie die andere noch ernsthaft. Jedem, der sich mit den Indianern befasst – und vor allem ihnen selber –, ist klar, dass sich ihre traditionelle Lebensweise schon längst weit mit der sogenannten Zivilisation eingelassen hat, ohne dass dadurch ihre Identität bis zur Unkenntlichkeit verwaschen worden wäre. Die Tradition lebendig zu bewahren, ohne die Modernität auszuschließen – da ungefähr verläuft der Königsweg. Aber er ist natürlich schwer zu finden und zu beschreiten.

Wie ist das zum Beispiel mit dem Strom? Weil

»terras indígenas« ja öffentliches Land sind, ist der Staat verpflichtet, den Strom genauso bereitzustellen wie anderswo die Straßenbeleuchtung. Aber was passiert, wenn jede im Busch versteckte Oca, jede Indianerbehausung einen Elektrizitätsanschluss hat? Wird der Strom nur angeschaltet, wenn der Gesundheitsposten ihn braucht? Wenn Schule ist und die Computer angeworfen werden müssen? Oder brummen dann die Eisschränke, womöglich vollgepackt mit Tiefkühlhühnchen und Coca-Cola? Plärrt von morgens bis abends der Fernseher? Dudeln unentwegt die Musikanlagen?

Wenn Strom da ist, wird das Singen eingestellt, fürchten die Älteren. Aber wenn nicht mehr gesungen wird, geraten die Mythen und Märchen in Vergessenheit, und die eigene Sprache wird weniger gepflegt. Die alte Identität erhalten und dennoch die Modernität zuzulassen: Der Königsweg führt über Bildung und Erziehung. Die Forderungen richten sich an den Staat: Er müsste bilingualen Unterricht erteilen lassen, er müsste indianische Talente besonders fördern, er müsste indianischen Lehrern, Anwälten, Beamten einen wie auch immer gearteten Vorsprung gewähren, der ihre generelle Benachteiligung ausgliche. Und der Staat erfüllt die Forderungen nach und nach. Eine Quotenregelung für ethnische Minderheiten an vielen Universitäten versucht die generelle Benachteiligung auszugleichen.

197

In Brasilien gibt es in Indianersiedlungen rund 2700 Schulen, von denen die meisten Computer haben. Wo sie fehlen, stehen oft die Rechner der staatlichen Gesundheitsposten zur Verfügung.

Und umgekehrt müssten sich die Indianer, was ja auch oft der Fall ist, mit einer gewissen kollektiven Entschlossenheit auf die Suche machen, die Moderne mit dem zu verknüpfen, was ihnen von ihrer Tradition noch geblieben ist. Die Chancen nützen, die der Kontakt mit der Welt der Weißen bietet, um die eigene Identität zu bewahren – das halten viele für die beste Lösung des Kulturkonfliktes.

In mindestens fünfzehn »terras indígenas« Amazoniens, so berichtete die »Folha de S. Paulo« 2013, »vermieten« die Häuptlinge die Wälder ihrer Völker: Sie übergeben sie der Holzmafia zur Ausbeute, gegen die sie sie eigentlich schützen müssten. Damit werden sie zu Tätern, denn das ist illegal. Aber gleichzeitig sind sie Opfer. Denn für Edelhölzer, die auf dem Markt um die 1000 Reais – knapp 400 Euro – pro Kubikmeter erzielen, können sie gerade mal 15 Reais kassieren. Also das uralte Spiel mit den Glasperlen.

Während die Indianerbehörde Funai beteuerte, sie verfolge die illegale Ausbeutung der Wälder »intensiv«, zitiert das Blatt den Indianerhäuptling Almir Narayamoga Suruí, der die finsteren Geschäfte seiner Brüder bei der Funai gemeldet hat: »Sie haben mir gesagt, sie könnten niemand zur Überprüfung schi-

198

cken, weil Indianer involviert seien. Aber wenn das so ist, dann sind das für mich Banditen wie jeder andere. Sie beklauen nicht nur ihr eigenes Volk, sondern gleichzeitig auch noch den Staat.«

Häuptling Almirs Volk nennt sich eigentlich Paiter, was etwa »echte Menschen« oder »wir selbst« heißt. Den Namen Suruí gaben ihnen die Ethnologen erst 1969, als sie den ersten Kontakt mit dem weißen Mann hatten. Almir ist danach geboren, in der Zeit, in der die Zahl der Paiter-Suruí von 5000 auf rund 1000 schrumpfte – Folge der Aufgabe ihrer Isolation. Heute allerdings stehen sie als Musterbeispiel dafür da, wie man die Bewahrung der Natur und der Traditionen mit der Moderne verbinden kann. Almir Narayamoga Suruí, der Halsketten aus Pflanzensamen trägt, gerne den Federschmuck anlegt und auch die blauschwarze Jenipapo-Körperbemalung pflegt, ist eine Art Star auf der internationalen Bühne des Urwaldschutzes. Er tritt auf internationalen Seminaren auf, heimst Innovationspreise ein, sitzt mit Prinz Charles und Al Gore an einem Tisch und hat sogar schon vor der Generalversammlung der Vereinten Nationen gesprochen. Sein Werkzeug sind nicht nur Pfeil und Bogen, sondern auch Laptop und Smartphone. Selbstverständlich haben die Suruí-Paiter eine eigene Website.

»Zuerst dachten wir, diese Bilder würden vom Auge eines Monsters geliefert, das unseren Wald auffrisst«, schilderte Almir einem Filmteam der Umweltschutzorganisation Living on Earth den ersten Kontakt mit der Satellitenfotografie, »aber dann kamen wir auf die Idee, dass wir das Auge des Monsters vielleicht nützen könnten, um unseren Wald zu schützen.« Das Augenmonster war Google Earth – in dessen Abbild der Erde fand Almir, der Häuptling des Suruí-Indianer, die Satellitenaufnahmen von den knapp 2500 Quadratkilometern des Indianerterritoriums »Sete de Setembro« in Westbrasilien, das den Suruí gehört.

Es ist ein wie mit dem Lineal gezeichnetes Stück Landschaft, das tiefgrün herausleuchtet aus einer roten Umgebung – in Rot wird gerodetes, besiedeltes, bewirtschaftetes Land dargestellt. Die Alarmfarbe reicht bis an die schnurgeraden Grenzen der »terra indígena«, und an einigen Stellen hat sich das Rot bereits über die Grenzen in das Stammesgebiet der Suruí hineingefressen. Die Suruí, das sind heute nur 1300 Menschen. Sie können unmöglich ihr Waldgebiet kontrollieren, ohne sich moderner Methoden zu bedienen. Immerhin sind 93 Prozent ihres Landes noch so, wie es sein sollte: intakt. In Kalifornien stattete Häuptling Almir, mit seinem Federschmuck auf dem Haupt, dem Informatikriesen Google einen Besuch ab. Die zuerst entgeisterten, dann begeisterten Computerleute rückten später mit jeder Menge Hardware bei den Suruí an. Seitdem überwachen sie ihren Wald aus dem All. Sie identifizieren die Orte, an denen Holzfäller eindringen, und vertreiben sie.

»Ich bin überhaupt nicht gegen Landwirtschaft«, beteuert er, »mir macht bloß Sorge, dass der weiße Mann völlig übersieht, dass Wachstum nachhaltig und verantwortlich sein muss.« Almir und seine Leute, die organisch angebauten Kaffee und Cajunüsse vermarkten, wollen in den nächsten Jahrzehnten eine Million Bäume pflanzen – dort, wo die Weißen illegal gerodet haben. Und dafür möchten die Suruí kassieren. Denn, so haben sie ausrechnen lassen, mit der Erhaltung und Pflege des Waldes verhindern sie, dass 16,5 Millionen Tonnen Kohlendioxid in die Atmosphäre gelangen. Damit könnten sie durch den sogenannten REDD-Mechanismus Geld verdienen. Hinter dem Kürzel für »Reducing Emissions from Deforestation and Forest Degradation« verbirgt sich ein freilich gerade erst beginnender Emissionshandel, bei dem $CO_2$-Vermeider wie die Suruí für ihren Beitrag zum Klimaschutz bezahlt werden. Damit wären die Suruí nicht nur technologisch, sondern auch wirtschaftlich die Speerspitze der Moderne im Amazonasurwald. Denn 120 Millionen Dollar, meint Almir, könnten dabei herausspringen – genug für neue Häuser und Gesundheitsposten. Und Computer für alle.

Einige seiner 1300 Suruí sehen die Dinge jedoch anders. Sie lassen die Holzmafia auf ihr Gebiet, und der ist der Häuptling mit seinen modernen Methoden ein Dorn im Auge. Almir Narayamoga Suruí, seine Frau und einige seiner Volks- und Gesinnungsgenossen erhalten immer wieder Todesdrohungen.

## 7.
## Warum sich die Brasilianer hinter ihren Mauern und Gittern ganz wohlfühlen

Man macht sich erst mal keine Gedanken darüber, warum der Abgeordnete Jair Bolsonaro das Hemd nicht in den Hosenbund gestopft hat. Es ist schließlich kein Sitzungstag in Brasília, der Parlamentarier arbeitet in seinem Wahlkreisbüro in Rio de Janeiro, der Tag ist heiß, warum soll er nicht leger am Schreibtisch sitzen? Aber im Laufe des Interviews, in dem er sich für die Todesstrafe ausspricht, die Militärdiktatur verteidigt und gegen Homosexuelle wettert, zeigt sich, dass er außer der Bequemlichkeit noch einen anderen Grund hat, das Hemd über der Hose zu tragen. »Schauen Sie, das hier ist Kaliber 38«, sagt er, während er seine Pistole aus dem Hosenbund zieht und dem Besucher damit vor der Nase herumfuchtelt. »Damit sind drei Schüsse nötig, um einen Menschen zu erschießen, und wenn mich, sagen wir mal, drei Mann überfallen, dann muss ich neunmal schießen, das ist einfach zu unsicher!« Deshalb, sagt Bolsonaro, werde er demnächst auf das nächst größere Kaliber umsteigen, denn: »Mit einer Vierziger bräuchte ich nur einen einzigen Schuss, um Sie zum allmächtigen Vater in den Himmel zu schicken!«

Brasilien ist bis an die Zähne bewaffnet. Auf 16 Millionen Kleinwaffen – dazu zählt alles, was ein einzelner Mensch tragen kann, vom Damenrevolver bis zur Maschinenpistole – beziffert das Justizministerium das Arsenal in privater Hand. Die Verbrecher sollen daran einen Anteil von ungefähr 25 Prozent haben. Schützenvereine wie in Deutschland, deren Mitglieder private Waffen haben, gibt es kaum in Brasilien. Also liegen die Knarren meist in Nachttischen und Schränken bei Privatleuten herum. Dabei sind die Zahlen widersprüchlich. Schon 2005 war von 17 Millionen die Rede, und Schätzungen zufolge hat die brasilianische Waffen- und Munitionsindustrie allein zwischen 2005 und 2009 knapp neun Millionen Pistolen, Revolver, Flinten, Maschinenpistolen und -gewehre produziert. Davon wurde etwa die Hälfte ausgeführt; Brasilien ist nach den USA, Italien und Deutschland der viertgrößte Exporteur von Kleinwaffen. Damit wären viereinhalb Millionen für den heimischen Markt geblieben, und 17 plus 4,5 ergibt jedenfalls nicht 16. Aber wie auch immer: Es ist genug da zum Blutvergießen.

Durch Feuerwaffen, sei es bei Mord, Suizid oder Unfall, kamen 2009 in Brasilien rund 40000 Menschen ums Leben, und 2011 wurden 51 330 Menschen ermordet, viele davon natürlich mit anderen

204

Mordwerkzeugen als Feuerwaffen. 140 Morde pro Tag, 26,2 Morde pro 100000 Einwohner, das sind die Gruselzahlen, die das erschreckend hohe Niveau der Gewalt in Brasilien beschreiben. Zum Vergleich: 2011 wurden in Deutschland 723 Fälle von Mord oder Totschlag registriert, also etwa 0,9 pro 100000 Einwohner. Allerdings zählt Brasilien die Leichen und Deutschland die »Fälle«, also auch die Mordversuche. Schaut man in der Statistik auf die tatsächlich Ermordeten in Deutschland, sinkt die Zahl auf 357. Also auf rund 0,45 pro 100000. Pro Kopf der Bevölkerung werden in Brasilien folglich 58-mal mehr Menschen ermordet als in Deutschland. Und in Deutschland werden 95,6 Prozent aller Fälle aufgeklärt. In Brasilien ist es umgedreht. 92 Prozent der Morde bleiben unaufgeklärt und ungesühnt.

Der Abgeordnete Bolsonaro gehört im Nationalkongress der sogenannten Kugelfraktion an. Das sind Parlamentarier verschiedener Parteien, die gegen strengere Waffengesetze eintreten und deren Wahlkämpfe gerne vom Verband der Waffen- und Munitionsindustrie finanziert werden. Je mehr Waffen, desto weniger Banditen und desto sicherer Brasilien, lautet ihr schlichtes Credo. Das ist x-mal widerlegt: Wer schießt oder zu schießen versucht, wenn ein bewaffneter Verbrecher vor ihm steht, hat statistisch eine 180-mal geringere Überlebenschance als der, der sich nicht wehrt. Das ist zwar ein Erfahrungswert, der immer wieder viele Brasilianer überzeugt. Bei Kampagnen zur privaten Abrüstung werden immer wieder größere Menge Waffen abgegeben und per Vorschlaghammer vor den Augen ihrer erleichterten Besitzer vernichtet. Aber bei einem Plebiszit für die Verschärfung der Waffengesetze 2005 konnten die Bolsonaros die öffentliche Meinung kurz vor der Abstimmung noch umkehren. Alles blieb so, wie es war.

Als an einem Tag – es war der 7. Dezember 2007 – in São Paulo kein einziger Mord registriert wurde, war das den Zeitungen die Schlagzeile wert. »Wir sind alle verrückt hier«, sagt der Schriftsteller Ignácio de Loyola Brandão über die gewaltige und gewalttätige Megastadt São Paulo, für die er »Leidenschaft und Hass zugleich« empfindet, »weil sie lebt, weil sie brennt, weil sie Emotionen hat«. Man nehme das alles freiwillig auf sich, staunt der Schriftsteller: dieses Leben als Gefangener. Eingesperrt im Auto, im Stau festgehalten, hinter vergitterten Fenstern lebend, von Wachmännern geschützt, von Kameras ständig erfasst. »Es ist natürlich pervers, aber selbst nach einem Überfall freut man sich hier noch«, sagt der Autor, »nämlich weil man ihn überlebt hat.«

Es ist eine Gesellschaft, die ständig in Angst lebt. Auch wenn man sich ihrer nicht immer bewusst ist, hört sie nie auf. »Vermittelalterlichung« hat man die

Reaktion darauf genannt. Man zieht sich in immer besser gesicherte Trutzburgen zurück, mit immer höheren Mauern, tieferen Gräben, engeren Zugangspforten. In den Reichenvierteln jeder größeren Stadt starren die Überwachungskameras tausendfach auf den Straßenabschnitt vor der Mauer, über die so schön tropisch die Bougainvillea rankt. Von 2007 bis 2011 ist die Zahl der Wachleute, die bei offiziell angemeldeten Sicherheitsfirmen arbeiten, von 356 000 auf 540 000 gestiegen. Wie viele Wachmänner schwarz angestellt sind, weiß niemand. Die Bewachungsbranche sah der Fußballweltmeisterschaft 2014 und den Olympischen Spielen in Rio 2016 mit besonderer Vorfreude entgegen: Die 15 Milliarden Reais Jahresumsatz (5,6 Milliarden Euro) sollten sich verdreifachen, so die Erwartung. Milliarden und Abermilliarden müssen allein in den Gittern stecken, mit denen Fenster und Türen gesichert werden, von der Favela-Hütte bis zur »mansão«, zur Villa. Mit Sicherheitsglas ist nicht nur der Planalto-Palast in Brasília versehen, der Amtssitz des Staatschefs. Gepanzert sind auch Kliniken, Universitätsgebäude, Kassenhäuschen, Lotterieannahmestellen, Polizeiposten und Pförtnerlogen.

Und natürlich Autos. Bei nichtmilitärischer Panzerung von Fahrzeugen sei Brasilien Weltmarktführer, sagt Christian Conde, Präsident des Verbandes der Panzerungsindustrie. 2011 hat die Branche

207

8106 Fahrzeuge kugelsicher gemacht, 10,5 Prozent mehr als 2010, und schon das war ein Rekordjahr. Allerdings führt Conde den steten Zuwachs nicht nur auf stetig anwachsende Kriminalität zurück. Ob sich die Leute einen »blindado« anschaffen, hängt ebenso von der Wirtschaftslage ab – je besser die ist, desto mehr Autos werden schusssicher gemacht. Die in Brasilien geläufige Panzerung hält den Waffen stand, die unter Verbrechern üblich sind, also Revolver-, Pistolen- und Maschinenpistolenschüssen – alles, was mit einer kinetischen Energie von bis zu 1411 Joules durch die Luft geflogen kommt. »Man glaubt es kaum, aber viele Kunden denken, dass eine Kugel einfach so abprallt und die Scheibe unbeschädigt bleibt«, wundert sich Conde. Im Schusstestlabor seiner Firma Vitrotec bei São Paulo kann man sehen, was eine Kugel an den Glasplatten anrichtet: Eine zwei Zentimeter dicke Scheibe wird blind, jeder Schuss hinterlässt eine wuchtige Wölbung. Auch wenn Fahrer und Fahrzeug den Überfall überstanden haben – allein für die neuen Scheiben werden danach an die 1000 Euro fällig. Große Geheimnistuerei um das Thema Panzerung gibt es in Brasilien übrigens nicht. »Bei euch in Europa werden ja vor allem Autos von Politikern gepanzert, die vor Terroranschlägen geschützt werden sollen«, sagt Conde, »aber hier geht es um Kriminalität, deshalb ist Panzerung ein ganz normales Geschäft und kein Staatsgeheimnis.«

Wenn man in die Werkshalle von Safe Guard in Rio de Janeiro schaut, fragt man sich als Laie, ob die ausgebeinten Karosserieskelette, an denen die Arbeiter herumwerkeln, wirklich jemals wieder in die glänzenden, funkelnagelneuen Luxusautos zurückverwandelt werden können, als die sie gebracht wurden. Sitze, Verkleidungen, Armaturenbretter, Reifen sind abmontiert und eingelagert, an den übrig gebliebenen Autohülsen hämmern, bohren, fräsen, schweißen und schrauben Dutzende von Arbeitern herum. »Es ist praktisch alles Handarbeit«, erläutert Safe-Guard-Besitzer Marcos Petrônio bei einem Rundgang, »bloß für die gängigsten Modelle haben wir ein paar vorgefertigte Teile parat.« Stahlplatten, kugelsichere Scheiben und ein äußerst reißfestes Synthetikfasergewebe, das einem Projektil standhält, aber trotzdem so elastisch ist, dass man es verkleben kann, das sich also leicht verarbeiten lässt – das sind die Panzerungsmaterialien.

Der Teufel steckt im Detail. Zum Beispiel in der Präzision, mit der sich die einzelnen Teile der Panzerung überlappen, ohne Lücken, Spalten und Fugen zu lassen. Für kleinere Partien, etwa an den Holmen der Türrahmen oder für die Gegend um die Türgriffe, taugen die Fasermatten nicht. Da muss Stahl her, denn ein Schuss würde das angeklebte Synthetikgewebe womöglich beiseiteschieben. So bekommt selbst der Tank der Waschanlage für die Rückscheibe

209

eines dicken Geländewagens – eigentlich nur eine Plastikflasche – ein aufwendiges Stahlgehäuse angepasst.

Im Durchschnitt kostet die Panzerung rund 17 500 Euro. Je exotischer das Auto ist, desto aufwendiger die Arbeit, desto höher die Rechnung. Exoten – ja, die gibt es immer wieder: Petrônio erinnert sich an einen sieben Jahre alten BMW 740, den sein Besitzer noch panzern ließ – ein Großgrundbesitzer von außerhalb, der das Auto nur fuhr, wenn er in Rio war. Und einmal ist in Rio sogar ein Cabrio gepanzert worden, mit einem abnehmbaren Stahldach. Die Panzerung wiegt durchschnittlich eine Vierteltonne; kleine Autos mit schwächeren Motoren scheiden also aus. Jahrelang waren es die unauffälligen Mittelgroßen, die am häufigsten gepanzert wurden – Toyota Corolla und Honda Civic. Aber das hat sich etwas geändert. 2012 führte der Range Rover die Liste der am häufigsten schusssicher gemachten Typen an, gefolgt vom VW Tiguan.

Wer kauft sich so einen rollenden Safe? 75 Prozent der Kunden sind Unternehmer und deren Gattinnen. Berühmtheiten aus dem Showbusiness bestellen neun Prozent, auf Richter entfallen sieben, auf Politiker sechs Prozent.

Und das Sozialprestige, welche Rolle spielt das? »Natürlich ist ein Blindado auch ein Statussymbol«, räumt Conde ein, »zu zeigen, was man sich leisten

210

kann, ist ein starkes Kaufmotiv.« Mit einem Gepanzerten gibt man sozusagen diskret an. Denn dem Blech sieht man die Panzerung nicht an, und auch beim Glas muss man zweimal hinschauen.

Sicherheit wird in Brasilien sowieso immer mehr zu einem Merkmal sozialer Distinktion. Wer es sich leisten kann, lebt in privaten Hochsicherheitswohnanlagen, kauft in abgeschotteten Shopping-Malls ein, schickt die Kinder auf Privatschulen, verbringt die Freizeit in exklusiven Clubs und Ferienanlagen. So edel und so elitär solche Tummelplätze der Reichen sein mögen, frequentiert werden sie sicherlich nicht nur, aber stets eben auch wegen der Sicherheit. Wobei die Wahrnehmung dessen, wogegen man sich wappnen muss, subjektiv ist. Das Angst erzeugende Feindbild muss nicht unbedingt bloß der Verbrecher mit der Waffe sein. Oft sind es bloß die Vertreter der unteren Klassen – sofern sie nicht individualisiert als Dienstleister wie Putzfrau, Pförtner, Pizzabote auftreten –, die im Bürgertum eine unbestimmte Angst und den Wunsch nach Segregation auslösen. Die soziale Hochnäsigkeit verbrüdert sich so mit dem Sicherheitsbedürfnis.

Phobopolis, die Stadt der Angst: Das Stichwort bezeichnet die radikalen Folgen von Kriminalität und sozialer Zerrüttung gerade in den Metropolen Südamerikas. Der öffentliche Raum wird als Gefahr wahrgenommen, das bürgerliche Leben zieht sich immer mehr in private Enklaven zurück. Die Werbebotschaften der Immobilienbranche verstärken das Bild der allgegenwärtigen Gefahr noch, meint der in Rio lehrende Soziologe Ricardo Ferreira, »und mit Hilfe der Medien wurde die aus der Angst geborene Art zu wohnen zu einem Lebensstil veredelt, der auch für andere Viertel zum Maßstab erhoben wird.« Damit kehre sich das Bürgertum von der Stadt ab, und so beschleunige sich nur, was Grund des Rückzugs ist: der Verlust des öffentlichen Raumes.

Musterbeispiel dafür ist Barra, das Miami von Rio de Janeiro. Das Viertel mit den kilometerlangen Sandstränden wurde 1969 – da war es noch ein ferner, naturnaher Vorort – von Lúcio Costa entworfen, dem Stadtplaner von Brasília. Vorgesehen war ein zentraler Platz mit radialen Straßen ohne Hochhäuser, »also das Ideal der mittelalterlichen Stadt«, wie der Soziologe Ferreira sagt. So begann die Besiedlung tatsächlich. Bloß dass sich um diesen Kern dann eben nach und nach die Trutzburgen gruppierten, die die ungezügelte Grundstücksspekulation hervorbrachte. Später kamen Geschäftszentren, Bürokomplexe und Hotels hinzu. Das größte Kongresszentrum Südamerika liegt dort, die meisten der Olympia-Wettkämpfe finden in Barra statt. Und da zwischen Barra und den älteren Vierteln wie Ipanema und Copacabana oder gar dem Zentrum jede Menge Verkehrsengpässe mit endlosen Staus liegen, versucht man in Barra zu bleiben. Früher wohnte man nur in Barra, heute arbeitet man auch in Barra, und nach der Arbeit vergnügt man sich in Barra, vom Einkaufen ganz zu schweigen. Das Viertel schottet sich so gegen die anderen Gebiete der Stadt ab und wiederholt damit das Modell Kokon, nach dem schon seine »condomínios fechados«, die geschlossenen Wohnanlagen, und die riesigen Einkaufszentren konzipiert sind. Die Shopping-Malls heißen Barra Square, Barra Garden, Barra Point, Barra Mall, Rio Design Barra, oder gleich New York und Downtown – die Allgegenwart des Englischen interpretiert Ferreira als sprachlichen Ausdruck dessen, was dieser Art des Lebens innewohnt: die Leugnung des realen Brasiliens.

### Das Einkaufszentrum als Mittelstandsdroge

Das hört sich ganz nach Rauschgiftgenuss an: Plötzlich ist die Zeit ausgeblendet, die räumliche Orientierung geht verloren, die Umwelt wird nur noch selektiv wahrgenommen und ein allgemeines Glücksgefühl kommt auf, das jäh in tiefen Widerwillen umschlagen kann. Aber es sind keine Kiffer und Junkies, die da aus der Realität fallen. Es ist die brasilianische Mittelschicht, die sich gerade ihrem allgemein als harmlos angesehenen Alltagsvergnügen hingibt: dem Einkaufen. Und es ist auch nicht die Drogendealerin, deren Stimme aus dem Lautsprecher krächzt, wenn das Parkticket entgegengenom-

213

men ist: »Herzlich willkommen und viel Spaß beim Einkaufen im Barra Shopping Center!«

Wirtschaftlich gesehen sind Brasiliens Einkaufsparadiese eine Erfolgsgeschichte. Die neunziger Jahre, die der brasilianischen Mittelklasse die Wonnen der Wirtschaftsliberalisierung bescherten, waren das goldene Jahrzehnt des Shopping-Centers: Von 90 auf 240 stieg die Zahl der Konsumtempel, und bis 2014, so rechnete der Verband der Einkaufszentren, dürfte Brasilien 526 Einkaufszentren haben. Für 2013 schätzte der Verband den Umsatz auf umgerechnet 50 Milliarden Euro.

Einkaufszentren bedeuten für die brasilianische Mittelklasse viel mehr als nur Einkaufen gehen: In Shopping-Centern lebt man. Sie sind eigene, autonome Welten, in denen die Mittelklasse ihr Leben verbringt – oder jedenfalls immer mehr davon. In der Shopping-Mall trifft sich am Sonntag die ganze Familie zum Mittagessen, in der Shopping-Mall sieht man Freunde auf ein Bier und eine Pizza, in der Shopping-Mall verabreden sich die Teenies mit heißen Ohren zum Date. Man kann bummeln, die Zeit verstreichen lassen, ins Kino, ins Theater, in die Galerie, in die Buchhandlung gehen, den Friseur, den Zahnarzt oder den Schönheitschirurgen aufsuchen, das Auto waschen und wachsen lassen, sich den Bauch in der »Academia« abtrainieren oder in der Disco abtanzen. Und natürlich kann man – vom Bikini über das Hundekochbuch bis zum Miniregal für die ordentliche Aufbewahrung von Fernbedienungen – einkaufen, was Bankomat und Kreditkarte hergeben: Selbst 15-Euro-Beträge noch in drei bequemen Monatsraten.

Man kennt das aus Deutschland: Die Dealer arrangieren die Warenwelt, damit der Konsumrausch auch schön dröhnt. Eine gewisse Unübersichtlichkeit ist gewollt und gewünscht, Uhren gibt es in Kaufhäusern ebenso wenig wie Fenster; nicht, dass der Kunde abgelenkt wird. In Brasilien sind die Drogen härter. Entsprechend radikaler sind Raum und Zeit manipuliert, entsprechend irrealer sind die künstlichen Realitäten des Shopping-Centers. Das Klima, in Brasilien ohnehin gerne als Feind des Menschen empfunden, ist stets korrigiert: Man geht auch in die Mall, um der Hitze zu entfliehen. Das Licht ist immer an-, also ist die Zeit abgeschaltet. Der kontrolliert und kalkuliert unübersichtliche Raum ist der Unendlichkeit nachgebildet: ein organisiertes Labyrinth ohne Perspektive, ohne Fluchtpunkt, ohne Ziel, ohne Anfang und Ende.

Der wichtigste Unterschied ist jedoch die Abschottung zur Umwelt. Die weiß gewaffelte Wabenfassade eines deutschen Innenstadt-Kaufhauses mag wie die Faust aufs Auge des Stadtbürgers sein, aber Karstadt, Kaufhof und Co. öffnen sich immerhin zur Stadt. Brasilianische Malls dagegen sind Raumschiffe: hermetisch abgeschottet gegen das soziale All Brasiliens, das die Mittelschicht als zunehmend lebensfeindlich empfindet. »Die Shopping-Mall hebt die Stadt auf, sie schaltet den Ort aus, sie versteckt jede Einzigartigkeit hinter der Sprache der Marken und der universalisierten Umgangsformen«, schreibt der Ökonom Carlos Lessa.

Architektur der Angst – das Einkaufszentrum könnte erfunden worden sein, um dieses Schlagwort zu illustrieren, so gut passt es. Einkaufsparadiese sind sichere Orte: Hier wird man

215

nicht beklaut, überfallen, vergewaltigt, von einem Querschläger getroffen oder ermordet. Ähnlich wie das »condomínio fechado«, die mit Elektrozäunen und bewaffneten Wachleuten gesicherte Wohnanlage, ist die Mall Teil der privaten Kunstöffentlichkeit, die sich in Brasilien im gleichen Rhythmus wie Verelendung und Kriminalitätsrate ausweitet: Zonen der Hochsicherheit.

Natürlich besteht ein enger Bezug zwischen der Angst vor der Kriminalität und der sozialen Dickfelligkeit der brasilianischen Mittelschicht. Man will weder den drohenden Mann mit der Knarre noch die bettelnde Frau mit dem Kind sehen. Zwischen 1992 und 2012 hat sich in Brasilien die Zahl der Gefängnisinsassen von 114 000 auf 515 000 mehr als vervierfacht. Der Zusammenhang zur Popularisierung der Shopping-Center ist vielleicht indirekt, aber er existiert: Wer sich selber abschließt nach außen, schließt andere aus. Und was wäre das Wegschließen anderes als die radikalste Form des Ausschließens.

Man will im Einkaufszentrum unter seinesgleichen sein. Eine Einkaufsmeile in São Paulo mochte deshalb dem Koffer- und Handtaschenimperium Louis Vuitton keinen Laden vermieten. Begründung: Das Stammpublikum habe kein Interesse an Produkten, die Neureiche nachfragten.

Der Pförtner verlangt den Ausweis, gibt die Daten ein, richtet die Kamera auf den Besucher, greift zum Hörer, fragt um Erlaubnis an, und dann wird das Drehkreuz freigegeben: Willkommen in der Wohn-

216

anlage »Wonderful«! Sie besteht aus drei Türmen mit zusammen 67 Stockwerken, von denen jedes acht Wohnungen zählt. Das gepflegte Gartengrün im Schatten der Blöcke ist in Asphalt und Beton gezwängt, die drei Hochhäuser stehen so eng aufeinander, dass viel mehr als der Pool nicht dazwischen passt. Kameras äugen in jeden toten Winkel, stacheldrahtbewehrte Zäune grenzen das Grundstück gegen die der Nachbaranlagen ab, nachts patrouillieren die Wachmänner. Und so zu wohnen – genau davon träumt die brasilianische Mittelschicht.

»Hier ist es ruhig, die Luft ist sauberer, der Strand liegt vor der Haustür, die Nachbarn und Freunde sind vom selben sozialen Niveau«, beschreibt die Ärztin Claudia Barata die Vorteile dieser Art des Wohnens, »und vor allem, es ist eine Insel der Sicherheit!« Ihre Töchter Amanda, 12, und Paula, 15, führen gerne alles vor, was die Wohnanlage so alles hat: Das Fitness-Center, das Café, den Tennis-, den Volleyballplatz, die Tiefgarage, von deren Pförtnerloge aus man zu Fuß eine Gasse erreicht, die zwischen den Mauern anderer Condomínios direkt zum Strand führt. Das Dienstleistungsangebot ist riesig. Es gibt Gärtner, Bademeister oder Taxifahrer, die nur fürs Condomínio fahren, und Handwerker, die die privaten Reparaturen der Bewohner erledigen.

Amanda und Paula gehören zu den Abertausenden von brasilianischen Mittelstandskindern, deren

Leben praktisch immer jenseits des öffentlichen Raumes verläuft. Ihre Welt ist von Gittern, Mauern und Sperren begrenzt, ihre Realität deckt sich immer mehr mit dem, was Bildschirme und Displays von ihr abbilden. »Sie kennen nichts von draußen«, murmelt ihre Kinderfrau beim Rundgang, »sie sind noch nie mit dem Bus oder mit der Bahn gefahren.« Sie gehen auf Privatschulen, Paula trifft sich mit ihrer Clique in einer Mall. Würde ihr von der Mutter geschiedener Vater nicht in Copacabana wohnen, dann würden sie sich nur in Barra bewegen. Das Zentrum von Rio? »Ja«, sagt Paula, »da waren wir mal mit der Schule.«

»Es ist mir völlig klar, dass die Mädchen nur einen Ausschnitt aus der Wirklichkeit mitkriegen«, sagt die Mutter, die ihre Kindheit in einer Kleinstadt verbracht hat, wo sie noch auf Bäume klettern und auf der Straße Fahrrad fahren konnte. Claudia Barata arbeitet an öffentlichen Krankenhäusern, also in bescheideneren Vierteln. Ab und zu nimmt sie die Töchter mit, dann fahren sie zum Beispiel zum Großmarkt von Rio de Janeiro, »wo sich Kinder aus den Favelas das angegammelte Obst abholen, aber Amanda und Paula verstehen solche Lebensrealitäten gar nicht richtig«. Dennoch ist die Ärztin überzeugt, dass sie keinesfalls zwei nur beschränkt lebenstüchtige Töchter aufzieht. Der »Realitätsschock«, sagt sie, werde kommen, wenn sie auf die

218

Uni gehen und mit Menschen ganz anderer Schichten zusammenkommen.

Auch wenn es manchmal nicht so aussieht: Unsicherheit und Kriminalität werden nicht zwangsläufig immer schlimmer. Vor allem in Rio de Janeiro hat sich vieles gebessert. Heute scheint undenkbar, was noch vor zehn, zwölf Jahren immer wieder geschah: Dass die Drogenmafia ganzen Vierteln befiehlt, die Schulen und Geschäfte tagelang zu schließen, als eine Art makabres Trauerritual für einen ihrer getöteten Genossen – und dass diesem Befehl Folge geleistet wird. Dass Verbrecher auf das Rathaus und den Gouverneurspalast schießen, dass sie Journalisten wie den TV-Reporter Tim Lopes fangen, foltern, bei lebendigem Leib verbrennen und das auch noch öffentlich kundtun. Die massenweise in Flammen aufgehenden Omnibusse scheinen ebenso der Vergangenheit anzugehören wie die ewigen Revolten in den Gefängnissen, in denen weniger die Insassen auf die Wärter als vielmehr die Gefangenen der einen auf die Mitgefangenen der anderen Fraktion losgingen und mit deren abgeschnittenen Köpfen Fußball spielten.

Auch die Massaker, die durchgeknallte Polizisten und Milizionäre – was oft dasselbe ist – anrichteten, sind offenkundig erst mal passé. Und die Polizei scheint endlich gelernt zu haben, dass sie sich in den Favelas nicht wie eine Besatzungsarmee aufführen darf. Rio ist also sicherer geworden. Das merken die Touristen, aber glücklicherweise nicht nur die. Auch in den endlosen bescheidenen, ärmlichen Vorstädten, über die selten etwas in der Zeitung steht, hat sich die Lage meist entspannt. Im ersten Jahrzehnt des 21. Jahrhunderts ist die Zahl der Morde in Rio de Janeiro um stolze 42,9 Prozent gefallen.

#### Die Wiederkehr des Cangaceiro

Eine hellbraune Polstergarnitur, ein Regal voller Nippes und natürlich ein riesiger Flachbildschirm: Bei Brasiliens größtem Drogenhändler sah es aus wie bei Lieschen Müller zu Hause. Kurz bevor die Polizei von Rio de Janeiro Ende 2011 in die Rocinha, Rios größte und bekannteste Favela, einmarschierte, gelang es ihr, den 35-jährigen Antônio Bonfim Lopes, genannt Nem, aus dem Kofferraum eines Autos zu zerren, in dem er türmen wollte. Nach der Besetzung der Favela durfte sich die Presse im Hause Nem umschauen. Der vergleichsweise intime Einblick in das Leben eines Mannes, den man nur vom Fahndungsplakat kannte, übte einen eigentümlichen Reiz aus: Es ist das Staunen über die Normalität, die mit dem Abnormen des Verbrechens einhergeht. Auch hier ist das Böse sehr banal.

Aber was heißt schon böse. Nem, der Drogenkönig, war beliebt unter den 70 000 Bewohnern der Favela. Er half manchem bei der Miete aus, er ließ Lebensmittel verteilen, er finanzierte Kinderkrippen, und bevor er sich abzusetzen

220

versuchte, schmiss er noch eine fünftägige Abschiedsparty mit Freibier und Koks. Dass die Besetzung der Favela ihrer Befreiung gleichkommt, wie die von ihrem Erfolg trunkenen Politiker und die begeisterte Lokalpresse behaupteten, war für die Rocinha noch lang nicht ausgemacht. Denn Favela-Bewohner kennen das seit Jahrzehnten: Die Polizei marschiert ein und malträtiert die Bürger, die sie der Kumpanei bezichtigt. Seitdem die Stadt Rio de Janeiro wegen der Fußball-WM 2014 und der Olympischen Spiele 2016 ihre Sicherheit neu erfinden musste, sollte das nicht mehr vorkommen, theoretisch jedenfalls. Aber dass sich die Loyalität der Menschen auf den ausrichten, der, jenseits von Recht und Moral, den größten Vorteil bei geringstem Schaden verspricht, liegt auf der Hand.

Diese Ambivalenz gegenüber Verbrechen und Ordnungsmacht hat eine lange Tradition in Brasilien, die sich in der Figur des »cangaceiro« verkörpert. Der berühmteste dieser Banditen war Virgulino Ferreira da Silva, genannt Lampião, der in den Dreißigern den bitterarmen Nordosten mit seiner Bande heimsuchte, bevor er 1938 in einen Hinterhalt geriet. Sein in Kerosin eingelegter Kopf wurde noch 1969 als makabre Geste staatlichen Triumphes öffentlich ausgestellt. Aber »kein anderer Brasilianer ist in Wort und Bild so oft besungen worden« wie Lampião, schreibt der Historiker Federico Pernambucano de Mello. »Hunderte von Biographien, Essays, Romane, Gedichte zeugen von der unvergessenen Legende.«

Auch wenn die Modernisierung Brasiliens dem Räubertum von damals den Garaus gemacht hat – die Parallelen zwischen Lampião und den heutigen Drogenbossen sind verblüffend.

221

Die Räuberei trete »überall dort auf, wo der Staat beim Bildungsprozess einer Gesellschaft versagt«, hebt de Mello hervor, und »eine unwirksame und korrupte Verwaltung trägt dazu bei, die Gesetzlosigkeit noch zu beschleunigen«. Das entspricht haargenau dem sozialen Nährboden der Drogenmafia. Selbst das Habitat ist ähnlich, wenn man Lampiãos »hügeliges Gelände« und »undurchdringliche Vegetation« mit »Dschungel der Großstadt« übersetzen mag.

Gleichgültigkeit gegenüber dem Tod, erste Gewalterfahrungen als Kind, tiefverwurzelte Wut über die Willkür des Staates, ein Leben in der Bande, die durch Verschwörung und Blutritual zusammengeschweißt ist – das haben Lampião und die heutigen Nems ebenso gemein wie die Sucht nach Pomp und Bürgerlichkeit, nach glitzerndem Schmuck und potenten Waffen, nach Respekt und Anerkennung derer, die ihnen ergeben oder ausgeliefert sind. Auch Lampião veranstaltete gerne Bälle.

Viel verblüffender noch ist die Parallele, wenn man die Haltung der Bevölkerung betrachtet. Lampião war zwar berüchtigt für seine Grausamkeit, und dass er »mit den Besitzenden unter einer Decke steckte«, hält de Mello für erwiesen. Aber dennoch wurde er zum »Symbol des Widerstandes gegen die Unterdrückung der Armen durch die Reichen«. Weshalb? De Mello sieht diesen Mythos in Lampiãos Fähigkeit begründet, sich nicht kleinkriegen zu lassen, aber das erklärt das Paradox nur bedingt. Eric Hobsbawm schreibt in seinem Klassiker »Die Banditen – Räuber als Sozialrebellen« etwas ratlos: »Trotzdem war Lampião ein Held – nur ein guter Held war er eben nicht.«

222

Die Nems von heute sind genauso wenig Lichtgestalten à la Robin Hood. Sie morden, erpressen, vergewaltigen, und sie beuten die kleinen Leute aus, indem sie am Kochgas, an den Kleinbussen, am illegalen Kabel-TV mitkassieren. Dass sie sich in den Favelas einer gewissen Beliebtheit erfreuen, ist genauso paradox wie die Verherrlichung Lampiãos. Ändern wird sich das wohl erst, wenn die Favela-Bewohner die Erfahrung machen, dass der Staat für sie den größten Vorteil bei geringstem Schaden darstellt, bei Wahrung von Recht und Moral.

Complexo do Alemão – so heißt eine der Ansammlungen von Favelas nördlich des Zentrums, in der wohl an die 85 000 Menschen wohnen. Das riesige, hügelige Gebiet war in den zwanziger Jahren die Farm eines polnischen Einwanderers, den die Leute, weil er groß, weiß und fremd war, kurzerhand »o alemão«, den Deutschen, nannten. In den Fünfzigern, als in der Nähe ein Schlachthof und Gerbereien entstanden, parzellierte der polnische Deutsche seine Fazenda und verkaufte die Stücke, auf denen sich die Arbeiter ansiedelten. Die Fabriken, die später nach und nach entstanden, sind längst verrammelt und vergammelt. Die Gewalt und die Wirtschaftskrisen der Vergangenheit trieben die Firmen in die Flucht oder in den Bankrott. Übrig blieben die Favelas, die zur wichtigsten Drogenvertriebszentrale für Rio und Umgebung avancierten. Angeblich wurden 2006 im

223

Alemão 120 Kilo Kokain und eine halbe Tonne Marihuana pro Monat umgeschlagen.

Caveira, das heißt »Totenkopf« auf Portugiesisch, und »caveirão« ist die Vergrößerungsform – so nennen sie in den Favelas den schwarzen Panzerwagen, den die Polizei vorschickt, wenn sie einmarschiert. Die Kinder rennen schon weg, wenn sie das Motorengeräusch nur hören, und die Erwachsenen werfen sich in ihren Häusern auf den Fußboden und hoffen, dass der Totenkopf vorbeifährt. »Man hört erst die Schüsse, dann das Motorengeräusch, schließlich das Klirren der Scheiben, dann die Schreie der Nachbarn« – so schilderte 2007, in heißen Zeiten auf dem Alemão, eine Bewohnerin den Auftritt des verhassten Polizeiwagens. Die Polizisten hätten in den Geschäften die Ladenkassen mitgehen lassen. Hätte denn nicht jemand anders zugreifen können in dem Durcheinander? »Nein«, antworteten die Nachbarn damals, »wenn die Polizei hier ist, dann gibt es niemanden anderes.«

Die Meinungen über die Polizei waren verheerend, aber sie hatten immerhin den Vorteil, dass sie geäußert werden konnten. Über die »traficantes«, die Drogenhändler, und ihre Herrschaft schwieg man lieber aus lauter Angst vor ihnen und ihren Helfershelfern – den jungen Männern in Bermudashorts und Badelatschen, die stolz mit ihren Pistolen und Gewehren durch die Viertel des Alemão

224

paradierten. Wobei die Einschüchterung der Bevölkerung sozusagen nur ein Kollateraleffekt war, denn in Wahrheit ging es ihnen darum, die Hügel und ihr Geschäftspotential gegen den Einmarsch anderer Drogenfraktionen zu verteidigen. Im Laufe der Jahre ist der Alemão, jeweils nach blutigen Landnahmekämpfen, von jeder der drei Drogenmafias irgendwann einmal beherrscht worden. Wobei das Wort »Mafias« nicht ganz treffend ist. Es gibt zwar immer lokale Chefs, die auf diesem oder jenem Hügel herrschen wie kleine Al Capones und sich einer der drei Fraktionen zurechnen. Aber über dieser Befehlsebene existiert kaum ein Pate, eine Hierarchie, eine straff organisierte Führungsstruktur. Die Zugehörigkeit zur einen oder zur anderen Fraktion ist insofern fast ideell – so wie man für diesen oder jenen Fußballverein die Daumen drückt, ohne dass die Fangruppen durch eine übergeordnete Hierarchie verbunden wären. Was natürlich den Schluss nahelegt, dass zwar nicht die Führung, aber die Logistik, also der Kauf der Drogen im Ausland und die Verteilung über Brasilien, in ganz anderen Händen liegt.

Die außergewöhnlichsten Bilder vom Morro do Alemão sendete das Fernsehen Ende November 2010: Aus Hubschraubern gefilmte Luftaufnahmen von schwerbewaffneten Traficantes, die über freies Feld flüchten. In den Tagen vorher hatte eine Welle der Gewalt Rio de Janeiro überrollt, mit brennenden

Autos und Zügen, Angriffen auf Polizeiposten, Überfällen auf Stadtautobahnen – offenbar die Reaktion der bedrängten Drogenhändler auf den Einmarsch der Polizei in andere Favelas. Daraufhin begann mit massiver Unterstützung der Armee eine lang geplante und vorbereitete Aktion: Die Besetzung des Alemão – und dass die Traficantes, die die ganze Stadt über Jahre hinweg in Angst und Schrecken versetzt hatten, nun plötzlich wie die Hasen über die Wiesen auf den Bergkuppen von einer Seite des Alemão zur anderen fliehen mussten und dabei auch noch gefilmt wurden, war ein riesiger Triumph für den Staat. Bei der mehrtägigen Aktion kamen zwar rund drei Dutzend Menschen ums Leben, aber am Ende ergaben sich die Drogenbosse, die Polizei beschlagnahmte zwei Tonnen Marihuana, jede Menge andere Drogen und Waffen. Der Favela-Komplex von der Größe einer eigenen Stadt war wieder unter der Kontrolle des Staates: besetzt und befreit zugleich.

Die Traficantes waren seit geraumer Zeit alarmiert. Zwei Jahre früher, Ende 2008, hatte Präsident Lula zusammen mit den örtlichen Politikern unter schärfsten Sicherheitsvorkehrungen den Alemão besucht und angekündigt, der Staat werde die Favelas befrieden. Dass das nicht bloß Gerede war, zeigte sich in der Zeit danach, als der Staat massiv zu investieren begann – in neue Schulen, Projekte des sozialen Wohnungsbaus, Sportplätze und auch Polizeiwachen. Im Oktober 2009 erhielt Rio de Janeiro den Zuschlag für die Olympischen Sommerspiele 2016, und damit war klar, dass der Staat die Sicherheitslage in Rio de Janeiro massiv würde verbessern müssen. Zumindest in dem großen Viereck, in dem die verschiedenen Spielstätten liegen. Und dass das notgedrungen die Herrschaft und die Geschäfte des Drogenhandels beeinträchtigen würde, lag auf der Hand – auch daher die Welle der Angriffe in den Tagen vor der Okkupation des Alemão.

### Mit der Seilbahn über die ehemals gefährlichste Favela Rios schweben

Maria das Neves ist nicht mitgefahren. »Nein, ich hab Angst, ich steig da nicht ein«, sagt sie mit einem schrägen Blick über sich, wo unentwegt die weißen und blauen Kabinen des »Teleférico« leise surrend durch den strahlenden Morgenhimmel ziehen. Aber auch wenn sie in den Gondeln die Platzangst kriegt, wenn ihr von der Höhe schwindelig wird – für sie ist die nagelneue Seilbahn trotzdem »coisa muito chique«, einfach klasse. Die Bahn werte die Gegend auf, und sie werde ihr Kunden für das Restaurant bringen, das sie gerade zusammen mit ihrer Schwiegertochter aufgemacht hat. Denn »hier bei uns wird es jeden Tag besser, im Namen Jesu Christi«, sagt sie.

Und sie muss es wissen. Seit über zwanzig Jahren wohnt die 43-Jährige hier, im Morro do Alemão, einer drei Quadratkilometer großen, sich über mehrere Hügel hinziehenden

227

Ansammlung von 13 Favelas. Als sie kam, »standen hier nur Bretterbuden, es war die totale Armut«. Und es war die totale Gewalt: Die Drogenbosse hatten die 85 000 Einwohner des Viertels quasi als Geiseln genommen, bis Polizisten und Soldaten einmarschierten und die Verbrecher vertrieben. Und auf dem Hügel, auf dem 2002 der verdeckt recherchierende Reporter Tim Lopes von der Drogenmafia erkannt, gefoltert und mit einem in Brand gesetzten Gummireifen ermordet wurde, steht heute eine der sechs Seilbahnstationen.

»Wunderbar war es, und so ein toller Blick«, schwärmt Maria das Neves' zwanzigjährige Tochter Monique, die mit ihrem Mann gerade die 3,5 Kilometer lange Fahrt einmal hin und wieder zurück gemacht hat. Ja sicher, sagt sie, das neue Verkehrsmittel werte den Morro do Alemão und seine Bewohner auf. Sie kann zu ihrer Arbeit in einem Textilgeschäft gondeln, das ganz in der Nähe der Station Bonsucesso liegt, wo man in die S-Bahn umsteigen kann.

Seilbahnen für Touristen gibt es in Südamerika seit langem; die berühmteste ist die 1913 eingeweihte auf den Zuckerhut. Aber das Besondere am »Teleférico do Alemão« ist seine Verwendung als Massenverkehrsmittel, und das ist ein neuer Trend in Südamerika: Mit Seilbahnen arme, an mehr oder weniger steilen Hängen gelegene Viertel zu erschließen. »Es ist nur ein einziger Motor, der das Seil bewegt«, sagt George Luiz de Fonseca, einer der verantwortlichen Ingenieure, »die Energiemenge pro Passagier ist unbedeutend.« Das Gondelsystem ist also umweltfreundlich, es bewältigt stärkste Steigungen, seine Stützpfeiler erfordern wenig Platz, also

228

wenig Abriss. Und es ist relativ billig. Rios Teleférico hat nicht einmal 100 Millionen Euro gekostet.

Auch Venezuelas Hauptstadt Caracas hat seit Januar 2010 eine 1,8 Kilometer lange Seilbahn, die bescheidene Wohnquartiere in Steilhanglage mit der U-Bahn verbindet. Vorreiter jedoch war das »Metrocable« von Medellín, Kolumbiens zweitgrößter Stadt, die in einem langen Tal liegt, an dessen Hängen sich die ärmlichen bis elenden Vororte hochziehen. Was die Stadtplaner am Beispiel Medellín besonders fasziniert hat, war die soziale Befriedung, für die die Seilbahn zwar nicht der einzige Grund, aber das Symbol war. Guerilla, Paramilitärs, Drogenbanden besetzen den öffentlichen Raum, folglich müssen Staat und Gesellschaft ihn nicht nur zurückerobern, sondern dauerhaft halten, so erkannten die Lokalpolitiker damals, und das gehe am besten durch Sozialinvestitionen: von Gemeindezentren und Bibliotheken bis zur architektonischen Aufwertung der Armenviertel – unter anderem durch ein modernes, preiswertes, innovatives und schönes Nahverkehrssystem.

Auch wenn die Akzente in Rio ein bisschen anders gesetzt sind, der »Teleférico« ist dem »Metrocable« deutlich nachempfunden. »Natürlich waren wir alle in Medellín«, sagt Ingenieur Fonseca. Rios Seilbahn gehört zu einem Investitionsprogramm, mit dem der wilde Morro do Alemão in ein wenn auch bescheidenes, so doch lebenswertes Stadtviertel verwandelt werden soll. Krankenhäuser, Schulen, Sozialwohnungen, dreißig Kilometer Straßenasphalt und 24 Kilometer Abwasserkanäle gehören dazu. Im Übrigen, fügt Maria das Neves

229

hinzu, gibt es wegen der besseren Sicherheitslage im Morro endlich auch Festnetztelefon, das zu betreiben sich früher keine der Firmen getraut hat.

Die Aufwertung hat symbolische Bedeutung. Früher floss kaum Geld in die vernachlässigten, gewalttätigen Favelas. Selbst das Nötigste fehlte, während die bürgerlichen Viertel bevorzugt wurden. Das hat sich geändert: Brasilien steigt wirtschaftlich auf und verteilt mehr um. Die Armen werden ernster genommen, und sie treten selbstbewusster auf – diese Veränderung symbolisiert der »Teleférico«. Auch in anderen Favelas will die Stadt deshalb Seilbahnen bauen.

Die Aufseher beim Einstieg rufen noch »bom passeio!«, schöne Fahrt, dann schließt sich die Tür, und die gläserne Kabine schwebt steil nach oben, fünf Meter in der Sekunde. Die blauen Wassertanks auf den unverputzten Ziegelhäuschen mit ihren grauen Eternitdächern, die gekachelten Dachterrassen mit den bunt behängten Wäscheleinen, bis auf die Hosen nackte Kinder, die Drachen steigen lassen, und ein Hund, der die über ihn hinwegschwebenden Kabinen gelangweilt anbellt: Von oben sieht die Welt fast immer nett und adrett aus. Selbst hier, wo man vor zwei Jahren noch um sein Leben fürchten musste.

In der Ferne die glitzernde, tintenblaue Bucht von Rio, die Penha-Kirche auf ihrem Felsen, das grüne Tijuca-Gebirge mit den rotweißen Sendemasten – eigentlich ist der Morro do Alemão ein privilegierter Höhenzug. Allerdings hat die Seilbahn den Immobilienmarkt jäh auf den Kopf gestellt. Auf den Hügelkuppen, die früher oft nur durch einen ermüdenden

Fußweg durch enge Gässchen zu erreichen waren, sind die Mieten kräftig gestiegen. »Was früher 20 000 Reais gekostet hat, geht heute für 40 000 oder 50 000 weg«, sagt Antônio Valdir do Monte, 36. Also ein Wertzuwachs von 7500 auf 15 000 bis 18 500 Euro. Das wird für sein Häuschen wohl auch zutreffen. Denn ihm hat man die Zufahrtsstraße zur Seilbahnstation direkt vor die Haustür gebaut.

Das Kürzel für den Erfolg lautet UPP, Unidade de Polícia Pacificadora, also eine Einheit der befriedenden Polizei. Das Konzept ist einfach und doch kompliziert: Die Polizei marschiert in eine Favela ein und bleibt dort. Mit anderen Worten, der Staat erfüllt seine Verpflichtung, das Gewaltmonopol zu beanspruchen. Favela-Besetzungen hat es natürlich früher auch gegeben, aber dass der Staat Präsenz nicht nur zeigt, sondern dauerhaft präsent bleibt, das ist neu.

Und es ist nicht nur die Polizei, die kommt. Kinderkrippen und Gesundheitsposten entstehen neu, der Strom wird nicht mehr illegal abgezapft, sondern ordnungsgemäß geliefert, wobei man ihn zwar nun bezahlen muss, sich aber auch beschweren kann, wenn er ausbleibt. Die ersten Vertreter, die in die befriedeten Favelas ausschwärmen, sind die der Kabelfernsehfirmen, denn die schwarzen Anschlüsse, die die Drogenbosse als Nebengeschäft vermarkteten, sind ja gekappt. Also ein Prozess der

231

Normalisierung: Aus Slums werden Stadtteile. Besonders begünstigt sind die Favelas in Rios Südzone, also die, die über den Hochhäusern von Copacabana und Ipanema auf den Hügeln stehen. Hier sind die Immobilienpreise dramatisch gestiegen. Wer dort ein Häuschen besitzt, kann es nun in Ruhe ausbauen und den wunderbaren Blick genießen, den man von dort oben hat. Oder sogar Zimmer an Touristen vermieten.

Die Kritik an dem UPP-Konzept liegt auf der Hand: Rio hat um die 1000 Favelas, aber bis 2014, zur Fußball-WM, sind insgesamt vierzig UPPs vorgesehen. Dass die meist in Regionen liegen, die für die sportlichen Mega-Ereignisse wichtig sind, ist der eine Nachteil: Die Befriedung der Stadt gehorcht damit am Ende den Bedingungen, die die Fifa und das Olympische Komitee vorgeben. Und außerdem hat das UPP-Konzept den riesigen Nachteil, das Problem nicht zu lösen, sondern nur zu verschieben. In Niterói, Rios unscheinbarerer Schwesterstadt auf der anderen Seite der Bucht von Guanabara, hat die Kriminalität kräftig zugenommen, seit in Rio die Verbrecher ihre Schlupflöcher verloren haben. Sie ziehen einfach um – fangen will sie die Polizei, wenn sie eine Favela besetzt, ausdrücklich nicht, weil sie keine Schießereien wünscht. Selbst in der Ölstadt Macaé 180 Kilometer östlich von Rio, von wo aus die Hubschrauber zu den Ölplattformen auf hoher See starten, hat die Polizei festgestellt, dass Drogenmafiosi aus Rio zugezogen sind und sich neue, lukrative Betätigungsfelder erschließen.

Kehren wir noch mal zur Mordstatistik zurück: Zwischen 2000 und 2010 hat sich nicht nur in Rio die Zahl der Morde pro 100000 Einwohner beträchtlich verringert – um 42,9 Prozent –, sondern auch in São Paulo, dort sogar um 63,2 Prozent. Brasilien macht also einen friedlicheren, sichereren Eindruck, und das könnte man sowohl der offenbar besseren Politik als auch der besseren Wirtschaftslage zugute schreiben. Aber erstens heißt das nicht, dass das so bleiben muss. São Paulo, wo die Kurve der Mord- und allgemeinen Verbrechensstatistiken seit Jahren nach unten ging, erlebte im zweiten Halbjahr 2012 eine bedrohliche Mord- und Attentatswelle, offenbar die Antwort auf eine Spezialeinheit der Polizei, die als Rambo-Truppe auftrat, was der Innenminister des Bundesstaates São Paulo gebilligt und gefördert hatte. Falsche Politik kann also frühere Erfolge sofort wieder zunichtemachen.

Im Bundesstaat Santa Catarina kam es Anfang 2013 zu einer Angriffswelle, bei der scheinbar wahllos Hunderte von Zielen angegriffen wurden – Linienbusse, Privatautos, Polizeiposten. Anlass sollen nicht nur die miesen Haftbedingungen in den Gefängnissen gewesen sein, sondern offenbar auch die Rivalitäten von Drogenbanden, nachdem neue aus

Rio zugezogen waren und in Santa Catarina Fuß zu fassen versuchten.

Und wenn man sich, zweitens, die Mordrate für ganz Brasilien ansieht, schwächt sich der positive Eindruck sofort weiter kräftig ab. 1980 verzeichnete die Statistik noch 11,7 Morde pro 100 000 Einwohner. Im folgenden Jahrzehnt – der wirtschaftlichen und politischen Krisen – verdoppelte sie sich auf 22,2 im Jahre 1990 und nahm bis 2000 noch einmal auf 26,7 zu. Von 2000 auf 2010 jedoch, also in den zehn Jahren, in denen Rio und São Paulo ihre bemerkenswerten Fortschritte verzeichnen konnten, sank die nationale Mordrate jedoch nur minimal: auf 26,2. Wie erklärt sich das?

»Die Gewalt in Brasilien dezentralisiert sich und wird immer mehr ein Phänomen des Landesinneren«, sagt der Soziologe Julio Jacobo Waisefisz, Co-Autor eines »Atlas der Gewalt in Brasilien«, »wir erleben gerade die Umkehrung des Konzentrationsprozesses der Gewalt, den wir früher festgestellt haben.« Die Gründe ähneln denen, die die Mafiosi zum Umzug von Rio nach Niterói oder Macaé bewogen haben, also die entschiedenere Politik in den Großstädten, in denen sich traditionell das Verbrechen konzentrierte. Außerdem, so sagt Waisefisz, spielt eine Rolle, dass die Industrie und generell die Wirtschaft nicht mehr bloß in den Großstädten vertreten sind, sondern ganz neue Entwicklungspole in früher

234

chronisch armen und unterentwickelten Gegenden Brasiliens entstanden sind – mit sozialen und ökonomischen Verwerfungen und Veränderungen, auf die die traditionellen Gesellschaften in den Regionen nicht vorbereitet sind.

Ein schlagendes Beispiel für diese These wäre der Bundesstaat Bahia, der tropisch-träge geschilderte Schauplatz der lebensfrohen Romane von Jorge Amado. Dort hat sich die Mordrate zwischen 2000 und 2010 vervierfacht: Von 9,4 auf 37,7 Morde pro 100 000 Einwohner.

# 8.
## Brasiliens spektakulärer Aufschwung, von dem Millionen Brasilianer nicht viel merken

Armdick, fettig und schwarz glänzend: Diese schwarze, zusammengekringelte Schlange, die auf dem Ladentisch liegt, sieht aus wie die dicken Kabel, die die Telefongesellschaften vergraben. Aber sie ist nicht zum Telefonieren da, sondern zum Rauchen oder zum Kauen – es ist fumo de rolo, eine Tabakspezialität aus Alagoas im Nordosten Brasiliens. Der Verkäufer schneidet den Tabak mit dem Messer ab, gerade so viel wie der Kunde wünscht. Für die anderen exotischen Tabaksorten braucht er weder Messer noch Waage, sie sind schon portionsweise in Plastikbeutelchen eingeschweißt, und zwar in den Qualitäten »extra forte«, »ultra bom« und »hiper bom«. Und wozu sind diese braunen Holzkugeln gut, die aussehen wie fein geschliffene und flachgedrückte Kastanien? »Das sind Ochsenaugen«, erklärt der Verkäufer, »die legen Sie in ein Glas Wasser, und dann sind Sie geschützt gegen das große Auge, also den neidischen Blick!« Schön und gut, aber was sind das denn für Kugeln – irgendwelche Samenkapseln oder so etwas? »Ich sag's Ihnen doch«, beharrt der Verkäufer feixend, »das sind Ochsenaugen. Einfach Augen vom Ochsen.«

Fast 700 Stände, Buden, Läden, Kneipen, Restaurants und Tanzschuppen hat die »Feira Nordestina« mitten in Rio de Janeiro. Von Aberglaube bis Ziehharmonikamusik, der Nordestino-Markt hat sich auf alles spezialisiert, was aus dem Nordosten Brasiliens kommt. Hier gibt es die typischen Gerichte, die speziellen Schnäpse, die besonderen Süßigkeiten. Die Catuaba-Rinde, die wie Viagra wirken soll. Die ledernen Hüte, die die Hirten tragen. Die CDs, zu denen Forró getanzt wird wie im Nordosten. Womit hier Geschäfte gemacht werden, ist das Heimweh – Heimweh nach einer Heimat, die für die allermeisten Zuwanderer aus dem Nordosten nur noch ferne Erinnerung und verklärte Vergangenheit ist. Von den sechs Millionen Menschen, die in Rio de Janeiro leben, stammt knapp die Hälfte aus dem Nordosten, schätzen die Betreiber des Nordestino-Marktes. Aber die Zeiten der innerbrasilianischen Völkerwanderung sind längst vorbei. Der Markt ist heute eine Wochenendvergnügung für die Cariocas, die Bewohner von Rio, und sogar eine Attraktion für ausländische Touristen.

Man nannte sie »pau-de-arara«, Papageienstange, die Lastwagen mit ihren primitiven hölzernen Aufbauten und einer Plane drüber, weil die Passagiere eng gedrängt saßen wie die Papageien auf dem Ast. In den Fünfzigern und Sechzigern kamen sie unentwegt in Rio de Janeiro und in São Paulo an, vollgepackt mit den Menschen, die ihre trockenen, staubigen Felder aufgegeben und zwölf oder fünfzehn Reisetage auf sich genommen hatten, um in den boomenden Städten des Südens ein besseres Auskommen zu finden. Und in Rio de Janeiro endete seit den vierziger Jahren die Reise auf dem Lastwagen hier in São Cristóvão. Ankommen und Abreisen, Weggehen und Dableiben: Migranten halten sich immer erst mal an solchen Orten des Durch- und Übergangs auf, und so wie der deutsche Bahnhof früher der bevorzugte Treffpunkt der Gastarbeiter war, so richteten sich die Nordestinos rund um die Endstation der Fernlaster ein. Hier wurde die Sanfona (eine kleine Handharmonika) gespielt und Forró dazu getanzt, hier wurde Gebrauchtes und Geklautes verhökert, hier gab es früher fast nur Männer- und kaum Frauenkleidung zu kaufen, und mehr Handwerkszeug und Baumaterial und Schnaps, weil die Männer oft erst mal allein kamen und die Familie später nachholten.

Die oligarchische Alte Republik war 1930 am Ende; man nannte sie die Milchkaffee-Republik, weil die Viehzüchterelite aus Minas Gerais und die Kaffeebarone aus São Paulo einander in der Ausübung der Macht abwechselten. Der Putsch, der Getúlio Vargas an die Macht brachte, war Auftakt einer tiefgreifenden Modernisierung. Brasilien begann sich rapide zu verändern. Die Nordestinos, die in São Cristóvão ankamen, illustrieren nur, was die Statistiken in nüchternen Zahlen ausdrücken. 1940 lebten 31 Prozent der Brasilianer in Städten und 69 Prozent auf dem Land. 1980 hatte sich dieses Verhältnis fast auf den Prozentpunkt genau umgekehrt: 68 Prozent waren Städter, 32 Prozent lebten auf dem Land. Und welche Bevölkerungsstatistiken man auch immer heranzieht, stets bilden sie den rapiden Wandel Brasiliens ab. Von 6,28 auf 1,76 sank zwischen 1960 und 2010 die Zahl der Kinder, die brasilianische Frauen durchschnittlich gebären. Die Kindersterblichkeit bis zum fünften Lebensjahr lag 1990 bei 58 pro tausend Geburten, 2011 war sie auf 16 gesunken.

Den Fortschrittsoptimismus einer Zeit, in der Brasilien – wie eine der Parolen damals lautete – in fünf Jahren fünfzig Jahre Entwicklung nachholen wollte, gossen Lúcio Costa und Oscar Niemeyer in Beton: Die neue Hauptstadt Brasília entstand. Ein Jahrzehnt vorher war Niemeyer übrigens beim Wettbewerb um ein Bauwerk, das ebenfalls den Aufstieg Brasiliens symbolisieren sollte, einem Team von vier bis heute weitgehend unbekannten Architekten unterlegen: Sein Entwurf für das Maracanã-Stadion, damals das größte der Welt, wurde schlicht abgelehnt. »Meiner war auch wirklich schlechter«, sagte er Jahrzehnte später in einem Interview.

239

In den Siebzigern folgte das »milagre econômico«, das brasilianische Wirtschaftswunder, mit seinen spektakulären Großprojekten wie dem Itaipu-Staudamm, dem damals größten Wasserkraftwerk der Welt. Und dem Atomprogramm, das Deutschland den Militärs verkaufte, ohne sich groß um das Entsetzen der USA zu kümmern, die sich sorgten, die Militärs könnten die Atombombe bauen. Aus den kräftigen Wachstumsraten bezogen die Generäle ihre Legitimation zum Regieren, und am Ende auch zum Zensieren und Exilieren, zum Foltern und zum Verschwindenlassen. »Das Wirtschaftswunder und die bleierne Zeit verliefen synchron«, schreibt der Journalist und Historiker Elio Gaspari, »beide waren wirklich, und beide koexistierten, indem sie keinerlei Notiz voneinander nahmen.« Dass das Wirtschaftswunder beileibe nicht für alle wunderbar war, zeigte sich unter anderem an den vielen Straßenkindern. Allein in São Paulo sollen es 600 000 gewesen sein. Oder an den Leibesumfängen: Zwei Drittel der Brasilianer waren unterernährt, stellte die Weltbank 1976 fest.

Angestoßen durch die Ölpreisschocks, begann die Rezession schon in den Siebzigern, und was danach noch verlässlich wuchs, waren die Inflation, die Auslandsverschuldung, die Arbeitslosigkeit, das Haushaltsdefizit und die Gefahr eines Staatsbankrotts. Wie für ganz Lateinamerika waren die Acht-

240

ziger auch für Brasilien ein verlorenes Jahrzehnt. Die Neunziger brachten die Wende zum Neoliberalismus – zunächst schmerzhaft für viele, aber unter dem Strich wohl eher positiv.

Egal ob links oder rechts, ob autoritär oder demokratisch, bis dahin hatte sich der Staat stets als oberste Entwicklungsagentur verstanden. Seine riesigen Staatsbetriebe sollten Massenbeschäftigung garantieren und Defizite in der Entwicklung des Landes ausgleichen. Solide protektionistische Festungsmauern schirmten die brasilianische Produktion gegen billigere und bessere Konkurrenzprodukte des Weltmarktes ab. Die vergleichsweise arbeitnehmerfreundlichen Arbeitsmarktgesetze der Ära Vargas wurden einfach fortgeschrieben, sosehr sich die Welt auch ändern mochte. Vor allem die Autos und die Computer waren damals von berüchtigt mieser Qualität. Und diesem behäbigen Wirtschaftssystem versetzte die radikale Liberalisierung und Marktöffnung Anfang der Neunziger den Todesstoß.

Bei der angeblich größten christlichen Wallfahrt der Welt, dem Círio von Belém, tragen die Gläubigen Symbole dessen mit, was sie von »Nossa Senhora de Nazaré« erflehen oder was durch früheres Flehen schon in Erfüllung gegangen ist: das Modell eines Hauses oder eines Bootes zum Beispiel, oder einen leeren Bierkasten als Dank dafür, dass der Ehemann das Saufen sein gelassen hat. Aber was schon lange nicht mehr mitgeschleppt wird, sind Telefonapparate, um einen eigenen Anschluss zu erflehen. In den Neunzigern, als ein staatlicher Konzern das Fernsprechmonopol hatte, legte man dafür leicht zweitausend Dollar Schmiergeld auf den Tisch. Heute hat jeder Brasilianer rechnerisch mehr als ein Handy, und die privaten Telefongesellschaften sponsern den Círio. Wer will, kann sich sogar ein frommes Círio-Lied als Klingelton auf sein Smartphone herunterladen.

1994 stabilisierte der »Plano Real« die Währung. Die Inflation sank rapide ab, was den unteren Einkommensgruppen am meisten zugutekam. Die alten Staatsbetriebe wurden privatisiert – natürlich mit den üblichen Skandalen und Großbetrügereien, die man ja zur gleichen Zeit auch in Deutschland bei der Privatisierung der DDR-Industrie erlebte –, und manche begannen geradezu kometenhafte Aufstiege.

Zum Beispiel Embraer: Die 1969 gegründete Flugzeugfabrik hatte ein paar kleine Maschinentypen konstruiert und 1981 mit Italien angefangen, Jagdflugzeuge zu bauen. Ende der Achtziger begann noch eine Kooperation mit Argentinien – sozusagen ein politisch gewolltes Flugzeug, das viel zu teuer war und bis auf einen Prototyp nie gebaut wurde. Embraer war Anfang der Neunziger praktisch pleite. Die Firma wurde dann für die Privatisierung aufgepäppelt und 1994 versteigert. Und damit begann

242

der Erfolg des Flugzeugherstellers, der mit dem kanadischen Konkurrenten Bombardier seit Jahren um Platz drei der Branche rangelt, hinter Boeing und Airbus.

In São José dos Campos, noch im Speckgürtel von São Paulo gelegen, werden die Maschinen der 170/190-Serie gebaut, die sich zum Verkaufsschlager entwickelt haben. Sie sind ein gewaltiges High-Tech-Stückwerk, denn die Teile werden aus aller Herren Länder angeliefert: das Heck aus Spanien, die Flügel aus Japan, ein Rumpfsegment aus Belgien, ein anderes aus Brasilien, die Unterhaltungselektronik aus den USA, die Triebwerke ebenso. Was die Embraer-Spezialisten teils per Handarbeit in den lichten Fertigungshallen zusammenfügen, ist also ein hochgradig globalisiertes Produkt, das auf der werkseigenen Landepiste, mit 4967 Metern die längste asphaltierte ganz Amerikas, rigoros getestet wird. Die Brasilianer haben sich neben Business-Flugzeugen und Militärmaschinen vor allem auf die Sparte Regionaljets verlegt, weil sie kalkulieren, dass der Markt dieser mittelgroßen Flugzeuge mit zwischen 70 und 120 Sitzen noch großes Wachstumspotential hat. Allein 2012 hatte Embraer 205 Flugzeuge ausgeliefert, und kaum begann das neue Jahr, da unterzeichneten die Brasilianer einen Vertrag mit der nordamerikanischen Luftlinie Republic Airways über die Lieferung von 47 Düsenflugzeugen, mit der Option auf weitere 47.

243

Der Konzern mit seinen 18000 Mitarbeitern produziert auf drei Erdteilen und hatte 2012 Aufträge im Wert von 12,5 Milliarden Dollar in den Büchern stehen. Die zweimal 47 Flugzeuge für die USA addierten weitere vier Milliarden.

Anfang des Jahrtausends war Embraer ein paar Jahre lang der größte einzelne Devisenbringer Brasiliens, was sich nicht dadurch änderte, dass Embraer schrumpfte, sondern dadurch, dass später einfach noch größere auf den Plan traten. Denn der Flugzeugbauer war kein Einzelfall. So begann Brasilien, das ewige »Land der Zukunft«, endlich mal in der Gegenwart zu prosperieren. Entwicklung, Fortschritt, Massenwohlstand – all das schien nicht mehr ein Versprechen für die Zukunft, sondern die Beschreibung einer beginnenden Gegenwart zu sein. Diese Zuversicht projizierten die Brasilianer Ende 2002 auf Luiz Inácio Lula da Silva, der damals – im vierten Anlauf – die Präsidentschaftswahl gewann.

Müsste sich ein Drehbuchautor für seinen Protagonisten einen Lebenslauf ausdenken, der die jüngere Geschichte Brasiliens verkörpert, er läse sich mit hoher Wahrscheinlichkeit so ähnlich wie die Vita des Ex-Präsidenten. 1945 geboren, wuchs er im Nordosten unter ärmlichsten Verhältnissen auf. Der Vater ging zum Arbeiten nach São Paulo, die Mutter kletterte mit ihren acht Kindern ebenfalls auf den »pau-de-arara« nach Süden und schlug sich dort, weil

244

Lulas Vater eine neue Familie gegründet hatte, alleine durch. Als Kind musste Lula mitarbeiten, unter anderem als Schuhputzer. Aber dann machte er eine Lehre als Maschinenschlosser, engagierte sich in der Gewerkschaft, war führend bei der Organisierung von Streiks in der Metallindustrie und wurde 1975 zum Chef der Metallarbeitergewerkschaft gewählt. Während zur gleichen Zeit in Polen der Solidarność-Führer Lech Wałęsa das kommunistische System ins Wanken brachte, blieb die Militärregierung in Brasília zunächst hart. Lula wurde, wie viele andere damals, verfolgt, überwacht und zeitweise eingelocht. Der deutsche Bundeskanzler Helmut Schmidt machte Lulas Freilassung zur Bedingung seiner Brasilienreise 1980, die in erster Linie das Atomprogramm zum Thema hatte.

Als sich die Diktatur zu öffnen begann, gründete Lula zusammen mit anderen Linken, Gewerkschaftern, Intellektuellen und zur Befreiungstheologie neigenden Kirchenleuten die Arbeiterpartei, Partido dos Trabalhadores (PT). Zum ersten Mal entstand in Brasilien eine undogmatische, unabhängige, linke Programmpartei – eine Neuheit in der Geschichte der brasilianischen Parteien, die bis dahin, wenn sie links waren, ausländischen Vorbildern nachgeeifert oder gar deren Befehlen gehorcht hatten oder, wenn sie nicht links waren, entweder die Oligarchie vertraten, schlichte Wahlvereine für ihren jeweiligen Prin-

245

zipal waren oder sich, speziell zur damaligen Zeit, den Interessen der Militärregierung fügten. Dagegen kann man Lulas Arbeiterpartei mit ihrer grob gesagt sozialdemokratischen Programmatik sicherlich als Ausdruck der Modernisierung Brasiliens auf der politischen Ebene verstehen: Sie war damals eine Art Systemalternative, ohne das System ganz und gar in Frage zu stellen. Und sie profilierte sich als die Partei, die die politische Moral hochhielt und die Korruption anprangerte, die sich als Garant von Sauberkeit und Transparenz empfahl – schwer nachzuvollziehen heute, nachdem 2012 der Oberste Gerichtshof in einem spektakulären Verfahren führende Mitglieder der PT und ihrer Verbündeten wegen Korruption verurteilt hat. Denn engste Mitarbeiter Lulas hatten zu Beginn seiner Präsidentschaft Millionenbeträge aus Staatsbetrieben abgezweigt, um widerspenstige Rechtsparteien mit monatlichen Zahlungen für die Unterstützung seiner Regierung einzukaufen.

**Die weiße Weste – Brasiliens neue Kleiderordnung?**

Die Hauptstadtjournalisten glaubten ihren Augen nicht zu trauen: Ausgerechnet »Initiativen für mehr Transparenz« strich eine Ausstellung im brasilianischen Senat heraus, die das langjährige Wirken seines Präsidenten José Sarney würdigte – und das im Jahr 2009! Die Presseleute hatten es ein bisschen anders in Erinnerung: 2009 war das Jahr der Senats-

246

skandale, und der größte davon war die Enthüllung, dass das Haus jahrelang, also unter Sarneys Verantwortung, Nepotismusbeschlüsse geheim gehalten hatte – von wohldotierten Arbeitsverträgen für Verwandte bis zur lebenslangen Übernahme der Zahnbehandlung von Ehepartnern ehemaliger Parlamentarier.

Der kleinere der damals publik gewordenen Skandale: Die 10000 Beamten, die der aus 81 Senatoren bestehenden kleineren Parlamentskammer zuarbeiteten, waren in 136 Direktionen organisiert. Als das publik wurde, zählte man die Direktionen noch mal nach und fand weitere 45, alle mit einem hochbezahlten Direktor an der Spitze. Eine davon hatte ihre Büros im Flughafen von Brasília und widmete sich als einzigem Daseinszweck der »Unterstützung am Flughafen«, half also den Senatoren beim Ankommen und Abfliegen. An der Ausstellung, die auf 76 Tafeln die vier Mandate des mit 82 Jahren nicht mehr antretenden Sarney würdigte, waren übrigens 23 Direktionen und Sekretariate beteiligt.

Brasilien leistet sich die zweitteuersten Parlamentarier weltweit. Mit 7,4 Millionen Dollar jährlich, so eine Untersuchung der Vereinten Nationen, liegt jeder der 81 Senatoren und 513 Abgeordneten dem Steuerzahler durchschnittlich auf der Tasche. Teurer sind die Volksvertreter nur in den USA (9,57 Millionen Dollar), während die Argentinier (1,92 Millionen) oder die Mexikaner (1,78 Millionen) relativ wenig für ihre Parlamentarier bezahlen. Neben üppigen Freiflugkontingenten, Wohnungsbeihilfen oder luxuriösen Krankenversicherungen haben brasilianische Abgeordnete das Recht, bis

247

zu 25 Berater anzustellen. Fünfmal so viele wie ihre französischen Kollegen.

Über wenig schimpft das Volk so sehr wie über seine Vertreter, und nicht nur wegen des Geldes. Zum Beispiel Renan Calheiros: Er wurde Nachfolger von Sarney, obwohl er 2007 – da war er schon einmal Senatspräsident – zurücktrat, nachdem die Presse außer zahlreichen anderen Unregelmäßigkeiten enthüllt hatte, dass ein Bauunternehmen die 12 000 Reais Alimente monatlich für die Ex-Geliebte Calheiros und ihr gemeinsames Kind zahlte. Um Haaresbreite wäre ihm damals das Mandat aberkannt worden. Aber nach einiger Zeit war er wieder da – und wieder ganz oben.

Auch auf den unteren staatlichen Ebenen genießen Amtsträger keinen guten Ruf. Die Stadträte in den 5569 brasilianischen Gemeinden gelten als ineffizient. Sie verleihen Ehrenbürgerschaften und denken sich viele neue Straßennamen aus, aber ihrer Pflicht, den Bürgermeister und seine Verwaltung zu kontrollieren, kommen sie im Allgemeinen schlecht nach. In Brasilien ist es üblich, dass Politiker die Partei wechseln wie das Oberhemd. Aber damit wechselt auch die politische Loyalität, und das stärkt die Kontrollfunktion der Gemeindeparlamente gar nicht.

Und so kommt es zu den erstaunlichsten und empörendsten Skandalen – etwa dem, den die Presse »Blutsaugerskandal« nannte: Überteuerte Ambulanzwagen, die eine Mafia den Gemeinden andrehte, indem sie die bestachen, die über die Anschaffung zu entscheiden hatten. Oder die haarsträubende Mischung aus Inkompetenz und Kriminalität, die die entscheidenden Politiker nach den verheerenden Regenfällen im Januar 2011 in den Bergen oberhalb von Rio an den Tag legten. Über 900 Menschen kamen damals ums Leben, 30000 verloren das Dach überm Kopf – und gleich nach dem Unglück, als die Aufträge wegen der Dringlichkeit nicht ausgeschrieben wurden, stieg das Bestechungsgeld von den üblichen zehn auf fünfzig Prozent des Auftrags, gab später ein Bauunternehmer zu Protokoll. In den Städten Teresópolis und Nova Friburgo wurden die Bürgermeister wegen Korruption ihrer Ämter enthoben. Umgerechnet 300 Millionen Euro stellte allein die Bundesregierung in Brasília zum Wiederaufbau bereit, aber ein Jahr später war nicht einmal ein Siebtel davon abgerufen. Und zwei Jahre danach waren gerade mal zehn der 65 Brücken fertig, die die Fluten mitgerissen hatten.

Und so weiter und so weiter: Im traditionell armen Bundesstaat Ceará engagierte der Gouverneur Cid Gomes – national bekannt geworden durch eine Dienstreise nach Paris, bei der auch die Schwiegermutter auf Staatskosten mitdurfte – den Showstar Ivete Sangalo für 240000 Euro Abendgage, um ein Hospital einzuweihen; ein paar Tage später brach die Fassade des noch nicht funktionierenden Krankenhauses zusammen. Bürgermeister und Stadträte in von Dürre betroffenen Gemeinden erhöhen sich die Bezüge um 70, 100 oder gar 272 Prozent, nicht wiedergewählte Bürgermeister plündern einfach die Stadtkasse und setzen sich ab. Und auf die Kontrollinstanzen ist nur bedingt zu vertrauen: Der Landesrechnungshof für den Bundesdistrikt Brasília zahlt seinen Fahrern, Kellnern und Fahrstuhlführern Monatsgehälter von bis 4800 Euro. Mehr als ein Professor an der Uni Brasília verdient.

Korruption kostet das Land zwischen 1,4 und 2,3 Prozent des Bruttoinlandsproduktes im Jahr, schätzt der Unternehmerverband Fiesp. Und sie ist in Brasilien tief verwurzelt. Zwischen 23 und 35 Prozent der Brasilianer, so eine Untersuchung der Universität von Minas Gerais, finden nichts dabei, bei der Steuer zu mogeln, einem Polizisten etwas zuzustecken, um ein Strafmandat zu vermeiden, oder sich schwarz ans Kabelnetz anzuschließen. Korrupt sind immer die anderen, und zwar vor allem die, die ein öffentliches Amt bekleiden.

Aber langsam ändert sich das. Präsidentin Dilma Rousseff hat sich, anders als ihr Vorgänger Lula, von allen Ministern getrennt, gegen die sich die Korruptionsvorwürfe erhärteten – sechs in sechs Monaten. In der Rangliste der Korruptionswahrnehmung, die Transparency International aufstellt, belegt Brasilien den 73., also einen mittleren Platz. Als der größte Fortschritt der letzten Jahre gilt das »Weiße-Weste-Gesetz«, nach dem zu Wahlen nur Politiker antreten dürfen, denen in den acht Jahren davor das Mandat nicht aberkannt wurde und die auch nicht zurückgetreten sind, um genau dem zuvorzukommen. Aber es war ein langer, harter Kampf: Die Kampagne dafür begann 1997 mit Unterstützung der katholischen Bischöfe. Nach einer Unterschriftenaktion verabschiedete das Parlament 2010 das Gesetz, und zum ersten Mal angewendet wurde es bei der Kommunalwahl 2012.

In den Neunzigern hing Lula jedoch der Ruch des ewigen Verlierers an. Die Presse stellte ihn als gefährlichen Wirrkopf dar und attackierte ihn unverblümt mit allen Mitteln, auch mit unfairen. Aber Ende der Neunziger änderte sich die Stimmung. Die Wirtschaft stabilisierte sich und wuchs. Immer mehr Brasilianer sehnten sich nach einem sozialen Korrektiv für den ungezügelten Neoliberalismus, der zwar die Volkswirtschaft geradezu dramatisch modernisierte, aber zugleich den horrenden sozialen Rückstand offenbarte, unter dem die damals neunt- oder zehntgrößte Volkswirtschaft der Erde litt. Lula begann nun ordentliche Anzüge mit Krawatte zu tragen, sein Bart war adrett gestutzt, und auch inhaltlich legte er so ziemlich alles ab, womit ihn seine Gegner als Bürgerschreck hätten diskreditieren können. 2002 gelobte er kurz vor der Wahl öffentlich, die marktfreundliche Wirtschaftspolitik seines Vorgängers im Wesentlichen fortzuführen.

Während die Bush-Administration in Washington mal wieder von einem gefährlichen Linksruck für ganz Lateinamerika schwadronierte – denn Lula war damals nicht der einzige Spitzenpolitiker Lateinamerikas, der für energische soziale Korrekturen am Neoliberalismus eintrat –, wählten die Brasilianer Lula. Manche hatten Tränen in den Augen, viele empfanden es als eine entscheidende Zeitenwende: Zum ersten Mal in der Geschichte des Landes trug ein Arbeiter die grün-gelbe Amtsschärpe. Schon acht Jahre vorher, als Lula-Vorgänger Fernando Henrique Cardoso antrat, war es eine kleine Sensation, dass ein Soziologieprofessor Staatschef wurde, denn vorher hatten fast ausnahmslos Militärs, Juristen oder Großgrundbesitzer das höchste Amt inne – und nun sogar ein Arbeiter!

An seinem ersten Amtstag sagte Lula in einer Mischung aus Pathos und Rührseligkeit, wenn er erreiche, dass am Ende seiner Amtszeit jeder Brasilianer täglich dreimal satt zu essen habe, dann werde er schon erfolgreich gewesen sein. Fome Cero, das Null-Hunger-Programm, war allerdings erst mal ein fürchterliches Durcheinander, der schwache Start eines eigentlich starken Projektes. Erst als alle Sozialprogramme für die Ärmsten zum sogenannten »Bolsa Familia« vereint waren, wurde aus der Sozialpolitik der durchschlagende Erfolg, der Lula 2006 die Wiederwahl sicherte und 2010 der von ihm protegierten Nachfolgerin Dilma Rousseff mit ins Amt verhalf.

Erfunden hat die Regierung Lula das Programm allerdings nicht, obwohl es weltweit Beachtung und Nachahmung fand. Es war eher die Zusammenfassung und kräftige Ausweitung bereits bestehender Sozialhilfen, deren Auszahlung an vernünftige Bedingungen geknüpft wurde – vor allem die Babys impfen zu lassen und die schulpflichtigen Kinder

252

in die Schule zu schicken. Tatsächlich gehen heute auch in den entlegensten Ecken Brasiliens praktisch alle Kinder zur Schule. Wie viel sie dort lernen, steht wegen der dürftigen Qualität des Unterrichts in einem immer noch erschreckend schlechten Schulsystem auf einem anderen Blatt. Aber der ökonomische Mechanismus funktioniert: Es ist einträglicher, die Kinder in die Schule statt zum Arbeiten zu schicken.

Erstaunlich – jedenfalls für einen europäischen Beobachter – war die furiose, geradezu wütende Kritik, die weite Teile des brasilianischen Bürgertums dem Bolsa-Familia-Programm entgegenbrachten. »Assistencialismo«, in dieser Vokabel fließt die Missbilligung einer staatlichen Leistung zusammen, die erbracht wird, ohne dass der Empfänger dafür arbeiten muss. Aber das Wort hat eigentlich einen anderen historischen Hintergrund. Damit wurden die Wahlgeschenke bezeichnet, die die Politiker alten Schlags kurz vor der Wahl zu machen pflegten – heute ist das offiziell verboten, selbst das Verteilen von Baseballkappen mit dem Logo des Kandidaten ist untersagt –, um sich im Gegenzug die Stimme des Beschenkten zu sichern. Politiker beteiligten sich an Beerdigungskosten eines Verblichenen ihrer potentiellen Wähler, sie schickten im Wahlkampf Wasserwagen in die unter Trockenheit leidenden Gemeinden im Nordosten, sie bezahlten sogar Ärzte, die mittellose Frauen sterilisierten; im Bundesstaat Bahia nahmen die Sterilisationen immer in Wahljahren zu und in Jahren ohne Wahl ab.

Dass die korrupten Methoden der alten Zeiten heute verboten sind, heißt nicht, dass es sie nicht mehr gibt. Aber ein staatliches Sozialprogramm für die Ärmsten in einem Atemzug mit solchen Stimmenkaufpraktiken zu erwähnen, das deutet schon auf ein hohes Maß an sozialer Kälte unter den brasilianischen Besserverdienenden hin – oder auf eine völlige Unkenntnis des Sozialstaatsgedankens. Auch die Unterstellung, Bolsa Familia entmutige die Empfänger zu arbeiten, ist beliebt bei den Regierungsgegnern – kein besonders starkes Argument, wenn man sich die vielen Gemeinden Brasiliens ansieht, in denen die Stadtverwaltung der einzige Arbeitgeber weit und breit ist. Oder wenn man bedenkt, dass grundsätzlich nur Familien mit einem Monatseinkommen von bis zu 45 Euro pro Person bezugsberechtigt sind. Und dabei ist diese Art des Sozialtransfers nicht einmal teuer. Lula-Nachfolgerin Dilma Rousseff hat die Leistungen 2012 noch mal ausgeweitet, so dass nun knapp 14 Millionen Familien bedient werden. Das kostet 20 Milliarden Reais, also knapp acht Milliarden Euro, und das waren gerade mal 2,5 Prozent des Bundeshaushaltes der mittlerweile sechstgrößten Ökonomie der Erde.

Während die Regierung Lula in Brasilien die Fundamente eines modernen sozialstaatlichen Systems legte, das es in dieser Form und in diesem Ausmaß in Brasilien noch nie gegeben hatte, hatte sie auch noch das Glück einer günstigen Konjunktur. Eisenerz und Soja, Orangensaftkonzentrat und Hühnchenfleisch, Tabak und Kaffee, Ethanol und Rindersteaks, Zucker und Öl, von all dem produzierten die Brasilianer immer mehr, und sie setzten es zu immer besseren Preisen ab. Zwei Drittel der Exporte waren 2012 solche »commodities«, also agrarische und mineralische Rohstoffe, im dritten Drittel sind Flugzeuge, Autos, Maschinen, Konsumgüter erfasst. 2002 herrschten im Gefolge der Argentinien-Krise noch Angst und mitunter sogar Panik in Brasilien, aber drei Jahre später war das vorbei. Das Land produzierte und exportierte wie selten zuvor, und Lula war in der politisch außerordentlich komfortablen Lage, die Armen weniger arm und die Reichen immer reicher werden zu lassen. Sein Wahlkampfversprechen, zehn Millionen neue Jobs zu schaffen, erwies sich als längst nicht so illusorisch, wie es 2002 zu sein schien – Anfang 2013 herrscht praktisch Vollbeschäftigung. Mittlerweile kommen die Brasilianer, die in früheren, dürren Jahren ihr Glück im Ausland gesucht hatten, in Scharen zurück, und seit in Europa die große Krise herrscht, suchen immer mehr gut qualifizierte Spanier und Portugiesen in Brasilien nach Arbeit. So wie ein Menschenalter früher, nach dem Krieg. Bloß dass

255

damals die Bäcker und Krämer kamen und heute die Ingenieure und Ökonomen.

Mit dem Ethanol meinte Brasilien, das den Grundstoff Zucker zur Hälfte des Weltmarktpreises produziert, eine Energiequelle zur Verfügung zu haben, mit der die halbe Welt zu versorgen wäre. Aber der nachwachsende Energieträger Alkohol trat schnell in den Hintergrund, als 2007 die riesigen Schwerölvorkommen entdeckt wurden, die im Festlandssockel ruhen. Zwischen elf und sechzehn Milliarden Barrel, womöglich sogar doppelt so viel, lagern unter einer dicken Gesteins- und Salzschicht in bis zu acht Kilometern Tiefe: Brasilien als eine der großen Ölsupermächte – Lula berauschte sich an dieser Zukunftsvision, und mit ihm das ganze Land.

Als Brasilien im Jahr 2006 so viel Öl förderte, wie es verbrauchte, also nominell zum Selbstversorger wurde, besuchte Lula eine Ölplattform und ließ sich mit seinen in Öl getauchten Händen fotografieren. Eine Reminiszenz an Getúlio Vargas, der im Zuge seiner nationalistischen Petroleumpolitik ebenfalls seine schwarzglänzenden Hände der Kamera entgegengestreckt hatte. Allerdings ist die Selbstversorgung eine eher patriotische als ökonomische Kategorie. Um die Inflation zu dämpfen, muss der halbstaatliche Erdölkonzern Petrobras sein Benzin und Diesel für einen Preis abgeben, der deutlich unter dem Weltmarktpreis liegt. Da sich die Brasilianer aber in den vergangenen Jahren den schönsten aller Konsumträume erfüllt und massenhaft Autos gekauft haben, muss Petrobras auf dem Weltmarkt zu hohen Kosten Benzin zukaufen und es dann auf den brasilianischen Preis heruntersubventionieren. Dafür gewährt der Staat seinem Konzern Steuernachlässe. Den Autofahrer freut das natürlich, aber der Staat und sein Ölkonzern bezahlen teuer dafür, vom Klima und der Umwelt ganz zu schweigen. Mit diesem Absurdum steht Brasilien nicht alleine da. 2010 wurden weltweit 409 Milliarden Dollar für die Subventionierung der fossilen Treibstoffe ausgegeben.

Was die Aussichten auf den ganz großen Deal mit dem Tiefseeöl im Einzelnen bedeuten, lässt sich in Macaé schon jetzt beobachten. Die Stadt, 180 Kilometer östlich von Rio de Janeiro gelegen, ist der wichtigste Stützpunkt der Offshore-Ölförderung Brasiliens, weshalb auf keinem anderen Flugplatz Lateinamerikas mehr Hubschrauber starten und landen als hier. »Das Wirtschaftswachstum bei uns ist so dynamisch, dass die Stadtplanung furchtbar schwierig wird«, sagt Cliton da Silva, der Wirtschaftsreferent der Stadt. Was das in der Praxis heißt, illustriert er anhand der neuen Verwaltung von Petrobras in Macaé: »Für den Übergang haben sie drei Gebäude angemietet, aber als der Neubau eingeweiht wurde, war ihr Platzbedarf schon wieder so angewachsen, dass sie die drei Provisorien weiterhin auf Dauer mieten mussten.« Mehr als zwei Jahre könne die Ölindustrie zurzeit nicht planen. Wie soll da die Stadt wissen, wo sie wie viele Straßen asphaltieren, Abwasserrohre legen oder Hafenanlagen bauen lassen soll?

1974 wurde vor Macaé, in der Bucht von Campos, Öl gefunden. Kurz darauf begann der Boom in der Stadt, die vorher von Landwirtschaft und Fischerei gelebt hatte. Von Macaé aus begann Petrobras die Ölplattformen aufzustellen, zu warten, zu versorgen. Heute zählt die Stadt 3000 Firmen, die an der Ausbeutung der 775 Bohrlöcher beteiligt sind – von den großen Expertenfirmen wie Schlumberger und Halliburton bis zu kleinen, teils hochspezialisierten Dienstleistern. Frauen scheint es am Abend in den großen, modernen Hotels am Strand von Imbetiba, nahe dem Petrobras-Hafen, nicht zu geben. Nur müde Männer in Shorts und Schlappen sitzen beim Feierabendbier auf der Terrasse, und im Aufzug hängt der Aushang, dass der Petrobras-Werksbus um 6:15 Uhr vorbeikommt. In keiner anderen Stadt im Bundesstaat Rio de Janeiro entstehen jährlich so viele neue Jobs wie im 210 000 Einwohner zählenden Macaé. Dass hier viel Geld verdient wird, lässt schon die Speisekarte ahnen. Die Pizza ist so teuer wie in den Nobelvierteln von Rio de Janeiro.

»Vor ein paar Jahren haben wir gedacht, dass der Ölboom bei uns seinen Höhepunkt überschritten hat«, sagt da Silva. Aber dann begann plötzlich ein neuer Boom, spektakulärer und zukunftsträchtiger, als es sich die größten Optimisten jemals hätten ausmalen können. Brasiliens Werften, die vor zehn Jahren noch ums Überleben kämpften, hatten 2012 Aufträge von 6,2 Millionen Bruttoregistertonnen in den Büchern stehen. Um an das Tiefseeöl zu kommen, werden in den nächsten Jahren bis zu 510 Versorgungsschiffe, 97 Plattformen und 60 Tanker gebraucht – Neuanschaffungen in der Größenordnung von 150 Milliarden Dollar. Hinzu kommen neue, private Häfen, über die mineralische und landwirtschaftliche Commodities – von Soja bis Eisenerz – auf den Weltmarkt geschleust werden. Ein Großteil des Küstenstreifens ist dadurch zum Boomgebiet geworden. Und Macaé liegt mittendrin.

Im Nachhinein hat sich Lulas Versprechen, jeder Brasilianer soll künftig dreimal am Tag genug zu essen haben, als außerordentlich bescheidenes Ziel entpuppt. Die Sozialpolitik war zwar der Stolz der Regierung Lula und 2006 der Grund, warum die Wiederwahl reibungslos gelang. Aber die entscheidenden, riesigen sozioökonomischen Veränderungen der acht Lula-Jahre gehen vor allem auf die Konjunktur zurück. Der Ökonom Marcelo Neri spricht von einer »goldenen Epoche«, und zwar weniger wegen besonders hoher Wachstumsraten, sondern wegen der extremen Veränderungen der brasilianischen

Gesellschaft. Auch seit der Delle 2008/2009 – denn mehr als eine Delle in der Wachstumskurve war die Weltkrise in Brasilien nicht – wachsen die Einkommen, sinkt die Armut, und »die gute Nachricht ist, dass die Ungleichheit spektakulär sinkt«, sagt Neri.

Der Gini-Index, der Ungleichheit misst, hatte 2012 den tiefsten Stand erreicht, seitdem er für Brasilien überhaupt erfasst wird. »In China, in Indien, in Südafrika weitet sich die Kluft, und in den hochentwickelten Staaten ist das ebenso«, sagt Neri, »aber im brasilianischen Kuchen steckt die Hefe vor allem unten im Teig.« Seit 2000 fällt Neris Forschungen zufolge die Ungleichheit konstant. Wobei freilich »Brasilien immer noch zu den sehr ungleichen Ländern gehört, aber das ändert sich eben, und das in Zeiten einer Weltwirtschaftskrise!«

Neri hat die Entwicklung der brasilianischen Mittelschicht analysiert, die zwischen den Armen (mit einem Familieneinkommen von bis zu umgerechnet 596 Euro) und den Reichen (von 2571 Euro an aufwärts) angesiedelt ist. Die Zahl der Menschen, deren Finanzen sich in dieser Spanne bewegen, habe sich geradezu dramatisch erhöht: »Von 2003 bis 2011 sind vierzig Millionen Brasilianer in die Mittelklasse aufgestiegen, von 2012 bis 2014 kommen weitere 13 Millionen dazu.«

Auch die Oberklasse legt kräftig zu, von 13,3 Millionen im Jahr 2003 auf 29 Millionen in 2014. Und das alles geht natürlich nur zum geringsten Teil auf staatliche Sozialtransfers zurück. »Die Angehörigen der neuen Mittelklasse haben feste, formelle Arbeitsverhältnisse, sie bekommen weniger Kinder, und diese Kinder erhalten eine bessere Ausbildung«, sagt Neri. Mit anderen Worten: »Der Aufstieg ist nachhaltig.«

Gegen diesen Befund kann man natürlich einwenden, dass unter diesem Begriff von Mittelschicht oder Mittelklasse sehr unterschiedliche Lebensrealitäten zusammengefasst sind: Eine Familie, die 597 Euro hat, lebt ganz anders als eine, die im Monat über 2570 Euro verfügt, obwohl sie beide in die »classe C«, die Mittelschicht, eingeordnet werden. Ein weiterer Kritikpunkt ist der Begriff »Mittelschicht«. Ein Großteil der Aufgestiegenen könne einfach mehr konsumieren, sagen die Kritiker, aber deshalb fielen sie noch lange nicht unter den – hier sicher eher europäisch und bürgerlich gefassten – Begriff Mittelschicht. Denn der sei verknüpft mit Sparen und Guthaben, mit langfristigen Zukunftsinvestitionen und Lebensplanungen, argumentiert etwa Neris Kollege Marcio Pochman, und das trifft zweifellos auf einen Großteil der vierzig Millionen nicht zu. Ihr Aufstieg heißt vor allem verschärftes Konsumieren. Um vierzig Prozent ist die brasilianische Wirtschaft zwischen 2004 und 2011 gewachsen, und das unter anderem deshalb, weil »die Regierung den Brasilianern immer

261

gesagt hat, geht einkaufen!«, wie das Wirtschaftsmagazin »Exame« schreibt.

Statt löslichem Kaffee, Margarine und Kernseife
nun Eis, Joghurt und Weichspüler – damit ist der
Wandel der Konsumgewohnheiten plastisch, aber
unvollständig beschrieben. Seit 2005 ist die Pkw-
Flotte von 25,4 auf 35 Millionen sechs Jahre später
angewachsen. Das Motorrad, das klassische Auf-
steigervehikel, ist mit 15,3 Millionen Exemplaren
doppelt so häufig vertreten wie 2005. Walmart hat
neuerdings größere Herde ins Programm genommen – Herde mit sechs Feuerstellen sind der brasilianische Hausfrauentraum. Vor einiger Zeit machte
ein Wohnblock im Norden São Paulos Schlagzeilen:
Die 264 Appartements mit einem Durchschnitts-
preis von unter 50 000 Euro waren innerhalb von
acht Stunden verkauft. Millionen von Brasilianern
sind in den vergangenen Jahren zum ersten Mal in
ihrem Leben in ein Flugzeug gestiegen – typischerweise um ihre Herkunftsfamilie im ehemals armen
Nordosten zum ersten Mal seit Jahrzehnten zu besuchen. In fünf Jahren hat sich die Zahl der Inlands-
flüge verzweieinhalbfacht.

Im Windschatten des Aufschwungs gedeihen
die erstaunlichsten Karrieren, so wie die von Carla
Renata Sarni, die 1995 als Dentistin anfing und
heute Chefin des Zahnklinik-Imperiums Sorri-
dents – etwa: Zahnlächeln – ist, dessen 140 Kliniken

262

praktisch nur in Unterschichtsvierteln liegen. Auch die Großkonzerne stellen sich auf die neue Klientel ein. Nestlé war der Vorreiter. Schon 2006 begannen die Schweizer mit einem System des Verkaufs von Haus zu Haus, das sich direkt an Niedrigverdiener wendete – ein Riesenerfolg, denn im Billigsegment Brasiliens setzte Nestlé 435 Millionen Euro um, und das, obwohl die Produkte des Tür-zu-Tür-Verkaufs sogar zehn bis zwanzig Prozent teurer sind. Neuester Nestlé-Schlager ist ein schwimmender Supermarkt: ein Schiff, das die Flussanrainer im Amazonasgebiet mit Nestlé-Gebinden versorgt.

Das verweist auf eine unter den Verkäufern geschätzte Eigenart des brasilianischen Konsumenten: Er will nicht erst sparen, sondern sofort konsumieren. Das Wachstum ging einher mit zwanzig Millionen neuen, formellen Arbeitsplätzen, aber 94 Prozent der zwanzig Millionen neuen Arbeitsplatzinhaber, sagt Pochman, verdienten nur bis zu anderthalb Mindestgehälter, also 376 Euro. Sie haben jedoch einen Lohnzettel, mit dem sie Kredit aufnehmen und ihren Konsumhunger stillen können. Und das tun sie – sie konsumieren auf Pump. Das gilt für alle Klassen. Selbst Range Rover verkauft sechzig Prozent seiner Edeljeeps in Brasilien per Ratenzahlung.

Als »perverses Element« der brasilianischen Alltagskultur bezeichnet der Ökonom Marcio Rolla die Allgegenwart des Ratenkaufs. Als Vorreiter führt er

263

Casas Bahia an, eine Möbel- und Elektrokette mit über 500 Niederlassungen: »Die haben nicht Erfolg gehabt, weil sie dem Kunden den günstigsten Preis versprachen, sondern die größte Zahl an kleinen Raten.« Menschen, die nur kaufen, wenn sie vorher das nötige Geld zusammenhaben, werden, etwa im Wirtschaftsteil der Zeitung »O Globo«, als zwar rational handelnde, aber unwirkliche und eigentlich gar nicht vorkommende Fabelwesen beschrieben. Und das sind sie wohl auch. Denn Brasilien ist privat verschuldet wie nie zuvor. Die Schulden der brasilianischen Familien beliefen sich 2012 auf rund 45 Prozent des gesamten privaten Einkommens der vorangegangenen zwölf Monate. 2007 waren es noch 25 Prozent. Für Zins und Tilgung gingen 2012 jeden Monat 22,4 Prozent des Einkommens drauf (2007: 17,7 Prozent). Und bei fast acht von 100 Darlehen hinken die Schuldner mehr als neunzig Tage mit Zins und Tilgung hinterher. Mit anderen Worten, sie sind praktisch pleite.

Rolla führt den sorglosen Umgang mit geliehenem Geld auf die Geschichte zurück: »Ein brasilianischer Markt existiert erst seit 1808, als der portugiesische Hof auf der Flucht vor Napoleon in Rio de Janeiro ankam, und einen reifen Markt gibt es erst seit dem Plano Real«, also der Einführung einer stabilen Währung 1994. Vorher war Brasilien »vielleicht das kapitalistischste unter den sozialistischen Ländern«, ironisiert Rolla die Lenkung der Wirtschaft durch die Militärregierung, auf die die Hyperinflation folgte: »Sparen war sinnlos.« Und Kreditkarten, mit denen heute selbst eine Schachtel Zigaretten bezahlt wird, waren noch vor zwanzig Jahren nutzlos, weil niemand sie akzeptieren mochte.

Wie unbedacht die überschuldeten Brasilianer mit Krediten umgehen, zeigt sich indirekt in der Infantilität der Ratschläge, mit denen sich »Finanzerzieher« zu Wort melden: Die 100 Reais Zinsbelastung pro Monat mit zwölf multiplizieren, raten sie, damit man sich klarmacht, wie viel im Jahr zusammenkommt. Oder die Ausgaben wenigstens einen Monat lang mal aufschreiben, damit man sieht, wo das Geld bleibt. Banal, aber offenbar nötig: Der durchschnittliche Brasilianer hat keine Ahnung, wo 26 Prozent seines Geldes verschwinden, ergab eine Studie im Auftrag von Visa. Selbst vor den schmerzhaftesten der in der brasilianischen Bankenwelt üblichen Folterwerkzeuge schrecken die Kreditnehmer nicht zurück. Der berüchtigte »cheque especial«, ein Überziehungskredit, wird auf den Kontoauszügen mancher Banken zusammen mit dem Guthaben als »verfügbar« ausgewiesen – nahm man ihn 2012 in Anspruch, kassierten die Banken 174 Prozent Zinsen im Jahr. Auf diese absurde Art standen 2012 die Schuldner mit umgerechnet neun Milliarden Euro in der Kreide. Auch die Unüberlegtheit, die Kreditkarte nicht als Zahlungsmittel, sondern als Kreditquelle einzusetzen, ist teuer und weit verbreitet. Und die Kreditkartenfirmen fördern das auch noch, indem sie zulassen, dass ein Kauf auf zwei Karten verteilt werden darf. Das sei »absolut unanständig«, meint Rolla. Ein Begriff von Wucher gebe es in der Praxis gar nicht: »Das reguliert allein der Markt über die Zahlungsunfähigkeit.«

In Deutschland oder Japan ist der Konsum mit steigendem Einkommen gewachsen, in Brasilien jedoch mit der Ausweitung des Kredits. Das hat der Wirtschaft gutgetan in den letzten Jahren des Aufschwungs, aber nun beginnt der Zauber offenbar langsam zu verfliegen. Bei zehn Millionen verschuldeten von rund fünfzig Millionen Haushalten scheinen die Grenzen des Ausgebens auf Pump langsam erreicht zu sein. Wenn der Staat künftig Anreize zum Konsumieren gibt, um die Konjunktur anzufeuern – durch etwa niedrigere Zinsen für Kredite oder Steuererleichterungen für Autos, Fernseher und Eisschränke –, wird das immer weniger Wirkung zeigen, und genau das zeichnete sich Anfang 2013 schon ab: Obwohl die Regierung im Vorjahr eine Vielzahl solcher Kaufanreize spendierte, registrierte Brasilien nur ein »Pibinho«, ein Miniaturwachstum des Bruttoinlandsproduktes von rund einem Prozent. Die Industrieproduktion ist 2012 sogar um 2,7 Prozent gefallen.

Dreimal am Tag satt werden: Paradoxerweise hat die Regierung Lula dieses Ziel zugleich übertroffen und verfehlt. Denn den berühmten vierzig Millionen, die in die »Classe C« aufgerückt sind, steht ein kräftiger Anteil der brasilianischen Bevölkerung gegenüber, die vom Aufschwung nicht mitgenommen werden – die davon schlechterdings gar nichts merken. Bis 2014, hat Präsidentin Dilma Rousseff versprochen, werde es niemanden mehr geben, der im Elend lebe, also mit weniger als umgerechnet 27 Euro im Monat auskommen müsse. Das mag für die sechstgrößte Volkswirtschaft der Erde kein übertrieben ehrgeiziges Ziel sein.

Noch erheblich düsterer wird das Bild der sozialen Lage, wenn man andere Indikatoren außer nur dem Einkommen heranzieht und zusammenfasst, wie das die nationale Statistikbehörde IBGE getan hat. Sie meidet in einer Studie die Vokabel Elend und spricht stattdessen von »Verletzlichkeit«, wenn bestimmte grundsätzliche Lebensbedingungen nicht erfüllt sind. Gemeint ist damit neben dem Minimaleinkommen der verwehrte Zugang zu Bildung, also Kinder, die nicht zur Schule gehen, Halbwüchsige, die die Schule nach ein paar Jahren abbrechen, Erwachsene, die nie lesen und schreiben gelernt haben. Ferner prekäre Wohnverhältnisse wie Bretterbuden und mehr als 2,5 Menschen pro Schlafzimmer. Oder kein fließendes Wasser, kein Abwassersystem, keine

267

Müllabfuhr, kein Strom – unter solchen Verhältnissen leben 32 Prozent aller Brasilianer. Schließlich keinerlei Absicherung durch Pensions- und Rentensystem. Wenn man diese Kriterien heranzieht, leiden 58,2 Prozent der brasilianischen Bevölkerung unter mindestens einem dieser Defizite. Wobei das alles komplexere, schwerer zu behebende Probleme sind als nur ein geringes Einkommen. Denn Geld kann man den Menschen relativ leicht in die Hand drücken. Ein sozial gerechtes, leistungsfähiges und modernes Schulsystem zu schaffen ist ungleich schwerer.

### Fußball – eine Frustrationsmaschine?

Vasco da Gama ist einer der großen Traditionsvereine von Rio de Janeiro. 1898 von Portugiesen in einem damals feinen Viertel gegründet, war Vasco der erste Club mit einem nicht weißen Präsidenten und der erste mit einer mehrheitlich schwarzen Mannschaft, worauf die Vasco-Leute bis heute genauso stolz sind wie auf die rund 7500 Trophäen aus Messing und Silber, die sie in ihrem Ehrensaal unter der Stadionschräge ausgestellt haben: eine ungeheure Ansammlung von Fackeln, Adlern, Lorbeerkränzen, geflügelten Athletenfiguren. Den Namen Barbosa sollte man hier übrigens nicht in den Mund nehmen. Der größte Unglücksrabe der brasilianischen Fußballgeschichte, der 1950 das entscheidende Tor gegen Uruguay nicht hielt und Brasilien damit in ein bis heute dauerndes Trauma stieß, war Vasco-Spieler.

An das altehrwürdige São-Januário-Stadion grenzen heute die Elendsviertel von Rio. Vasco muss nicht nur sportliche Erfolge und Spieler mit hohem Marktwert produzieren, sondern auch praktische Sozialarbeit leisten. Der Club gibt täglich 600 Essen aus, und als erster der großen brasilianischen Vereine hat er vor fünf Jahren eine eigene Schule gegründet. Auch aus Eigeninteresse: Die Schule ist ein prima Mittel, junge Talente an den Verein zu binden. Verträge mit Spielern unter 16 Jahren sind in Brasilien zwar verboten. Aber in der Praxis kämpfen die Vereine erbittert bereits um Achtjährige. Da die meisten Spieler aus armen bis bitterarmen Familien kommen, wird den Eltern eben »ein bisschen geholfen«, wie die Funktionäre verschämt formulieren. Mit neuen Sportschuhen für den Jungen, einer Zahnbehandlung für die Mutter, einer Ladung Ziegel für den Vater.

So gierig die Clubs auf neue Talente sind, so erfolgreich sie ihre Spieler auf Sieg trimmen, so teuer sie ihre Besten ins Ausland verkaufen – Brasiliens Fußball ist zugleich eine riesige Frustrationsmaschine, die einen winzigen Ertrag bei gewaltiger Rohstoffverschwendung erzeugt, sagt der Fußballexperte Gilmar Mascarenhas. Denn »für einen Ronaldo bleiben Millionen zurück«. Tausende und Abertausende lassen die Schule für eine kurze, glanzlose Laufbahn schleifen und stehen danach enttäuscht vor dem Nichts. Wer aus der Favela kommt, kann sozial nur aufsteigen, wenn er Fußball spielt oder Musik macht, heißt es immer. Aber vermutlich ist es heutzutage für einen Jungen aus der Unterschicht leichter, Arzt oder Anwalt zu werden als ein zweiter Ronaldo.

269

Fabriken, ein Wasserturm, graue Eternitdächer, die Betonpfeiler des Stadtautobahnviadukts: Der Fußballclub São Cristóvão liegt alles andere als idyllisch. An einer der Brandmauern, die das Stadion begrenzen, steht in großen Lettern »Aqui naceu o fenómeno«. Denn hier kommt der Spieler her, den man in Brasilien »das Phänomen« nennt: Hier begann die Karriere von Ronaldo. Drei Spieler hat São Cristóvão für die Nationalmannschaft gestellt. Aber das war schon 1938. Der Verein hat seine besten Zeiten längst hinter sich. Ronaldo lässt sich auch nicht mehr blicken.

Aber »wir sind heute die Antwort auf die Frustrationsmaschine Fußball«, sagt Alfredo Maciel, der Präsident. »Wir geben den Jungen mehr als nur den Traum vom Aufstieg.« Der Club hat eine Partnerschaft mit einem von der örtlichen Wirtschaft finanzierten Institut begonnen, das Freizeitgestaltung und Weiterbildung für die Jugendlichen in den bescheidenen Vierteln von Rio anbietet. Alternativen also zum Fußball, und vor allem zu den Drogen, die gleich nebenan offen gehandelt werden.

Zwei Autostunden entfernt und immer noch in Rio: Auf dem Trainingsgelände von Botafogo, einem der großen Vereine, üben die Acht- und Neunjährigen Ballbeherrschung. »Fraldinhas« nennt man diese Altersklasse, in der die Trikots und Hosen noch viel zu groß an den kleinen Körpern schlabbern: Windelchen. Nebenan zwei Mannschaften der »Infantil«-Kategorie, Vierzehn-, Fünfzehnjährige, deren Spiel vor lauter Verbissenheit ohne Rufen und Schreien abgeht. Lockerer sieht es ein Spielfeld weiter aus, wo die Junioren Bein-

270

bewegungen üben, die wie Versatzstücke jener Fußballartistik wirken, die als typisch brasilianisch gilt. Wer hier spielen darf, hat bereits ein rigoroses Auswahlverfahren bestanden. Botafogos Konkurrent Flamengo zum Beispiel lädt zu den »peneiras«, den Aussiebeprüfungen oder neudeutsch Castings, jedes Mal 800 Spieler ein, von denen gerade mal vier akzeptiert werden. Und auch das erst mal nur für eine zweite, intensivere Testperiode.

»Nachwuchs zu züchten, um Gewinn zu erwirtschaften, damit der Club bestehen kann, das war schon immer Botafogos Stärke«, gibt Sidnei Loureiro, der Nachwuchstrainer, unumwunden zu, »und wenn sich bei uns ein neuer Spieler hervortut, ist er sofort im Visier der ausländischen Clubs.« Botafogo hat ein neues Trainingszentrum – typisch für die Entwicklung des brasilianischen Fußballs. »Sie investieren in moderne Trainingsmöglichkeiten, aber ihre Stadien lassen sie verfallen«, sagt der in Rio lebende deutsche Sportsoziologe Martin Curi, »damit ist ja auch kein Geld zu verdienen.«

Deutsche Vereine lebten von ihren Fans – also etwa vom Merchandising-Geschäft, das sie zu globalisieren versuchen; deshalb ist die Website von Bayern München auch auf Englisch, Japanisch, Chinesisch und Spanisch zu finden. In Brasilien dagegen ist das »Züchten und Verkaufen von Spielern zentral, davon leben die Vereine«, sagt Curi. Außerdem könne man dabei »auch tricksen«, zum Beispiel mal eine Million von der Transfersumme auf das Privatkonto des Club-Präsidenten leiten. Niedrige Kosten und hohe Gewinne locken außerdem

Kapitalinvestoren an, die in »Farm-Clubs«, Trainingscamps und Nachwuchstalente genauso investieren, als ginge es um Zucker oder Soja.

Den Spielern steht im Ausland eine »Nomadenexistenz« bevor, sagt Soziologe Curi – »menschlich schwierig« und sportlich oft alles andere als glanzvoll. Dennoch ist das Ausland das Traumziel für junge Fußballer. Vor allem »Europa hat ein Riesenimage in Brasilien, selbst wenn's die Färöer-Inseln sind«. Viele sind todunglücklich in der Ferne, trotz des vielen Geldes, und nur wenige können sich so gut anpassen wie Dunga, der spätere Nationaltrainer, der einst im Ausland Italienisch und in Stuttgart sogar Schwäbisch gelernt hat. Curis brasilianischer Kollege, der Fußballsoziologe Maurício Murad, geht so weit, den Spielerexport heute als Fortsetzung alter Ausbeutung zu definieren: »Früher haben wir unseren Zucker, unser Gold, unseren Kaffee exportiert, heute geben wir unsere besten Spieler weg.«

In Barra, einer Art Miami von Rio de Janeiro, wohnen die Reichen, die Superreichen und die Neureichen. Viele erfolgreiche Fußballer haben hier ein Penthouse, deshalb haben sich die meisten der von der Fifa in Rio registrierten Fußball-Empresarios hier niedergelassen. Auch Richard Anton Alda, ein Anwalt, der seit Jahren als Agent für Spieler arbeitet, hat in Barra eine elegante, kahle, eisig gekühlte Bürosuite.

Die Empresarios sind die Hassfiguren des brasilianischen Fußballs. Wann immer die Kasse klingelt, fallen zehn Prozent für sie ab – und Alda ist einer der Großen im modernen Menschenhandel. Er vertritt »acht bis zehn« Profis, außerdem hat

272

er rund drei Dutzend Nachwuchsspieler unter Vertrag – wie bitte? Vertrag? Mit Dreizehnjährigen? »Na ja«, wiegelt er ab, »aber ich darf doch der Familie ein bisschen helfen, oder?«

»Normalerweise kommen die Spieler aus schlichtesten Verhältnissen«, sagt Alda, »sie brauchen Hilfe bei allem, manche können nicht mal mit Messer und Gabel essen.« Auch emotional seien sie oft zu kurz gekommen: »Einige Mütter entdecken ihre Mutterliebe erst, wenn der Sohn ordentlich Geld verdient.«

Alda sieht sich natürlich nicht als Parasit, sondern als Beschützer: als Vater- oder sogar als Familienersatz. »Ich sage ihnen, mit 35 ist deine Karriere auf jeden Fall zu Ende, aber danach lebst du womöglich noch 45 Jahre«, betont er. Und deshalb plädiere er für ein Gesetz, das die Spieler zwinge, einen Teil ihrer Einkünfte für später zu blockieren.

Er schwört, dass der Fall nicht erfunden ist, auch wenn er den Namen nicht sagen mag: Ein Sechzehnjähriger, der umgerechnet 80 Euro Unterhaltsbeihilfe von seinem Verein bekam, wurde dort Profi, verdiente tausend Euro und spielte so gut, dass er acht Wochen später das Zehnfache bekam. Nach weiteren zehn Monaten wurde er für 45 000 Dollar Monatsgehalt nach Russland verkauft.

Und so etwas, sagt Alda, hält psychisch niemand aus.

Die Vorstellung, der Markt werde all diese sozialen Probleme von selber lösen, wenn ihm nur die Fesseln staatlicher Reglementierung abgestreift würden, ist heute in Brasilien genauso aus der Mode wie in

273

ganz Südamerika, schon weil der real existierende Neoliberalismus der Neunziger ja genau das nicht zustande gebracht hat. Lulas im Grunde sozialdemokratischer Kurs war, auch wenn die Konjunktur erst den Wind richtig in die Segel geblasen hat, erfolgreicher: die Wirtschaft durch staatliche Vorleistungen und durch massive Staatsaufträge zu fördern, ihr dann ordentlich Steuern abzuknöpfen und schließlich umzuverteilen zugunsten derer, die der Markt nicht absorbiert oder geradezu ausstößt. Wobei der Staat in Brasilien oft den Eindruck eines Autofahrers macht, der aufs Gaspedal drückt und zugleich auf die Bremse tritt.

Um die Hälfte, so schwärmte Otaviano Pivetta im Jahr 2004, würden die Transportkosten von 70 Dollar für eine Tonne Soja sinken, wenn die Straße nach Norden ausgebaut würde. Dann müssten die Lastwagen aus Mato Grosso, der Kornkammer Brasiliens, nämlich nicht erst nach Süden fahren, um ihre Fracht im ewig überlasteten Hafen Santos auf Schiffe zu laden, die dann wieder Kurs nach Norden nehmen. Sondern sie könnten einfach die Staatsstraße BR-163 hochfahren, bis nach Santarém am Amazonas – kürzer, schneller und billiger. Das Problem, sagte Soja-Großfarmer Pivetta, sei der miserable Zustand der BR-163. Man müsste sie asphaltieren. Was sich – bei dieser Ersparnis! – aber schnell amortisiere.

Drei Jahre später verkündete Präsident Lula ein

200 Milliarden Euro schweres Investitionsprogramm namens PAC, das auch die Asphaltierung der 1000 Kilometer bis 2010 vorsah, die zwischen Santarém und Mato Grosso liegen. Und heute? Anfang 2013 waren gerade mal dreißig Prozent asphaltiert, was aber fünfzig Prozent der eingeplanten Summe verschlungen hat. Grund: schlechte Planung, Korruptionsverdacht, Nachforderungen von Baufirmen.

Die BR-163 ist kein Einzelfall. Obwohl Brasiliens Brücken und Straßen, Häfen und Bahnen, Stadien und Stromnetze renovierungsbedürftig sind und obwohl genug Geld dafür da ist, kommt der Ausbau der Infrastruktur nicht so schnell voran, dass Produktivität und Wachstum entscheidend beschleunigt würden. Der Ausweg – höhere Investitionen, höhere Produktivität – ist oft verbaut durch den berüchtigten »custo Brasil«, die speziell brasilianischen Produktionskosten: Satte Steuern, kafkaeske Bürokratie, teurer Kredit, die dritthöchsten Strompreise der Welt, grassierende Korruption, die jahrzehntealte Vernachlässigung der Infrastruktur.

»PAC ist Haushalt mit Propaganda«, murrt der konservative Lula-Vorgänger Fernando Henrique Cardoso, und da liegt er wohl nicht falsch. Das »Programm zur Beschleunigung des Wachstums«, wie das PAC offiziell heißt, ist ein großes Sammelsurium von rund 22 000 Projekten, die normalerweise irgendwo im Staatshaushalt zu finden wären. Aber mit dem Etikett PAC versehen, erwiesen sie sich in Wahlkämpfen als hoch wirksam. Mehr als ein Drittel entfällt auf Wohnungsbau, der Rest sind Straßen, Häfen, Eisenbahnen, Fußballstadien für die WM, Olympiaprojekte, Wasserkraftwerke – wie es gerade so kommt. Und was 2010, als das PAC auslief, nicht fertig war, tauchte 2011 einfach im Nachfolgeprogramm wieder auf, in PAC 2. Knapp 400 Milliarden Euro hat Brasilien in beide Pakete gesteckt.

Große Worte, große Zahlen – aber die Ergebnisse sind in Brasilien oft mickrig. Energieminister Edison Lobão schwadronierte vor ein paar Jahren von fünfzig Atomkraftwerken; davon ist keine Rede mehr. Vor staunenden französischen Unternehmern kündigte Präsidentin Dilma Rousseff den Bau von »ungefähr 800 Flughäfen oder mehr« an, weil die Zahl der Passagiere jährlich um zwölf Prozent zulege. Dabei ist schon ein vergleichsweise bescheidenes Vorhaben, die Renovierung des Flughafens von Rio de Janeiro bis zur WM, schwer in Verzug.

Die PAC-Projekte kommen voran, verkündet die Regierung regelmäßig. Eine Studie, die das Wirtschaftsmagazin »Exame« Ende 2012 in Auftrag gab, kam allerdings zu anderen Schlüssen. Untersucht wurden 135 große PAC-Projekte im ursprünglichen Auftragswert von knapp 35 Milliarden Euro – sieben Wasserkraftwerke, 15 Straßen-, Bahn-, Hafen und Flughafenprojekte, die ökologisch hoch um-

276

strittene Umlegung des São-Francisco-Flusses zu Bewässerungszwecken und 114 Abwassersysteme in 29 Städten. Ernüchternde Bilanz: Knapp zwei Drittel der Projekte hinkten um durchschnittlich 42 Monate hinter dem Zeitplan her. Und im Zuge ihrer Ausführung waren alle Projekte im Schnitt um dreißig Prozent teurer geworden. Der Grund, so die Studie: schlampige Planung, ineffiziente Durchführung, konfuse Gesetze und viel Korruption.

Natürlich war der diskret geäußerte Stolz der Brasilianer geradezu mit den Händen zu greifen, als sie Großbritannien an Wirtschaftsleistung überholten und den Rang der sechstgrößten Ökonomie der Erde einnahmen. Aber trotz allen Wachstums wird Brasilien gravierende Mängel und Defizite erst mal nicht überwinden können: Die OECD-Länder geben sieben, Brasilien nur ein Prozent des Bruttoinlandsproduktes für Forschung und Entwicklung aus. Und in der Bildung hinkt das Land fast hoffnungslos hinterher: 1960 gingen die Südkoreaner durchschnittlich 1,4 Jahre länger zur Schule als die Brasilianer – und heute sechs Jahre. Selbst bei einem durchschnittlichen jährlichen Wachstum von 3,5 Prozent wird Brasilien erst 2050 das Pro-Kopf-Einkommen von Portugal erreichen.

# 9.
## Einmal im Jahr verkehrte Welt?
## Oder ist jeden Tag Karneval?

Wie der Name schon sagt: Diamantina, eine Klein-
stadt 700 Kilometer nördlich von Rio de Janeiro,
wurde im 18. Jahrhundert durch Edelstein- und
Goldfunde reich. Bis heute ist Diamantina geprägt
durch die erste Globalisierung der Geschichte, das
Barock. Die Stadt, wunderschön in die hügelige
Landschaft von Minas Gerais hineingegossen, ist
ein fast intaktes Ensemble historischer Kirchen,
Adelspaläste, Bürgerhäuser und Verwaltungsgebäude. Und die Liebe des Barock zu Maskentanz und
Mummenschanz zeigt sich bis heute in der reichen
Karnevalstradition Diamantinas. Allerdings ist
der Karneval heute in gewisser Hinsicht das Opfer
seines eigenen Erfolgs. Denn Diamantina ist eine
Universitätsstadt, 88 Prozent der Karnevalsbesu-
cher sind unter dreißig, sie kommen zwar in großer
Zahl, geben aber wenig Geld aus, und ihr Interesse
an den traditionellen Formen des Narrentreibens ist
sehr begrenzt. Angesagt ist Party, mit viel Bier, lauter
Musik aus den riesigen Boxen der Kleinwagen und
Bächen von Urin auf den buckligen Pflasterstraßen

des historischen Zentrums. Was die Alteingesessenen zur Weißglut treibt.

Heftiges Trinken gehört überall in Brasilien zum Karneval. Aber glücklicherweise behaupten sich die alten Bräuche der Narrenzeit, und – was vielleicht noch besser ist – sie sind bei aller Widerstandsfähigkeit so lebendig, dass sie sich laufend verändern, ohne in bloße Großsaufereien abzusinken. Vielleicht ist das das Erstaunlichste am brasilianischen Karneval: Wie jung das ist, was heute oft schon als ehrwürdige Tradition erscheint. Und wie anders als heute das war, was vor ein paar Jahrzehnten Karneval war. Karneval sei das Einzige, was in Brasilien klappt, sagen die Brasilianer gerne. Das ist zwar falsch, aber trotzdem ein schöner Ausdruck für die Vitalität Brasiliens, die sich immer wieder im Karneval zeigt.

Die Studenten mögen saufen, in der Feuerwehrwache von Diamantina geht es traditioneller und vor allem lustiger zu. Dort sammelt sich der Karnevalsverein »Domésticas Aposentadas« zum Aufzug. Die »pensionierten Dienstmädchen« hießen früher, bei ihrer Gründung 1963, »schutzlose Dienstmädchen« – ein Anflug von Sozialkritik, wie der Agraringenieur Paulo Ribas, eines der Dienstmädchen, erläutert. Aber dass Sozialkritik jemals besonders wichtig gewesen sein könnte bei diesem »bloco«, diesem Karnevalsverein, das ist eher fraglich. Denn die Dienstmädchen, egal ob schutzlos oder pensioniert, nehmen eine ganz alte, ganz klassische Tradition des Karnevals auf: die Inversion der Geschlechter. Weiße Söckchen in weißen Turnschuhen, darüber ein Paar stämmige Stachelbeerbeine, dann ein graues, rot gesäumtes Kunstseidenröckchen, eine blau-rote Schürze über den mitunter stattlichen Bierwampen und auf dem Kopf schrille Perücken – so ziehen die Dienstmädchen durch die Straßen Diamantinas.

In Frauenkleider gehüllt, aber »unter dem weißen gestärkten Unterrock eine gewaltige Maniokwurzel befestigt« – so trifft Vadinho am Karnevalssonntag der Schlag, einen der beiden Ehemänner von Dona Flor in Jorge Amados berühmtestem Roman. Aber damit niemand zu »böswilligen Vermutungen« verleitet werde – »Dona Flor und ihre zwei Ehemänner« erschien 1966, da konnte Schwulsein noch Gegenstand böswilliger Vermutungen sein –, fügt Amado gleich hinzu, dass sich der jäh zusammengebrochene Vadinho und seine Kumpels nur »als Bahianerinnen aufgeputzt« hatten, »um sich besser amüsieren zu können«. Und genauso ist das in der Feuerwache von Diamantina auch. »Ich schätze, 99 Prozent von uns sind absolut hetero, mit Schwulsein hat das gar nichts zu tun«, sagt Ribas, »wir parodieren unsere Frauen, darin besteht der Spaß!«

Die stehen mit gezückten Kameras draußen vor der Feuerwache, und als die Herren – keiner darf unter vierzig sein, schreibt das Reglement vor,

280

denn die Jungen bringen nicht den nötigen Ernst mit – endlich erscheinen, ist die Begeisterung groß: »Sind sie nicht süß?«, schreit eine. So wie die Vorfreude manchmal besser ist als die Freude, mag den Herren Dienstmädchen die Vorbereitung auch mehr Spaß machen als der Umzug. Bevor es losgeht, lassen sie sich vergnügt schminken, statten sich mit Babypuppen und Nuckelflaschen, mit Staubwedeln und Klobürsten, mit Fliegenpatschen und Kochlöffeln aus. Ordentliche Mengen Bier heben die allgemeine Albernheit, mancher lüftet mit seinem Kinderbesen dem anderen das graue Kunstseide-Röckchen, und wie die Kinder bewerfen sie sich mit Luftschlangen und Konfetti. Es ist zugleich auch die Begrüßung. All die Zahnärzte, Buchhalter, Polizisten und Ingenieure kennen sich seit langem. Die meisten sind alte Diamantiner, die es sonst wohin nach Brasilien verschlagen hat. Sie reisen von weit an, nur um am Aufzug der Dienstmädchen teilzunehmen.

Brasilien beansprucht, das einzige Land der Welt zu sein, in dem flächendeckend Karneval gefeiert wird. Er ist weltberühmt, der Karneval von Brasilien – aber in Wahrheit ist es der von Rio, der das Image Brasiliens mitbestimmt, der die Bilder für die Welt produziert und der natürlich auch der Provinz (und dazu gehört, wenn es um Karneval geht, auch São Paulo) die Maßstäbe setzt. Heute ist es das Fernsehen, das den Karneval von Rio normsetzend vervielfältigt, und genau genommen ist es wiederum ein Teil des Karnevals von Rio, der da in alle Welt ausstrahlt: das Großereignis Karneval, das, auf zwei Nächte verteilt, in etwa zwanzig Stunden im Sambodrom von Rio abläuft. »Superproduktion ist noch ein zu kleines Wort«, schreibt der bekannte Journalist Ruy Castro über das Sambodrom-Spektakel, »es ist wie ›Vom Winde verweht‹ multipliziert mit ›Ben Hur‹.«

Zwölf Karnevalsvereine, die in Rio Sambaschulen heißen, biegen in den Nächten auf Karnevalsmontag und -dienstag nacheinander in die etwa 700 Meter lange, von Tribünen für bis zu 90 000 Zuschauer gesäumte Sambastraße von Rio de Janeiro ein. Es ist eine gewaltige Materialschlacht. Jede der Sambaschule hat zwischen 3000 und 4000 Teilnehmer, die in zahlreichen thematisch verschiedenen Blöcken, den »alas«, durch das Sambodrom tanzen. Zwischen ihnen fahren sechs bis acht riesige Allegorien-Wagen, die bis zu 13 Meter hoch sind – höher geht nicht, wegen der Kanzel über der Paradestraße, von der aus das Fernsehen seine Totalen filmt. Angeführt wird jeder Zug, der in maximal achtzig Minuten passiert sein muss – jede Sekunde länger bedeutet Punktabzug – von einem Paar, dessen Auftritt in der Bewertung genauso schwer wiegt wie der der 300 Mann starken Perkussionsgruppe: die »porta-bandeira«, die Fahnenträgerin, und der »mestre-sala«, was man mit Zeremonienmeister übersetzen kann. Sie tragen Kostüme, die die Höflinge Ludwigs XIV. vor Neid hätten erblassen lassen, und sie bringen es, dem Hinweis auf die höfisch-barocke Traditionen des Karnevals zuliebe, absurderweise fertig, zu Sambamusik Menuett-Tanzschritte auszuführen.

Perlen und Pailletten, Bänder und Bordüren, Federzeug und Flitterkram – merkwürdig, dass sich all dieser geklebte, getackerte, bemalte und gespritzte Plastikplunder, der aus der Nähe betrachtet nur kalt und kitschig und billig und vor allem gar nicht hautfreundlich und atmungsaktiv wirkt, in einen exotischen, luxuriösen Augenschmaus voller Licht und Glanz und zauberhafter Farbigkeit verwandeln kann. Die Plattformen der Allegorie-Wagen, leicht acht mal zwanzig Meter messend, sind krude Schmiedearbeiten, deren Aufbauten ächzen und zittern, wenn die Ausstatter und Maler und Dekorateure drin herumklettern. Aber wenn sich der Zug, von tausend Scheinwerfern angestrahlt, im Rhythmus des Karnevalssambas in Bewegung setzt, dann ist das schwerfällige Schwanken des Materials wie das Atmen eines riesigen, phantastischen Wesens, dem die Musik und das Licht für genau achtzig Minuten Leben einhauchen. Haupt- und Generalproben wie im Theater gibt es nicht. Karneval wird immer erst auf den letzten Drücker fertig, die Hauptbeteiligten scheinen immer kurz vor dem Nervenzusammenbruch zu

283

stehen. Aber auch wenn es vielleicht ein paar Pannen gibt, klappt es am Ende eben doch immer.

Jeder Aufzug hat ein Thema, einen sogenannten Enredo. Früher, zu Zeiten des populistischen Diktators Getúlio Vargas, gab es die Auflage, der Enredo solle einen Ausschnitt der brasilianischen Geschichte thematisieren; Vargas wollte auch mit dem Karneval den Nationalismus und die Brasilianität befördern. Aber natürlich sind 500 Jahre brasilianische Geschichte längst abgeklappert, jedenfalls die attraktiven, als Karnevalszug darstellbaren Kapitel, so dass nur Themen bleiben, die völlig unsexy sind – wie die Geschichte der Brief- und Paketbeförderung, die es auch schon mal zu einem eigenen Enredo gebracht hat. Deshalb öffnete man den Fächer der Themen, und da die Schulen stets Geld brauchen, wurden die Themen auf mögliche Sponsoren zugeschnitten. Vor einigen Jahren griff die Schule Grande Rio die Geschichte des Präservativs auf, allerdings sprang der anvisierte Sponsor, eine Kondomfabrik, im letzten Moment ab. Es gab schon Enredos über Fluggesellschaften, über den Bergbau oder über die todlangweilige, aber reiche Ölstadt Campos. Enredo-Makler verdienen ihr Geld damit, dass sie Enredo-Ideen mit den dazu passenden Sponsoren anbieten.

Eine einmalige Aufführung, an der ein ganzes Jahr lang gearbeitet wird, eine Geschichte, die zwar erzählt wird, aber keine lineare Handlung hat, und das zu einer Musik, die aus einem dreiminütigen, wie in einer Endlosschleife achtzig Minuten lang wiederholten Lied besteht, dargebracht im Wesentlichen von einer ohrenzerfetzend laut verstärkten Stimme und 300 Trommlern, zu dem ein paar tausend Menschen Samba tanzen – was ist das für eine merkwürdige Kunstform? »Es ist eine Oper!«, antwortet Paulo Barros strahlend, »es ist die größte Volksoper unter offenem Himmel, mit Gesang, mit Tanz, mit Figuren, mit Kulissen!« Barros ist »carnevalesco«, also der Regisseur der Open-Air-Oper, und er gilt als einer der großen, einfallsreichen Erneuerer der Karnevalskunst. Abstrakte Themen sind seine Spezialität. So gut wie jeder, der sich in Rio auch nur ein bisschen für Karneval interessiert, erinnert sich noch an Barros' berühmte DNA-Pyramide, mit der er sich 2004 bei der Sambaschule Unidos da Tijuca zum Thema Wissenschaft vorstellte: ein für den Karneval völlig neues, völlig ungewohntes Ballett von Tänzern, die mit ihren wie mechanisch wirkenden Bewegungsabläufen die abstrakten Gesetze der Natur darstellten. Und mit dem Thema »Geheimnis« holte er 2010 für Unidos den Titel, mit dem ebenfalls abstrakten Enredo »Angst« wurden Unidos und er im Jahr darauf Zweiter. 2013 hatte er wieder etwas Herkömmlicheres und weniger Abstraktes, wenn auch von Brasilien aus gesehen recht Exotisches im Angebot: Deutschland. Nicht unbedingt ein Siegerthema, dieses entlegene Teutonien. Und trotzdem haben es die Unidos da Tijuca mit Paulo Barros auf den dritten Platz gebracht.

Barros habe den Karneval neu erfunden, so jubelten die Karnevalsexperten der brasilianischen Zeitungen. Denn seine aus Menschen gemachten Allegorien, die Ballette, die Choreographien, die Pantomimen, die Popelemente, die Ausgriffe in andere Kunstsparten wie Kino und Theater – das waren alles neue Formen, neue Mittel, neue Interpretationen des Karnevals, die das Bunt-Biedere der traditionellen Umzüge plötzlich sehr alt aussehen ließen. Und Barros-Umzüge haben einen weiteren, nicht unbedingt üblichen Vorzug: Bei aller thematischen Komplexität sind sie eingängig und eindeutig. Man entschlüsselt sie leicht. Mit all diesen Qualitäten stellt sich Barros in die Tradition von Joãosinho Trinta, des 2011 verstorbenen Großmeisters des Karnevals, der die sicheren Pfade der biederen Tradition verlassen und mit umstrittenen Umzügen Furore gemacht hatte. Sein berühmtester Enredo hieß »Ratten und Geier« und hatte Luxus und Müll zum Thema, was sich auf Portugiesisch schön stabreimt: luxo e lixo.

Dabei begann der Karneval in Brasilien ganz und gar nicht als Kunstform. Was die Portugiesen mitbrachten, war ein ordinäres, grobschlächtiges Narrentreiben, wie es damals in Lissabon und sonst wo in Portugal üblich war: Wen man nur erwischte, übergoss man mit Wasser, Essig oder auch dem Inhalt der Nachttöpfe. Als der portugiesische Hof 1808 vor Napoleon floh und in Rio de Janeiro seinen operettenhaften Zweitwohnsitz nahm, stieg das Bedürfnis nach gehobenen Formen der Karnevalsgeselligkeit. Also kopierte man die Maskenbälle von Venedig und Nizza. Karnevalsgesellschaften veranstalteten Galas und Umzüge mit von Pferden gezogenen Allegorie-Wagen, und statt mit Wasser oder Urin bewarf man sich mit Talkum, Blumen und Parfüm. Oder mit Konfetti – eine Ladung davon bekam Kaiser Pedro II. von einem Kind in den offenen Mund geworfen, und Seine Majestät soll darüber herzlich gelacht haben.

Zu den schnurrigsten Episoden der Karnevalsgeschichte gehört der Vorstoß der Stadtverwaltung von Rio, den Karneval des Wetters wegen auf den Juni zu verlegen – da ist es kühler, es regnet weniger und die Gefahr von ansteckenden Krankheiten ist geringer, lautete die Begründung. 1892 wurde der Karneval offiziell tatsächlich im Juni gefeiert. Aber da die Behörden nicht verhindern konnten, dass die Narren im Februar auf die Straßen gingen, stellte man das Experiment schnell wieder ein. 1892 ist also das einzige Jahr in der Geschichte Rios, in dem die Stadt zweimal Karneval feierte.

Der vorerst letzte Schritt zur Verbürgerlichung des Karnevals war Anfang des 20. Jahrhunderts der

Autokorso durch das Zentrum von Rio, das durch eine radikale Reform – an die 2000 Gebäude sollen damals abgerissen worden sein – seinen kolonialen Charakter verlor und in eine tropische Replik von Paris umgebaut wurde.

### Prinzessin für eine Nacht: Der 15. Geburtstag

Eigentlich darf das Kleid zum 15. Geburtstag nicht weiß sein, aber dann verschwindet Elaine eben doch mit einem weißen Kleid in der Umkleidekabine. Nach zwei Minuten zieht sie den Vorhang zurück, tritt einen Schritt vor – und in diesem Moment offenbart sich der rituelle Sinn des brasilianischen Brauchs, den 15. Geburtstag der Mädchen möglichst fulminant zu feiern. Die Angestellte des Kleiderverleihs bringt weiße Handschuhe, die Chefin reicht ein Diadem an, Elaines Mutter zupft hier, zupft dort, tritt einen Schritt zurück, schaut die Tochter von oben bis unten an und bricht jäh in Tränen aus. Elaine umarmt sie zum Trösten, und dabei treten ihr selber die Tränen in die Augen.

Passageriten – so nennen die Völkerkundler die Zeremonien, mit denen die Übergänge zwischen verschiedenen Stadien des Lebens begleitet werden, um die damit verbundenen Ängste in Zaum zu halten. Die Sitte, den 15. Geburtstag der Mädchen riesengroß zu feiern, steht natürlich in dieser kulturellen Tradition – welcher Übergang wäre denn, den Tod ausgenommen, mehr von Angst besetzt als die Pubertät –, auch wenn der Brauch heute, von den Latinogemeinden in

288

den USA bis hinunter nach Patagonien, den Charakter eines verschwenderischen Festes angenommen hat. Aber so konsumgetränkt der Ritus heute daherkommt, sein archaischer Sinn scheint immer noch durch. In den Gesellschaften, die man früher primitiv nannte, wird die erste Menstruation der Mädchen rituell in der Gemeinschaft begangen, wogegen die Jungs zur Initiation in die Wildnis geschickt werden, um beim Jagen ihr erstes Blut zu vergießen – und da soll es Zufall sein, dass heute die Familien das Fest nur für Mädchen, nie für Jungs ausrichten?

»Ja, aber wo wollen Sie den Kuchen denn hinstellen?«, fragte die Chefin von »La Maison«, eines nicht gerade luxuriös wirkenden Saalbaus, »da brauchen Sie schon etwas Dekoration.« Edivânia dos Santos, die Mutter vom Elaine, will ein eher bescheidenes Fest für rund hundert Leute bestellen, und die »La Maison«-Chefin redet resolut auf sie ein, dass es so klein nicht sein kann. Tischdecken, Blumen, Limo, Bier, drei Kellner, Empfangsdame und Simones Mann als Zeremonienmeister – »alles zusammen 3500, na ja, ich kann 2500 machen.«

Edivânia beginnt mit ihrer Bank zu telefonieren. »Also freigegeben, ja?«, fragt sie nach zehn Minuten erleichtert. Sie bezahlt »parcelado«, in Raten, deshalb stehen schließlich 3034,47 Reais auf der Kreditkartenquittung. Dazu Kuchen, Pralinen, Häppchen, die Musik, die Kleidermiete, der Friseur und 50 Reais für die Messe vor dem Fest – am Ende summiert sich das auf 4150 Reais. Also 1540 Euro.

Ein riesiger Fernseher im winzigen Wohnzimmer, zwei Stübchen, Küche, Bad, die alle auf düstere Lichtschächte hin-

289

ausgehen: Die Wohnverhältnisse sind bescheiden in Barreira do Vasco, einem der zahllosen Slums von Rio de Janeiro. »Es ist nicht leicht, sich mit zwei Kindern durchzuschlagen«, sagt Edivânia, von Beruf Putzfrau. Und wenn man auf die Straße tritt, versteht man, warum sie heilfroh ist, dass Elaine seit kurzem einen Freund hat, auch wenn sie das eigentlich ein bisschen früh findet. Denn an der Ecke lungert, die Pistole sichtbar im Hosenbund, ein Drogenhändler herum. »Einer dieser Banditen hat Elaine schon mal den Arm getätschelt«, sagt sie, »aber wir können doch nicht wegziehen.«

Bei Manuela Fortes stellen sich die Finanzprobleme anders. »Mein Mann fand, es müsse auch Grenzen geben«, sagt Manuelas Mutter Susana, »und deshalb haben wir mit ihr verhandelt.« Auf Manuelas Fest trat der Funk-Star DJ Marlboro auf, und dafür hat Manuela darauf verzichtet, ihre 360 Gäste mit japanischem Essen zu bewirten. »Normal« seien 500, 600 Gäste, sagt die Mutter – war Manuelas Fest dann, daran gemessen, bescheiden? Das nun auch wieder nicht, wehrt Dona Susana ab, deren Mann mit »Finanzprodukten« handelt. Manuelas Prinzessinnennacht hat 30 000 Euro gekostet.

Manuela feiert in der Villa Riso, einem historischem Landsitz, auf dem das Gesetz zur Abschaffung der Sklaverei 1888 formuliert wurde: Eine von Palmen gesäumte Auffahrt, emsig herumwieselnde Kellner, von Barmännern geschüttelte Drinks in allen Regenbogenfarben – und zwischendrin Manuela, die etwas nervös und überfordert wirkt. Auf ihren Wunsch ist die Villa Riso ganz in Rot-Weiß – nicht nur die monströsen Rosensträuße, sondern auch die Möbel und sogar die Tanzfläche.

290

Um Mitternacht steht Manuela, erfasst von einem einzelnen Scheinwerfer, auf dem Absatz der Treppe, die in den Tanzsaal herabführt. Gefolgt von 15 Paaren – die Mädchen in extra für dieses Fest geschneiderten, champagnerfarbenen Kleidern, die Jungs in dunklen Anzügen – schreitet sie die Treppe herunter, wird von ihrem Vater in Empfang genommen, mit dem sie alleine Walzer tanzt, dann gesellen sich die 15 Paare dazu. Ein ernster Höhepunkt des Zeremoniells, der die Fortes allein wegen der vielen Tanzstunden, die die dreißig jungen Leute bekamen, ein kleines Vermögen gekostet hat.

»Na, sagen wir sieben«, antwortet Eduardo Ribas auf die Frage, wie er Manuelas Fest auf einer Skala zwischen null und zehn benoten würde: »Es gibt ja absurd größenwahnsinnige Feste, mit pharaonischen Dekorationen, mit noch mehr Geschenken und Stars und Attraktionen!« Ribas muss es wissen. Er und sein Team – bei Manuela waren sie zu fünft, für ein Honorar von 2400 Euro – filmen und fotografieren Familienfeste. Als Eduardo in den Siebzigern anfing, gab es noch Debütantinnenbälle, auf denen die Mädchen der feinen Gesellschaft vorgestellt wurden. »Aber heute sind es ja individuelle Feste«, sagt Ribas. Die alten aristokratischen Zirkel spielten keine Rolle mehr, weil durch die Industrialisierung Brasiliens »das große Geld die Hände gewechselt hat«.

Warum feiern Menschen so exzessiv? Warum verschulden sie sich womöglich auf Jahre, nur um ihrer Tochter den Prinzessinnentraum für eine Nacht wahr zu machen? »Keine Ahnung«, sagt die Anthropologin Rosana Prado entwaffnend offen. Aber dann kommt sie schnell auf den französischen

291

Ethnologen Marcel Mauss, der in den Dreißigern die sogenannten Potlatsch-Zeremonien erforscht hat, nach unseren Kriterien gewaltige Orgien verschwenderischen Geschenkaustausches, mit denen sich die Menschen gegenseitig verpflichtet haben. Also eine »moralische Transaktion«, die Mauss sogar als Gegenentwurf zur kapitalistischen Rationalität pries – aber kann man das wirklich auf das Milliardengeschäft mit pubertierenden Mädchen beziehen?

Elaines Mutter stammt aus dem Nordosten. Elaines Vater ist vor 13 Jahren tödlich verunglückt, deshalb tanzt zu Mitternacht ihr Freund mit ihr. Und wenn deine Mutter mehr Geld hätte, was würdest du dir dann wünschen, Elaine? »Dann würde ich meine Großeltern aus Pernambuco kommen lassen«, sagt sie sofort, »zu ihnen zu fahren, das können wir uns jetzt ja erst mal nicht mehr leisten.«

Aber all das war nur der Karneval der Weißen, oder, wie der Rio-Experte Ruy Castro ihn nennt, der »Karneval vom Nabel ab aufwärts«. Die Schwarzen hatten ihre eigenen Umzüge und Umtriebe, die sogenannten Cordões, Karnevalsgesellschaften, die sich in den Vierteln und Nachbarschaften bildeten, maskiert, verkleidet, musizierend und tanzend durch die Straßen zogen. Aus den Sklaven wurden Herren, Schwarze verwandelten sich in Barockfürsten, die normale Welt stand Kopf – das klassische Element des Karnevals, die Umkehrung der Verhältnisse, pflegte der schwarze Karneval offenbar mehr als der weiße, aus naheliegendem Grund. Zwischen den verschiedenen Cordões kam es mitunter zu heftigen Rivalitäten, bei denen sich die Narren gegenseitig die Insignien wie Fahnen und Standarten klauten und dann mit Fäusten aufeinander losgingen. Allerdings zivilisierten sich diese Ausschweifungen im Laufe der Zeit. Auch unter den Schwarzen formalisierte sich der Karneval nach und nach, und aus den wilden Cordões wurden Ende des 19. Jahrhunderts die »blocos«, relativ gesittete Umzüge. Eine Tradition, an die erst in den vergangenen Jahrzehnten wieder angeknüpft wurde und die, aus Überdruss an dem immer stärker kommerzialisierten offiziellen Karneval, ein gewaltiges Comeback erlebt.

Rio de Janeiro war Mitte des 19. Jahrhunderts die schwärzeste Stadt der Neuen Welt. 90 000 seiner 200 000 Bewohner waren 1849 Schwarze. Und anders als jenen Sklaven, die unter übelsten Bedingungen auf den Kaffee- und Zuckerfarmen im Landesinneren schuften mussten, ging es den städtischen Schwarzen deutlich besser. Sie waren nicht alle Haussklaven, sondern arbeiteten auch als Schuster, Zimmermann, Schreiber, Verkäufer, Fischer, wenn auch immer für die Kasse ihrer Besitzer. Mancher konnte sich freikaufen und begann ein eigenes Geschäft, für das er sich womöglich eigene Sklaven anschaffte. Wie auch immer, die städtischen Sklaven bildeten die Unter- und untere Mittelschicht, die schon vor der Abolition 1888 ihren festen Platz in der Gesellschaft behaupteten. Und geographisch schlug dieses afrikanisch-schwarze Herz der sonst so pariserisch-weißen Stadt rund um die Praça Onze de Junho, einen Platz, der ungefähr dort liegt, wo heute das Sambodrom steht, das erst 1984 gebaut wurde.

Der Architekt war Oscar Niemeyer, was man den nüchternen Tribünen weniger ansieht als dem »Platz der Apotheose« und seinem geschwungenen Doppelbogen, auf den die Umzüge zumarschieren. Beim Doppelbogen habe sich Niemeyer von den ausladenden Hinterbacken einer Mulattin inspirieren lassen, sagt der Volksmund. Diese Anzüglichkeit schafft wieder die Verbindung zum Karneval vom Nabel abwärts, also das schwarze Element in der Geschichte des Karnevals von Rio – wozu zweifelsohne auch der Samba gehört.

Das Wort Samba tauchte schon in der ersten Hälfte des 19. Jahrhunderts auf, bezeichnete damals aber noch keinen Musikstil, sondern die wilden Feste mit Tanz und Trance, voller Wollust und Laszivität, die ins kulturelle Umfeld der afrikanischen Religionen gehörten, deren Anhänger die Polizei bis weit ins 20. Jahrhundert hinein verfolgte. Später bezeichnete »Samba« nur eine neue Musikrichtung. So ähnlich wie sich der Jazz aus europäisch-weißen und afrikanisch-schwarzen Elementen zu etwas genuin US-Amerikanischem entwickelte, entstand der Samba

294

als brasilianische Musik auch aus schwarzen und weißen, aus afrikanischen und europäischen Formen und Traditionen. Und so wie der Jazz zuerst nur in New Orleans zu Hause war, so war der Samba am Anfang nur die Stimme Rios.

Es war schließlich der Samba, der die Trennung zwischen schwarzem und weißem Karneval auflöste. Das Radio und die Schellackplatte als die Instrumente seiner technischen Reproduzierbarkeit machten ihn schnell populär. Er verließ die bescheidenen Schwarzenviertel im Zentrum von Rio und wurde zum Allgemeingut. Der erste Samba, der in Schellack gepresst wurde, trug den ganz und gar modernen Titel »Pelo Telefone« – durchs Telefon; 1916 war das. Im Karneval des folgenden Jahres sang alle Welt »Pelo Telefone«, und ein Dutzend Jahre später wurde die erste Sambaschule gegründet, Deixa Falar, die heute nicht mehr existiert. »Schule« hieß sie eigentlich nur, weil ihr Vereinslokal nahe einer Schule lag und weil das ehrenhafter klang.

Zwar gab es schon 1929 eine Art Wettbewerb zwischen Sambagruppen, damals noch bei einem der Teilnehmer zu Hause. Aber die Idee, öffentliche Aufzüge zu veranstalten und die besten zu prämieren – diese Idee hatte 1932 der Journalist Mário Filho, Herausgeber des gerade gegründeten Sportmagazins »Mundo Sportivo«, dessen Auflage nach den Fußballmeisterschaften sank und das mit einem neuen

Thema neue Leser anzuziehen versuchte. Übrigens trägt das berühmteste Bauwerk von Rio de Janeiro den Namen des Journalisten, auch wenn ihn keiner benutzt: Nach ihm wurde das Maracanã-Stadion benannt, weil sich Mário Filho Ende der Vierziger gegen manchen Widerstand für den Bau genau an dem relativ zentralen Ort stark gemacht hat, an dem es dann auch gebaut wurde.

Die Regeln, die das Karnevalskomitee von Mundo Sportivo aufstellten, enthielten schon einige der Beckmessereien, die heute noch gelten und Jahr für Jahr in einen Kampf um Zehntelpunkte in der Bewertung ausarten. Als ausgesprochen fruchtbar erwies sich allerdings die Anforderung, jeder Bewerber müsse mit einem eigenen, eigens komponierten Samba antreten. Deshalb wurden allein zwischen 1930 und 1960 an die 15 000 Karnevalsmusiken getextet und komponiert, von denen die meisten natürlich nicht zündeten, während andere bis heute populär sind. Und tatsächlich gewannen die Schulen nach und nach die Respektabilität, die sie sich von der seriös klingenden Bezeichnung »Sambaschulen« erhofft hatten. Was aber sicherlich auch an den Veränderungen der Gesellschaft lag. Die alte Republik der Großgrundbesitzer und Rechtsanwälte ging nach und nach unter, der Estado Novo, der »neue Staat«, der Ära Vargas mit seinem strammen, zentralistischen Nationalismus – und seiner Förderung

296

des Karnevals – und dem ersten Schub an wirtschaftlicher Entwicklung taten ein Übriges. Das Radio verband neuerdings ganz Brasilien, was nicht nur dem Karneval, sondern auch dem Fußball eine neue, nationale Dimension gab.

In den Fünfzigern rückte das Radio an zweite Stelle, und ohne das Fernsehen wären die Sambaschulen wohl nie ein so florierender Bestandteil der brasilianischen Unterhaltungsindustrie geworden, wie sie es heute sind. Sie konnten dem Fernsehen die fabelhaften Bilder des Karnevals bieten, die es brauchte, und dafür machten die Sender jede Menge Geld locker. In den Sambaschulen, die ja mehr oder weniger alle in den bescheidenen Stadtvierteln verankert waren und das heute noch sind, wurden plötzlich Millionenbeträge umgeschlagen. Und da die Schulen oft von den »bicheiros« gesponsert wurden, den ebenfalls in den ärmlichen Vierteln beheimateten Veranstaltern verbotener Privatlotterien, vereinigten sich nach und nach der millionenschwere Karneval und die organisierte Kriminalität. Bicheiros wurden zu Präsidenten der Sambaschulen, und oft machten sie die Schulen zu ihrem Hobby, in das sie Millionen steckten – wobei die eine oder andere Bicheiro-Gattin schon mal als »destaque« paradieren darf, also an hervorgehobenem Ort, wo normalerweise die knapp bekleideten Telenovela-Stars und ähnliche Prominenz sambierend in die Menge winkt. Dass Bicheiro-

Gattinnen nicht immer Mannequin-Figuren haben, macht nichts. Was zählt, ist das Geld und die Macht.

Der Zusammenschluss der Schulen zu einem Dachverband hatte den Zweck, die ökonomischen Möglichkeiten des Karnevals so weit zu optimieren, wie es nur ging, angefangen von den Zuschüssen der Stadtverwaltung von Rio über das Merchandising und den Verkauf von Tribünen- und Logenplätzen bis zum dicksten Brocken: den Übertragungsrechten für die beiden Nächte, in denen mindestens 100 Millionen Brasilianer gebannt auf die Mattscheibe starren.

Ohne diese Finanzierung sähe der Karneval von Rio ganz anders aus: viel bescheidener. Um die vier Millionen Euro verschlingt jeder einzelne Zug, so lauten die Schätzungen – aber schließlich will jeder jeden übertrumpfen. Und mit dem höheren finanziellen Niveau steigerte sich auch die Professionalität. Carnevalescos zum Beispiel gab es früher gar nicht, erst die durch das viele Geld geschürte Rivalität gebar diesen Posten des allmächtigen künstlerischen Generaldirektors. Der natürlich exzellent bezahlt wird.

Nach dem Karneval ist vor dem Karneval: Kaum ist das Wochenende nach dem Karnevalsdienstag vorbei, an dem die Sieger noch mal paradieren, beginnt schon das Nachdenken über die nächste Saison: Welches Thema? Welche Sponsoren? Was für einen

Samba? Nach und nach bläht sich das Unternehmen Sambaschule personell auf. Historiker erforschen die Themen, Dramaturgen denken über die Details der Umsetzung nach, am Computer entsteht ein Produktionsplan. Bühnenbildner, Maler, Zimmerleute, Choreographen, Schweißer, Elektriker – ein ganzes Heer von Handwerkern und Fachleuten beginnt zu arbeiten, ergänzt durch Hilfskräfte, die schon mal ein paar Tausende Federn ankleben oder Blätter en masse grüngelb spritzen. Sambaschulen sind heutzutage Produktionsstätten, Unternehmen, Arbeitgeber, Auftraggeber für andere Firmen. Vielleicht sind deshalb die Alten Garden emotional so wichtig – die Veteranen der Schule, die mitmarschieren und durch ihre Präsenz die alten Zeiten in den Vorstädten und Favelas heraufbeschwören, in denen der Karneval noch Anarchie, Chaos und Leidenschaft bedeutete und nicht den Gesetzen der Betriebswirtschaft gehorchen musste.

### Rodeo – der Acht-Sekunden-Ritt
### auf dem Rücken wilder Stiere

In Barretos, heute vier Stunden auf der schnurgeraden Autobahn von São Paulo entfernt, wurde 1913 das größte Kühlhaus Südamerikas in Betrieb genommen. Von hier aus ging das Fleisch mit der Bahn nach Santos am Atlantik und dann per Kühlschiff in die ganze Welt. In Barretos endeten die riesigen

Trecks der Rinderherden, die die »peões«, die Viehtreiber, in wochenlangen Reisen in die Schlachthöfe lieferten. Als 1955 ein paar betuchte Herren, die mit diesem Geschäft ihr Geld verdienten, auf die Idee kamen, ein Rodeo zu veranstalten, war diese Welt bereits im Untergehen begriffen, und heute ist sie vollends passé. Die Futtermittelindustrie hat die Abhängigkeit der Fleischproduktion von der Weidefläche aufgelöst, und Rinder werden heute nicht mehr ins Schlachthaus getrieben, sondern gefahren. Das traditionelle Berufsbild der »peões« ist teils entwertet, teils aufgewertet: Entweder der Peão ist Lastwagenfahrer geworden – oder Athlet und Artist.

Aus armdicken Eisenrohren sind die weißgestrichenen, mit grünem Rinderkot verschmierten Laufgänge, durch die die Stiere, einer nach dem anderen, in die Boxen getrieben werden, die gerade so groß sind, dass mit Ach und Krach ein Tier hineinpasst. Assistiert von hektischen Helfern, setzt sich der Peão, durch einen ledernen Brustpanzer und schürzenartige Beinkleider geschützt, von oben auf den Rücken des Stiers, der sich in der Enge immer wieder aufbäumt. Auf der Bühne hinter den Boxen türmen sich die Lautsprecherbatterien in den nächtlichen Himmel, und wenn die Tür des Stierkäfigs aufgerissen wird, dann steigern sich Lautstärke und Redegeschwindigkeit des Stadionsprechers, als wollte er Adrenalinausstöße so stark wie Wolkenbrüche erzeugen.

Acht Sekunden – das ist kurz genug für höchste Dramatik und lang genug für dramatisches Scheitern. Die rechte Hand muss der Peão, als grüße er die Zuschauer auf den 35 000 Sitzplätzen des Rodeostadions von Barretos, nach oben strecken,

300

und mit der linken versucht er, sich an dem Griff festzukrallen, der dem Stier statt eines Sattels auf den Rücken geschnallt ist.

Anders als Ochsen entwickeln Stiere eine starke Brustpartie und ein eher schlankes Hinterteil. Entsprechend wild und ungestüm fallen die Sprünge aus, mit denen sie die menschliche Last von ihrem Rücken zu schütteln versuchen. In weitem Bogen abgeworfen zu werden, das passiert dem Peão selten; er klammert sich ja an das Tier. Umso gefährlicher, wenn er dann doch abgeschüttelt wird: Je näher bei dem bockenden, bis zu einer Tonne wiegenden Fleischpaket er zu Boden fällt, desto riskanter. Im Übrigen, auch wenn er die acht Sekunden übersteht, es bleibt die Frage: Wie kommt er wieder herunter? Den Abgang sichert ihm der »Lebensretterclown«, der ganz und gar bunt gekleidet ist und das Tier ablenkt. Wobei sich »ablenken« so einfach anhört. Die Lebensretter haben oft genug zu tun, ihr eigenes Leben zu retten.

Motorräder, Kleinwagen, Pick-ups – das sind die Rodeopreise, die sich staffeln wie Zwanziger, Fuffziger und Hunderter. Aber das große Geld wird in den USA gemacht. Silvano Alves, der 2012 in Las Vegas Weltmeister wurde, kassierte 1,5 Millionen Dollar Preisgelder. In den beiden Jahren zuvor ging der Titel beim größten Rodeo der Welt übrigens auch an Brasilianer.

Nur in Kanada und den USA, in Australien und Neuseeland, in Mexiko und Brasilien ist Rodeo Volkssport – der einzige Sport, der direkt aus dem Arbeitsleben kommt. Brasilien, das sich das Vergnügen erst vor achtzig Jahren den Amerikanern abgeschaut hat, schiebt sich unaufhaltsam an die Spitze. Bar-

301

retos macht den großen Rodeoplätzen Houston und Las Vegas den Rang streitig. Dreißig Millionen Brasilianer besuchen 1800 Rodeos im Jahr – der Acht-Sekunden-Ritt auf dem Stier zieht Zuschauer an wie sonst nur Fußball und Karneval. Und Barretos, das ist für Rodeoanhänger wie Bayreuth für Wagner-Fans.

Früher war es die Fleischindustrie, die Heerscharen von Männern auf monatelange Wanderschaft schickte, heute ist es die Unterhaltungsindustrie, die ganzjährig einen gigantischen Wanderzirkus in Bewegung hält. Peões, Lebensretterclowns, Rodeorichter, Stadionsprecher, Verleiher von Lautsprecheranlagen und mobilen Zuschauertribünen, Unterhaltungskünstler und nicht zuletzt die Besitzer von Stieren und Pferden – alle sind sie unentwegt in dem riesigen Land unterwegs. Und obwohl alles nur Schau ist – oder wohl gerade deswegen –, wird unermüdlich der alte Mythos vom Peão reproduziert: Der harte Bursche, der den Stier bezwingt und den Jaguar schießt, der kein festes Dach über dem Kopf hat und nie mit der gleichen Frau im Bett liegt.

Natürlich wirkt dieser Mythos auf niemanden anziehender als auf den braven Familienvater, und so erklärt es sich, dass das Rodeo von Barretos auch eine Veranstaltung für Vati, Mutti und die lieben Kleinen geworden ist – mit Rummelplatz, Karussell und Zuckerwatte, mit Streichelzoo, Kinderstars und jeder Menge Westernmode. Das wiederum ist attraktiv für die Sponsoren: Von den Banken über die Handynetze bis hin zu den beiden Schlachthöfen von Barretos, die bis heute, nach der Stadtverwaltung, die größten Arbeitgeber am Ort sind.

Wer dagegen ohne Familie anreist, kann in Barretos auch gerne über die Stränge schlagen – auch das passt ja zum Mythos. In der Avenida 43, wo man sich vor den Wettkämpfen zum Biertrinken trifft, räkeln sich schon am frühen Abend die Prostituierten auf den Motorhauben, und um zu verstehen, warum die Rodeoverwaltung »Gewalttaten und obszöne Handlungen« mit Ausschluss bedroht, braucht man nicht zu warten, bis es dunkel ist. Nachmittags um halb drei schon wird auf dem Campingplatz unter freiem Himmel gestrippt. Zehn Prozent der Einwohner von Barretos vermieten ihr Haus über die Rodeotage, und mancher Mieter lässt für sich und seine Freunde den Whisky fließen, das Kokain stäuben und die Puppen tanzen. Angeblich gibt es Rodeofreunde, die es vor lauter Feiern kein einziges Mal zum Rodeo schaffen.

Für die Stadt Rio de Janeiro und ihre Wirtschaft ist der Karneval ein Bombengeschäft. Mindestens anderthalb Milliarden Reais, also rund 600 Millionen Euro, setzte er 2013 um. Über 900 000 Touristen, davon die Hälfte Brasilianer, reisten an, 50 000 mehr als im Vorjahr. Sicherlich, es gibt im Sambodrom auch billige Karten neben all den teuren, die über die Reisebüros und Kartenagenturen zu buchen sind. Aber die sind natürlich eher das Feigenblatt, das die Elitisierung und Kommerzialisierung des offiziellen Karnevals gnädig bedecken soll. So richtig aufregen tut sich darüber schon lange niemand mehr. Die Brasilianer neigen nicht so sehr zur Erregung, wenn ihnen etwas nicht passt, zumal wenn sie sowieso nichts ändern können. Stattdessen weichen sie aus. In den Vorstädten feiern die kleinen Leute sowieso seit eh und je ihren billigen Karneval, der vielleicht mal vom Supermarkt an der Ecke ein paar hundert Reais Sponsoring erhält.

Als Ausweichen, also als Antwort auf die Kommerzialisierung und Professionalisierung kann man auch die Renaissance des Straßenkarnevals interpretieren. Den gab es zwar immer, aber Jahr für Jahr formieren sich neue Blocos, Umzüge, die nur aus einem Samba und dem dazu gehörigen Lautsprecherwagen bestehen, ferner aus einem Minimum an Verkleidung und Maskerade, dafür aber aus sehr viel Teilnehmern mit sehr vielen Bierdosen in der Hand. Manche Blocos sind so beliebt, dass sie schon gar nicht mehr bekanntgeben, wann und wo sie defilieren, und andere beginnen morgens um sechs Uhr, so dass nur die härtesten Nachtschwärmer mitlaufen.

Zu den beliebtesten Blocos gehören die »Carmelitas«, und wenn man am frühen Abend beim Bier vor der Bar »Serginho« sitzt und auf Rio de Janeiro und die Bucht herabschaut, versteht man sofort, warum die »Carmelitas« hier entstanden sind: Jeder scheint jeden zu kennen, alle sind hier zu Hause. In der Bar, die eigentlich nur ein Laden mit ein paar Tischen und Stühlen auf dem Bürgersteig davor ist, herrscht eine spezielle Art von Gemeinschaftsgefühl, das an den Ort und das Viertel gebunden ist. In diesem Falle Santa Teresa, ein nettes, ehedem piekfeines, dann heruntergekommenes und heute wieder schick gewordenes Boheme-Quartier. »Carmelitas« heißen sie, weil einst eine Nonne aus dem Karmelitinnen-Kloster von Santa Teresa aus lauter Lust am Samba über die Klostermauer gesprungen ist, wobei natürlich niemand ein Hehl daraus macht, dass diese Legende ganz und gar erfunden ist. Jedenfalls führen die »Carmelitas« eine überdimensionale Nonnenfigur bei ihren Umzügen mit. Die Narren tragen schwarz-weiße Nonnenschleier, die Herren gern zum nackten, die Damen zum nur knapp bekleideten Oberkörper. Erfunden wurden die »Carmelitas« Anfang der Neunziger von einigen Freunden, die sich nach dem Fußballspielen bei »Serginho« zum Bier trafen. Zuerst schoben nur ein paar Dutzend »Carmelitas« Samba tanzend über das Kopfsteinpflaster von Santa Teresa. Heute kommen Zehntausende aus ganz Rio.

Und so ähnlich ist das mit den meisten Blocos. Sie entstehen beim Bier, haben entweder eine ähnlich ausgedachte Gründungslegende oder tragen so ulkige Namen wie »Zwei nach dort, zwei nach hier« oder »Was für eine Scheiße ist das denn?« oder »Saugt, aber sabbert nicht«. Und sie sind praktisch alle überlaufen – so überlaufen, dass die Gründer sich fragen, ob das noch ihre Blocos sind. Zumal bei den alten, die in der Zeit kurz vor Ende der Militärdiktatur entstanden sind, als die Generäle den Griff schon lockerten. Damals kamen ausgesprochen politische Blocos auf. Künstler, Intellektuelle, Rückkehrer aus dem Exil genossen die neue Narrenfreiheit. Sie drehten den verhassten Militärs eine Nase, nahmen die Liebe der Politiker zum Schweizer Nummernkonto auf die Schippe, machten selbst aus dem Nahostkonflikt noch einen Samba – und alles schräg verblödelt wie nach dem zehnten Bier.

Aber so wie die nackten Mulattinnen im Karneval niemand mehr wirklich schockieren und provozieren, so ist die Zeit auch über die politischen Blocos hinweggegangen. Die 1965 gegründete »Banda de Ipanema«, einer der größten, sei heute eine Drag-Queen-Veranstaltung, schimpfte kürzlich einer der Gründer – er sei damals geknebelt mitmarschiert, als Protest gegen die Diktatur.

Das allerdings ist heute kein Thema mehr. Glücklicherweise.

## 10.
## Ordnung und Fortschritt in einem Land, das sich seiner nicht sehr sicher ist

Das Foto ist natürlich schwarz-weiß. Es zeigt zwei parallele Fahrspuren, die durch dürres, niedriges Buschwerk dem Horizont entgegenstreben. Im Vordergrund, wo eine weitere Spur rechtwinklig kreuzt, sind vier weiße Pfähle in den Boden gerammt. Wie eine Eskorte umgeben sie den fünften, an dem ein Schild angebracht ist. Auf dem stehen nur vier Buchstaben: Zero – Null. Der Nullpunkt.

Vom werdenden Brasília gibt es gefälligere Bilder als die Pfähle in der Wildnis: wichtige Herren in Anzug und Schlips, die sich in freier Natur über roh gezimmerte Kartentische beugen. Arbeiter im Drillich, die als Helden des Ausbaus inszeniert vor dem ebenen, kahlen, weiten Horizont auf hohen Baugerüsten balancieren. Die nackten Stahlskelette der parallel in die leere Landschaft gelegten späteren Ministerien. Die noch verschalten Zwillingstürme des Parlaments mit der Kuppel und der Schüssel davor. Die feierliche Einweihung am 21. April 1960, mit Messe, Militärparade und Massenaufmarsch unter einem vor lauter Fahnen grüngelben Himmel.

Aber das Zero-Foto bildet den Ursprung ab. Die Wegkreuzung im Busch, das ist die Parabel für die Eroberung, Erschließung und Entwicklung des riesigen Landes, dessen Inneres auch damals noch, 460 Jahre nach der Entdeckung durch Pedro Álvares Cabral, kaum besiedelt, wild und rückständig war. Brasília »entstand aus der elementaren Geste der Besitzergreifung, der Markierung eines Ortes: zwei Achsen, die sich rechtwinklig überschneiden – das Zeichen des Kreuzes«, formulierte später Lúcio Costa. Eine Anspielung auf die erste Besitzergreifung auf brasilianischem Boden, als das Land erstmal »Terra da Santa Cruz« genannt wurde.

1957 hatte Lúcio Costas Tochter Maria Elisa, während er unten im Auto wartete, zehn Minuten vor Wettbewerbsschluss seinen Entwurf für das Brasília-Projekt abgegeben – »ein Stück Literatur, gerade mal zwanzig Seiten lang, mit einem poetischen Text und mit Zeichnungen wie von Kinderhand«, wie Federico Flósculo sagt, der an der Universität Brasília Städteplanung lehrt. Der Le-Corbusier-Anhänger Costa, der bis dahin wenig Eigenes gebaut, geschweige denn eine völlig neue Hauptstadt geplant hatte, setzte sich gegen 21 Konkurrenten durch. Der Architekt Oscar Niemeyer, der später als Baumeister Brasílias Weltruhm gewinnen sollte, war Costas Schüler. Er saß in der Auswahlkommission und soll energisch zugunsten seines Meisters gesprochen haben.

Später Nachmittag, ideales Fotowetter für die Unterwäschemodenschau des Conjunto Nacional, eines in die Jahre gekommenen Einkaufszentrums. Eine elegante Schlange schöner, junger Musterkörper überquert die breiten Bürgersteige vor der Mall, windet sich durch die vielspurig haltenden Autos hindurch und paradiert auf der oberen Plattform des Busbahnhofs. Ein alltäglicher, mittelmäßiger Ort: Autos aus allen Himmelsrichtungen, viele Busse, viele Menschen, viele Hochhäuser, viel Beton. Die schönen Körper steuern die Brüstung an, damit sie im Hintergrund das Postkartenmotiv Brasília haben: die endlos breite, von den Ministerien gesäumte Monumentalachse, die auf den Kongress und den Platz der drei Gewalten zuläuft. Hier am Busbahnhof schneidet sie die andere Hauptachse, die das von Costa geplante Brasília durchzieht. Und genau hier stand einst das Zero-Schild.

Schon Tiradentes, der Vorläufer der Unabhängigkeit von Portugal, schlug die Verlegung der Hauptstadt ins Innere vor. 1789 war das, und seitdem stand das Projekt stets auf der Tagesordnung. Die Väter der Unabhängigkeit 1822 bekannten sich dazu, und als das Kaiserreich 1889 fiel, erhielt das Vorhaben sogar Verfassungsrang. Dass das stets beschworene und nie begonnene Projekt dann doch verwirklicht wurde, dieses Verdienst erkennen die Geschichtsbücher Juscelino Kubitschek zu. Von heute aus gesehen war

309

er Präsident zu einem dieser magischen Momente in der Geschichte, in denen einem Land, einer Nation, einer Gesellschaft einfach alles zu gelingen scheint: Die Wirtschaft florierte, die nationale Industrie expandierte, künstlerisch strahlte Brasilien in alle Welt aus. Und am 29. Juli 1958 saß Kubitschek mit seinem Gefolge im »Brasília Palace Hotel«, dem zweiten fertig gewordenen Gebäude der Stadt nach der Präsidentenresidenz, und hörte sich im Radio an, wie Brasilien in Schweden Fußballweltmeister wurde.

Niemeyer hatte gleich eine Holzbaracke für Kubitschek errichtet, der den Bau genau verfolgte; 252-mal flog der Präsident zwischen der ersten Besichtigung des öden, wilden Hochplateaus im Oktober 1956 und der Einweihung im April 1960 mit seiner DC-3 ein. Heroische dreieinhalb Jahre: 30 000 Bauarbeiter unternahmen, von Kubitschek persönlich angefeuert, gewaltige Anstrengungen, um rechtzeitig fertig zu werden. Der Schweiß, der Staub, der Whisky, die Kameradschaft, die Pflichterfüllung – das ist der Stoff, aus dem die Heldenmythen gewirkt sind. Dann hielt nach und nach die Normalität Einzug: Das Hospital wird fertig; Brasília wählt eine Schönheitskönigin; der Zoo bekommt einen Elefanten; Brasiliens Zahnärzteverband eröffnet eine Ortsgruppe.

Die bis heute strahlend schönen, eleganten Staatsbauten Niemeyers sind durch die Wohngebiete ergänzt, die nach dem Prinzip der Gartenstadt gestaltet

310

und entsprechend dem Geist der Zeit autofreundlich durch kreuzungsfreie Straßen verbunden wurden; tatsächlich bekam die Stadt erst Anfang der Siebziger ihre erste Ampel. Die Superquadras genannten Wohnquartiere waren von großbürgerlich-luxuriösem Zuschnitt, um die aus Rio de Janeiro zwangsverpflanzten Beamten zu entschädigen. Zunächst wurden sie vom Staat zugewiesen, und so kam es, dass der Direktor neben seinem Fahrer wohnte.

Brasília war sicherlich das anregendste, aufregendste Projekt der Moderne weltweit, obwohl der Bau der Stadt ein ganz altes Vorhaben war. Diese Ungleichzeitigkeit löst sich jedoch sofort auf, wenn man Brasília als in Beton gegossene Parabel für den Fortschritt betrachtet. Natürlich ist es Zufall, dass Tiradentes ausgerechnet im Jahr der Französischen Revolution die utopische Idee vertrat, die Hauptstadt des Landes, das damals ja noch eine der Metropole untergeordnete Kolonie war, ins Innere zu verlegen – Zufall sicher, aber eben ein bezeichnender Zufall. Der Fortschrittsbegriff ist aus dem Geist der Aufklärung geboren, und wenn auch Voltaire oder der Marquis von Condorcet sicherlich nicht gerade an Brasilien dachten, wenn sie über den Fortschritt philosophierten, hier griff eine kleine, ungeduldige Elite das neue, aufklärerische Gedankengut begeistert auf. Es war »ihr« Gedankengut, sie war ihr Träger; das schwerfällige, rückwärts gewandte, aus

311

Lissabon gesteuerte und nur mit Unterdrückung zu verteidigende koloniale System hatte damit nichts zu schaffen. Und es ging nicht nur um eine akademische Debatte, eine intellektuelle Mode oder eine geistige Unterfütterung eines Wettstreits der Interessen. Die Idee des Fortschritts wurde in Brasilien, ganz anders als in Europa, zu einem Eckstein in der Konstruktion der nationalen Identität. Rückschritte und Fehlschläge eingeschlossen – der Fortschrittsgedanke ist ein konstituierendes Element Brasiliens, eine unverzichtbare Konstante im Leben der Nation. Und zwar bis heute.

Natürlich haben auch die portugiesischen Kolonialbeamten oder die Holländer das Land entwickeln wollen, um die Erträge, die Ausbeute zu erhöhen. Aber damals, in voraufklärerischen Zeiten, dachte man eher in den weit statischeren Kategorien von Barbarei und Zivilisation; die passen zur merkantilistischen Bevormundung durch Lissabon genauso, wie die dynamischere Kategorie des Fortschritts zum Freihandel gehört. Die Kolonie war eine drei Jahrhunderte während Phase des Beharrens und der Stagnation, wenn man sie vergleicht mit dem, was an 1808 anschloss, das Geburtsjahr des modernen Brasiliens. Ohne die Übersiedlung des portugiesischen Königshofes damals »gäbe es das Brasilien gar nicht, das wir heute kennen«, sagt der Historiker José Murilo de Carvalho, weil sonst die portugiesische Kolonie genauso in verschiedene Staaten zerfallen wäre wie die spanische zu Beginn des 19. Jahrhunderts. Und die Idee des Fortschritts war stets eines der Bindemittel, das riesige, kontinentgroße Land zusammenzuhalten, zu entwickeln und zu künftiger politischer Größe und wirtschaftlicher Potenz zu führen.

Es ist vielleicht ein sehr amerikanisches Gedankengut, diese Idee des Fortschritts. Anders als in Asien, wo der imperialistische Ausgriff der Europäer die dortigen Kulturen und Gesellschaften vielleicht beherrschen, beschädigen, unterjochen, aber nicht eliminieren konnte, schlugen die Europäer und ihre Nachfahren in Amerika alles kurz und klein: von der unmenschlichen, völlig sinnlosen Zerstörung des Inka- und des Aztekenreiches bis zur systematischen Ausrottung der Indianer im 19. Jahrhundert, in den Steppen Nordamerikas ebenso wie in den Pampas von Patagonien. Und was an Ursprünglichem und Urtümlichem blieb, verschloss sich in die – angeblich – realitätsentrückten Traumwelten andiner Kosmologien, verkroch sich in die Tiefen der undurchdringlichen Urwälder oder ließ sich zu pittoresken Überbleibseln an Folklore und Lokalkolorit banalisieren.

Was jedoch auf der ganzen Linie siegte, was vorherrschend blieb, war das europäische Kulturmuster, und das gab dem linear und materiell gedachten Fortschritt stets sein Ziel vor: so entwickelt werden

313

wie Europa, so wohlhabend werden wie Europa, so kultiviert werden wie Europa. Wobei Europa natürlich immer ein idealisiertes Europa war und nicht unbedingt das reale, das ja über die Jahrhunderte hinweg jede Menge arme Teufel nach Amerika entließ, die dort ihr Glück machen wollten.

Kaiser Pedro II., dieser wunderliche Hobbygelehrte, der seiner Krone den Doktorhut und seinem Krönungsornat den schwarzen Gehrock des Professors vorgezogen hätte, förderte die schönen Künste, die Industrie, die Wissenschaft und die Technik. Er selber fotografierte als Erster in seinem Reich, in seinem Schloss gab es drei Bibliotheken mit 60 000 Büchern, und ob Geschichte, Medizin, Geographie, Malerei, Astronomie, Bildhauerei, Chemie, Sprachen, Botanik oder Dichtkunst – er interessierte sich eigentlich für alles. Unter vielen anderen verblüffte er Victor Hugo und Friedrich Nietzsche mit seiner profunden Bildung. Wo er in amtlicher Mission zu Besuch in seinem Riesenreich war, prüfte er persönlich die Schulkinder – »Wenn ich nicht Kaiser wäre, wäre ich gerne Schulmeister«, schrieb er in seinen Memoiren. Er griff in seine Privatschatulle, um Begabte in Europa studieren zu lassen, und das Elitegymnasium der Nation trug seinen Namen. Der Kaffeeboom lieferte das Geld, um die Errungenschaften einzuführen, die der Fortschritt in Europa geboren hatte, von der Eisenbahn über den Telegraphen bis zur Gaslaterne.

Besonders emsig war er übrigens beim Nobilitieren im Dienste des Fortschritts. Er erhob in seinen 48 Regierungsjahren rund tausend Landsleute in den Adelsstand. Ein merkwürdig altmodisch anmutendes Instrument, um den Fortschritt zu fördern: Die Barone, Grafen und Herzöge zahlten dafür kräftig in die Staatskasse, und Pedro erwählte meist Männer, die sich Verdienste um Entwicklung und Fortschritt erworben hatten. Die Titel waren folglich nicht erblich, aber sie stärkten die nationale Identität, indem sie meist indianische Ortsbezeichnungen aufgriffen. Dass die Herrschaften von Coruripe, Piaçabuçu, Aramaré oder Jurumirim, die vielleicht französische Bücher lasen, ihre Töchter das Klavierspiel lernen ließen, am Nachmittag Tee tranken und sich von schwarzen Sklaven Luft zufächeln ließen, womöglich lieber etwas pompöser und vor allem europäischer geheißen hätten, steht auf einem anderen Blatt.

Direkt bei der U-Bahn-Station Glória in Rio de Janeiro beginnt die Rua Benjamin Constant. An der Ecke steht der Bischofspalast, daneben das Verwaltungsgebäude »João Paulo II.« der Diözese, gegenüber die Pfarrei »Sagrado Coração de Jesús«, und auch die Baptisten sind in der Straße vertreten. Ausgerechnet hier, wo der himmlische Beistand groß genug sein sollte, steht die Kirche einer weiteren Religion, allerdings einer weltlichen: der Tempel der

315

Menschheit. Der Bau ist der Sitz der Positivistischen Kirche Brasiliens, gegründet am 19. Cäsar 93, was dem 11. Mai 1881 entspricht, und der Tempelherr heißt tatsächlich Danton Voltaire Pereira de Souza. Von Beruf Bauingenieur, verwahrt er den Schlüssel des Tempels mit der klassizistischen Säulenfassade, auf deren Architrav die positivistische Losung steht: »Die Liebe aus Prinzip und die Ordnung als Grundlage, der Fortschritt als Zweck.« Jeden Sonntag findet hier eine positivistische Zeremonie statt, bei der die Marseillaise und die brasilianische Nationalhymne abgespielt werden, und Danton Voltaire hält eine positivistische Predigt dazu. Zu den Reliquien des Tempels gehört übrigens ein Bett, in dem einst Tiradentes schlief, der Vorläufer der Unabhängigkeit im 18. Jahrhundert.

Was heute kaum mehr als ein kurioses Relikt der Geistesgeschichte ist, spielte im 19. Jahrhundert in Brasilien eine wichtige Rolle: die Verherrlichung des Fortschritts gemäß der Lehre von Auguste Comte (1798–1857) und seiner Nachfolger. Comte beanspruchte, eine objektive und neutrale, nur auf der Wissenschaft fußende Gesellschaftstheorie entwickelt zu haben, die eine Art universeller Ordnung ermögliche. Danach bestimmen nicht Klassenkampf und Umsturz den Gang der Geschichte, sondern die Wissenschaft, der technische Fortschritt und der soziale Ausgleich sind die Garanten der Perfektionierung der Welt. Eine Theorie, die natürlich in den Augen des Bürgertums den unschätzbaren Vorteil hatte, ohne so lästige Begleiterscheinungen wie Weltrevolutionen und Diktaturen des Proletariats auszukommen.

Nach Comte – auf den übrigens die Vokabel »Soziologie« zurückgeht – durchläuft die Menschheit zuerst das theologische Stadium, in dem die Welt als von übernatürlichen Kräften gelenkt verstanden wird, gefolgt vom metaphysischen Stadium, in dem der Mensch die Welt durch Beobachtung und rationale Überlegung durchdringt. Das letzte, höchste Stadium ist selbstverständlich die positivistische Etappe, in dem die Gesetze der Natur erkannt werden. Besonders erleuchtete Geister führen die Menschheit zu Fortschritt und Einheit, wobei das Gemeinwohl durch allgemeine Solidarität zu erreichen sei.

Unglückseligerweise kam Comte aber auch noch auf die Idee, dieses Gedankengebäude mit einer Art weltlichem Religionsersatz zu krönen, eben der positivistischen Kirche der Menschheit, was jeder Menge Sektierertum, Fanatismus und Verbohrtheiten aller Art Tür und Tor öffnete. Und Skurrilitäten wie die Umbenennung der Monate, eine neue, mit der Französischen Revolution beginnende Zeitrechung oder die Übertragung der christlichen Dreifaltigkeit auf die Kirche der Humanität.

317

Nirgendwo auf der Welt hat der Positivismus eine so große Wirkung entfaltet wie in Brasilien, und nirgendwo hat er sich so lange gehalten – warum? Wie konnte sich das positivistische Motto »Ordnung und Fortschritt« diesen graphisch äußerst prominenten Platz auf der Nationalfahne erobern?

Die katholische Kirche und die kaiserliche Regierung, die am Ende die Interessen der Oligarchie vertraten, bewahrten im 19. Jahrhundert ihre beherrschende Stellung der Gesellschaft, und davon fühlte sich die aufstrebende Mittelschicht ausgegrenzt – besonders jener Teil der Mittelschicht, der damals den Fortschritt des Landes vorantrieb, also die Studierten und die Angehörigen freier Berufe. Achtzig Prozent, so eine auf den Lebensläufen von 400 Positivisten fußende historische Studie, waren Ingenieure, Professoren, Ärzte und Militärs. Ihnen, den Aufstrebenden, bot sich der Positivismus geradezu als Ideologie an. Zumal brasilianische Intellektuelle des 19. Jahrhunderts sowieso alles anhimmelten, was aus Frankreich, der Wiege der Zivilisation, über den Atlantik zu ihnen kam, egal ob die Philosophie, der Cul de Paris, das Sèvres-Porzellan oder die »Revue des Deux Mondes«.

Während Kaiser Pedro in Europa zur Kur war, hatte die Regentin Prinzessin Isabel am 13. Mai 1888 die berühmte »Lei Áurea«, das »goldene Gesetz« zur Abschaffung der Sklaverei, unterzeichnet, und dass

318

sie damit auch die Monarchie abschaffte, konnte sie wohl nicht vorhersehen. Die Agraroligarchie entzog dem Kaisertum ihre Unterstützung – »ohne Neger auch keinen Kaiser«, lautete die schlichte Parole –, weil sie ohne die Sklaven ihren wirtschaftlichen Zusammenbruch fürchtete; der weitere Gang der Geschichte widerlegte diese Angst. Und innerhalb des brasilianischen Offizierskorps wurde die Tradition des Militärs, sich politisch neutral zu verhalten, nach dem Paraguay-Krieg 1865–1870 immer öfter und immer offener in Frage gestellt. Die jüngeren Offiziere, vom Positivismus stark beeinflusst und deshalb grundsätzlich oft dem Pazifismus und sogar der Abschaffung des Militärs zuneigend, verbündeten sich in den Achtzigern mit den republikanischen Kräften. Wobei man nicht vergessen darf, dass die Republikaner, wenn auch nicht ausschließlich, die Kaffeebarone und Großgrundbesitzer waren, die der Sklaverei nachtrauerten. Also nicht eigentlich eine Gesellschaftsschicht, die sich gemäß den positivistischen Grundsätzen verhielt. So dass also, zugespitzt, die Monarchie fiel, weil sie den reaktionären Republikanern zu fortschrittlich war, die allerdings die Abschaffung der Sklaverei dann doch nicht rückgängig machen konnten.

Nach dem Militärputsch am 15. November 1889 waren die Positivisten die Männer der ersten Stunde. Der Offizier und Ingenieur Benjamin Constant

Botelho de Magalhães, der sich nach dem liberalen Schweizer Staatstheoretiker Benjamin Constant nannte, hatte das positivistische Gedankengut auf der Militärakademie von Rio de Janeiro verbreitet, er war eine der führende Figuren bei der Proklamation der Republik und gilt bis heute als einer ihrer Väter. Die Trennung von Staat und Kirche und natürlich das positivistische Motto auf der Fahne – die Komponente Liebe wurde bezeichnenderweise weggelassen – sind die bis heute fortexistierenden Überbleibsel ihres Einflusses.

### Wo die Sterne wie verträumt am Himmel stehen

Eine der schönsten Fahnen war sie schon immer, und in den letzten Jahren ist sie auch noch eine der schicksten geworden: Designer und Dekorateure, Schneider und Stylisten haben den so munter wirkenden Grün-Gelb-Blau-Dreiklang für Handtaschen und Halstücher, für Bikinis und Badelatschen benutzt. In den Schickimickivierteln von Rio de Janeiro trägt man mitunter ein T-Shirt mit der brasilianischen Fahne, auf der, zur Belustigung der Szene, das Motto »Ordem e Progresso« – Ordnung und Fortschritt – ersetzt ist durch »Ordem e Prosecco«.

Sterne gehören zum klassischen Zeichenvorrat nationaler Fahnengestaltung, und meist stehen sie – Musterbeispiel USA – stramm wie auf dem Exerzierplatz. Wie ja ohnehin die harten, eckigen Formen auf Fahnen vorherrschen. Ganz an-

320

ders »a bandeira brasileira«: So wie ihr Name klingt, genauso uneckig und weich wirkt sie. Ihre Geometrie verzichtet, wenn man von den Außenmaßen absieht, völlig auf den rechten Winkel. Statt der üblichen Rechtecke sind ihr Raute und Kreis einbeschrieben. Auf aggressives Rot und düsteres Schwarz verzichtet sie, und die Sterne scheinen wie zufällig über den runden, blauen Himmelszeltstoff ausgestreut: größere und kleinere, hier mehr, dort weniger.

Von wegen zufällig. Das Fahnentuch stellt den Himmel über Rio de Janeiro am 15. November 1889 um 8.30 Uhr dar – der Ort und die Stunde der Proklamation der Republik. Zwar marschieren die Sterne nicht in Reih und Glied, aber idealisiert ist das Abbild dennoch: Erstens sind ein paar Millionen weggelassen, zweitens ist die Darstellung spiegelverkehrt. Denn per Gesetz muss die Abbildung so sein, als befände sich der Betrachter im All. Als schaue er quasi durch die Sternbilder auf Brasilien.

Genau 27 Sterne sind es – zurzeit, muss man hinzufügen. Denn jedem Himmelslicht ist jeweils einer der 26 Bundesstaaten plus der Hauptstadtdistrikt Brasília zugeordnet. Da sich die Staaten – durch Zellteilung das letzte Mal 1988 – gelegentlich vermehren, flattern heute sieben Sterne mehr auf azurfarbenem Grund als 1889. Ihre Darstellung erregt immer wieder die Pedanten unter den Astronomen. Denn sie ist um der Schönheit willen geschönt. Das Kreuz des Südens zum Beispiel, dessen fünf Sterne die Bundesstaaten São Paulo, Rio de Janeiro, Minas Gerais, Bahia und Espírito Santo darstellen, ist aus graphischen Gründen kräftig vergrößert worden. Der

Durchmesser der Sterne auf der Fahne entspricht außerdem nicht immer ihrer Lichtstärke am Himmel.

Ordnung und Fortschritt: Das Motto – welche Fahne hat schon ein Motto! – geht auf die positivistische Philosophie der Gründerväter der Republik zurück, was die Nichtpositivisten bis heute beklagen. Die normative Parole Ordem e Progresso passt allerdings immer noch bestens ins mitunter chaotische und rückständige Brasilien. Die Fahne, die hoch über dem »Platz der drei Gewalten« in Brasília weht, befriedigt die brasilianische Liebe zum Superlativ. Sie ist mit 286 Quadratmetern die größte der Welt, flattert am höchsten Fahnenmasten der Welt (100 Meter) und hat insofern ihren Platz im Guinness-Buch der Rekorde doppelt verdient. Nüchterne Geister wenden ein, sie sei aufwendig herzustellen und daher teuer. Denn sie muss sozusagen zwei Vorderseiten haben, weil sonst Schrift und Sterne auf der Rückseite gespiegelt erschienen.

Neun verschiedene Fahnen haben, seit die Portugiesen im April 1500 hier erstmals an Land gingen, im Himmel über Brasilien geflattert, und so wie die Fahne heute für das Schicke und Lebenslustige steht, so ist das grün-gelb-blaue Tuch bereits früher umgedeutet worden. Das Grün symbolisiere die Wälder, das Gelb die Bodenschätze, so lernen es die Schulkinder heute. Historisch war es etwas anders: Grün ist die Farbe des Bragança-Geschlechts, Gelb die der Habsburger – die Wurzeln der brasilianischen Monarchie, die am 15. November 1889 abgeschafft wurde.

Aber der Einfluss der Positivisten schwand im Übrigen schnell: Wie viele intellektuelle Strömungen der Zeit trat auch die Lehre Comtes in Brasilien wie eine Mode auf, und deshalb klang sie auch schnell wieder ab. Nach dem Sieg der Republik sortierten sich die gesellschaftlichen Machtgruppen mit ihren Interessen und Verbindungen neu – ein strenges, halb wissenschaftlich, halb religiös begründetes Gedankenkonstrukt mit moralisch-ethischen Zielsetzungen störte da nur. Und der eifernde Rigorismus der positivistischen Kirche stieß viele ab. Ihr Chefideologe oder -theologe Teixeira Mendes war berüchtigt für seine drei, vier Stunden langen Predigten über das dritte Stadium. Benjamin Constant selbst hing zwar der Lehre Comtes an, lehnte aber die Kirche ab, deren Tempel heute in der Straße steht, die seinen Namen trägt. Er würde heute vielleicht dem Historiker José Murilo de Carvalho zustimmen, der die orthodoxen Positivisten als »Bolschewiki der Mittelschicht« bezeichnete.

»Zwar gibt es das Kabel, aber da es, kaum gelegt, bereits überflüssig war, hängt es schlaff von faulenden Masten herab, die nicht ersetzt werden, Opfer der Termiten oder der Indianer, die das charakteristische Summen der Telegraphendrähte für das Geräusch eines Stocks wilder Bienen halten … So seltsam es klingen mag, die Telegraphenlinie erhöht noch die herrschende Trostlosigkeit«, schrieb

Claude Lévi-Strauss über das, was in den dreißiger Jahren übrig geblieben war vom Werk und der Tat eines der modernen Nationalhelden Brasiliens, von einem der Fortschrittsprojekte Brasiliens, die zu ihrer Zeit von geräuschvoller Propaganda begleitet wurden und die trotz ihres Scheiterns weiter mit Lobeshymnen bedacht wurden. Cândido Mariano de Silva Rondon war vielleicht der merkwürdigste unter den positivistischen Säulenheiligen – ein tragischer Held des Fortschritts. 1865 mit indianischen Wurzeln geboren, ermöglichte ihm die Armee den sozialen Aufstieg als Ingenieur. Er war, wie intensiv auch immer, am Putsch gegen den Kaiser beteiligt, kannte wohl auch die handelnden Figuren, trat aber offenbar nicht groß in Erscheinung. 1890 begann er, an der Telegraphenleitung im Bundesstaat Mato Grosso mitzuarbeiten, danach war er am Bau einer Straße von Rio de Janeiro nach Cuiabá, der Hauptstadt von Mato Grosso, beteiligt. Die strategischen Überlegungen, das Hinterland zu integrieren – der Paraguay-Krieg hatte gezeigt, wie verwundbar brasilianisches Territorium war, das nur auf endlosen Flussfahrten durch Nachbarländer von Rio de Janeiro aus zu erreichen war –, verknüpften sich in diesem Projekt mit der Fortschrittsverherrlichung des Positivismus, dem Rondon treu anhing, bis er in den fünfziger Jahren hochbetagt in seiner Wohnung in Copacabana starb.

324

## Wo der Dschungel den Fortschritt von gestern überwuchert hat

An der von Asphaltresten gesprenkelten Lehmstraße liegt, vom dichten Urwald fast verschluckt, eine verfallene Tankstelle. Die Bleche und die Zähler der Zapfsäulen sind demontiert, ölgeschwärzte Rohre verschwinden im Betonboden, in dessen Rissen hüfthohes Unkraut wurzelt. Darüber ein halb herabgestürztes Dach, von dem leere Glühbirnenfassungen baumeln. »Posto Piquiá, BR 319, km 500« steht grün auf gelb auf einem runden Zylinder für Dieselöl.

In den Siebzigern ließ die Militärregierung die Bundesstraße BR 319 durch den Busch schlagen. Von Manaus aus führt sie knapp 900 Kilometer südwestlich bis nach Porto Velho, fast an der bolivianischen Grenze. Sie zu bauen war eine strategische Entscheidung. Das kaum besiedelte Amazonasbecken sollte erschlossen und damit gegen Annexion von außen geschützt werden. Aber wirtschaftlich war die Straße überflüssig. Bis Ende der Achtziger verfiel sie nach und nach.

Dass sie nicht wieder völlig zugewachsen ist, verdankt sie dem Internet. Denn das Glasfaserkabel, das Manaus mit Brasilien verbindet, folgt der Trasse der BR 319, die deshalb notdürftig von der Betreibergesellschaft instand gehalten wird. Die hat, lange bevor das Kabel gelegt wurde, alle 40 Kilometer Metallgittertürme für die Radioübertragung errichtet, die Vorgängertechnologie zur Glasfaser. Die Türme werden jedoch als Reservesystem erhalten, weil das Kabel immer wieder von Buschbränden versengt wird.

Im Zaun an der Basis der Türme klaffen Löcher, die, so sagen Ortsansässige, die Fußgänger geöffnet haben, die nachts Schutz vor dem Jaguar suchen. Man kann hindurchschlüpfen und die rotweiß gestrichenen Metallleitern hinaufklettern, fünfzig, siebzig, neunzig Meter hoch. Oben eröffnet sich ein Panorama friedlicher Monotonie: Bis zum Horizont nichts als intaktes, dichtes Grün, das vom rötlichen Schnitt der Straße halbiert wird.

Seit 2005 will die Regierung die BR 319 wiederherstellen und ausbauen – ein populäres Projekt, das nirgends populärer ist als an der BR 319, vor allem an ihrem verlassenen, verfallenen Mittelstück. »Dann wird es endlich Arbeit geben – Mann, ich würde jeden Job annehmen«, sagt Marco Alves de Carmo, 25, der, das Gewehr geschultert, mit seiner erst zwölfjährigen Gefährtin Ingrides auf der staubigen Erdstraße unterwegs ist. Im Busch haben sie ein Feld, zusätzlich leben sie von der Jagd auf Tapir, Waldschwein und Jaguar. Marco sieht nur Vorteile: »Heute kommst du bloß zum Arzt, wenn du ein Auto anhältst, aber wann fährt hier schon mal eins.«

Auch jenseits der paar hundert versprengten Siedler am weltabgeschiedenen Mittelstück der Straße – auf den ersten Blick ist nichts logischer als der Ausbau. Denn Manaus, eine florierende Zwei-Millionen-Stadt mit einer gewaltigen industriellen Produktion, hat zwar eine Straßenverbindung nach Venezuela, aber keine nach Südbrasilien. Mit massiven Steuererleichterungen wird seit Jahrzehnten die Industrialisierung an diesem entlegenen Standort angekurbelt. Ein spektakulärer Erfolg: Heute fertigen über 500 Firmen Mas-

326

senkonsumgüter für den expandierenden Binnenmarkt Brasiliens. Manaus durchlebt goldene Jahre, gegen die der Glanz des Kautschukbooms verblasst. Aber Computer, Handys, Fernseher, Motorräder – die gesamte Produktion verlässt die Stadt per Schiff: Den Amazonas hinunter nach Belém, und von dort fahren Lastwagen 3000 Kilometer weit zu den Märkten in Südbrasilien. Die Industrieproduktion lief schon auf Hochtouren, als es die Straße noch gab, und dennoch verfiel sie. So nötig kann sie für Manaus also nicht sein. Im Gegenteil: Ihre Nichtexistenz ist ein riesiger Vorteil. Im Bundesstaat Amazonas steht der Urwald noch zu 98 Prozent, weil sich Besiedlung und Beschäftigung auf Manaus konzentrieren.

Marli Schroeder wäre am liebsten sofort wieder umgekehrt, als sie 1991, mit ihrer ersten Tochter schwanger, hier hochkam und das Land sah, auf dem sie und ihr Mann heute leben. »Der Verkäufer sagte damals, die BR wird nächstes Jahr ausgebaut«, erinnert sich Wirson Schroeder, »und ob sie jetzt wirklich kommt? Das glaub ich erst, wenn sie die gelben Striche auf den Asphalt malen.« Die Schroeders verließen Südbrasilien, weil es dort kein Land mehr gab, heute bewirtschaften sie zusammen mit zwei verwandten Familien eine tausend Hektar große Farm mit 450 Rindern. Eine Kolonie blonder, blauäugiger Brasilianer, von denen nur die Älteren noch das kehlige Deutsch der Vorväter sprechen.

Die Schroeders sind, von Süden aus gesehen, der letzte Posten der Zivilisation; nördlich von ihnen wohnt 250 Kilometer lang kaum noch jemand an der Straße. Auch sie hoffen inständig auf den Ausbau. »Die Hälfte des Jahres können wir

327

die Rinder nicht vermarkten«, sagen sie und zeigen Fotos von Traktoren und Lastwagen vor, die in der Regenzeit im Schlamm stecken. Wäre die Straße asphaltiert, kämen sie in zweieinhalb Stunden zum Schlachthof nach Humaitá.

»Wir können den Nachteil unserer entlegenen Lage in der Kalkulation kaum noch ausgleichen«, sagt Wirson Schroeder und rechnet vor, was allein der Diesel für den Generator kostet. Allerdings sehen sie auch die Nachteile: »Vor den Grileiros habe ich Angst«, sagt Marli Schroeder offen. Sie wären nicht die Ersten, die mit Gewalt vertrieben würden, weil durch eine Straße der Wert des Landes steigt.

»Heute herrscht ein Bevölkerungsdruck, den es in den Achtzigern nicht gab«, warnt der US-Biologe Philip Fearnside vom renommierten Inpa-Forschungsinstitut in Manaus, »denken Sie an die 21 000 Menschen, die bei Porto Velho zurzeit die beiden riesigen Wasserkraftwerke bauen – was passiert wohl, wenn die fertig sind?« Er schätzt, dass links und rechts des besonders gefährdeten Mittelstücks, das, anders als die Abschnitte näher bei Manaus und Porto Velho, noch intakt ist, über fünf Millionen Hektar an artenreichem Primärwald verschwinden würden.

Brasiliens Naturschutzbehörde Ibama hat deshalb, dem politischen Druck zum Trotz, die Umweltgenehmigung für den Ausbau des Mittelstücks noch nicht erteilt. Sie beharrt darauf, dass entlang der Straße nicht nur Naturschutzgebiete ausgewiesen, sondern auch die Voraussetzung für deren wirksame Überwachung geschaffen werden. Dennoch: In Brasilien ist noch nie eine Straße durch den Dschungel gebaut worden,

ohne dass sie Rodung, Verwüstung und Gewalt mit sich gebracht hätte.

Insgesamt hat Rondon rund 6500 Kilometer Telegraphenlinien verlegt, und praktisch alle durch mehr
oder weniger unwegsame Gegenden. Das größte
Projekt der »Kommission Rondon«, wie der Tele-
graphenbautrupp innerhalb des Militärs hieß, war
die Konstruktion der Linie, auf deren Überbleibsel
Lévi-Strauss drei Jahrzehnte später stieß. Sie ging von
Cuiabá bis an den Rio Madeira, nach Porto Velho,
heute die Hauptstadt des nach dem Telegraphiepio-
nier benannten Bundesstaates Rondônia: grob gesagt
1600 Kilometer parallel zur Grenze zu Bolivien, quer
durch den unwegsamen, unwirtlichen Busch, der zu
gutem Teil von dichten Wäldern bestanden, von oft
feindlichen Indianern bewohnt, von breiten Flüssen
durchzogen war. Während Rondons Soldaten – viele
desertierten, viele starben an Malaria – eine endlose
Bresche für den Materialnachschub durch den Wald
schlugen und Kilometer über Kilometer an Kabel
verlegten, wurde der Chef 1913 plötzlich abberufen.
Das Außenministerium kommandierte ihn nach Rio
de Janeiro, wo er dem amerikanischen Ex-Präsidenten Theodore Roosevelt zu Diensten sein sollte, der
eine Amazonasexpedition unternehmen wollte. Die
Spannungen zwischen den offenbar arrogant auftretenden Amerikanern und den devoten Brasilianern

sind heute vergessen – die Landkarten verzeichnen jedoch bis heute einen Rio Roosevelt in den Wäldern Westbrasiliens.

Rondon sah den Bau der Telegraphenlinien nicht nur als technische Pionierarbeit an, sondern als zivilisatorische Aufgabe. Für ihn sollte der Fortschritt nicht nur in der Vervollständigung der Kommunikationstechnik bestehen, sondern auch in der gesellschaftlichen und politischen Integration des Vaterlandes. »Wo immer der Telegraph hinkommt, werden sich die wohltätigen Auswirkungen der Zivilisation bemerkbar machen«, versicherte Rondon. »Mit der Herstellung der Ordnung geht zwangsläufig die Entwicklung des Menschen und der Wirtschaft einher.« Der Ingenieur als Aufbauhelfer der Nation ließ deshalb seine Soldaten ein Grammophon mitschleppen, um den Indianern mitten im tiefsten Busch die Nationalhymne vorzuspielen. Das neue Fahnentuch, das selbst in manchen kleineren Städten noch niemand gesehen hatte, wurde im Wald gehisst, die Soldaten entzündeten ein Feuerwerk, und dann hielt der Chef den Indianern eine Rede und zeigte ihnen Bilder vom Präsidenten der Republik und vom Verkehrsminister.

Ende 1914 erreichte Rondon endlich den Rio Madeira. Die Arbeit war getan. Von den damals 12 000 bis 16 000 Angehörigen der brasilianischen Armee waren in den sieben Jahren, in denen die Telegraphenlinie gebaut wurde, ständig etwa fünf Prozent zur Kommission Rondon angestellt, und in der Öffentlichkeit waren die gewaltigen Summen, die das Fortschrittsprojekt verschlang, immer heftiger in Frage gestellt worden. Nun war die Linie fertig. Aber bei der Einweihung funktionierte sie nicht – man tat nur so als ob. Und, schlimmer noch, sie war technisch bereits überholt. Das Radio hatte sie zur Technik von vorgestern gemacht.

Die Telegraphendrähte, die der Don Quijote des Positivismus durch den Urwald legen ließ, waren jäh überflüssig. Rondon argumentierte, das Radio sei, weil es ja in der Wildnis nicht sichtbar präsent sei, kein Beitrag zur Integration des Landes. Eine groteske Fehleinschätzung, denn gerade das Radio in seiner Alltäglichkeit brachte in den folgenden Jahrzehnten die Bewohner des riesigen Landes näher zusammen als alle Sonntagsreden, die die nationale Einheit feierlich beschworen.

Und selbst wenn das Radio erst mal nicht erfunden worden wäre, hätte das Zusammenbrechen des Kautschukhandels jedes Interesse an der Telegraphenlinie erlöschen lassen. In den ersten sechs Jahren nach der Fertigstellung waren rund 28 000 Telegramme übermittelt worden. Aber knapp 23 000 davon waren interne, für den Dienstgebrauch bestimmte, und nur 5000 waren von Kunden verschickt und bezahlt worden. Nach Presidente Hermes, eine der entlegeneren Stationen, wurden 1924 das ganze Jahr über nur 15 Telegramme gesendet. Immerhin gingen 38 von dort ab.

Brasiliens Geschichte hält viele solche Beispiele für die spezifisch brasilianische Janusköpfigkeit des Fortschritts bereit. Berüchtigt ist die Impfkampagne, die der Mediziner Oswaldo Cruz 1904 in Rio de Janeiro zur Pockenbekämpfung begann – er löste einen Aufstand des misstrauischen, abergläubischen Volkes aus, der blutig niedergeschlagen wurde; dreißig Menschen kamen um, Hunderte wurden verhaftet und deportiert.

Oder der finstere Canudos-Krieg 1896/97, bei dem die junge Republik in vier blutigen Feldzügen gegen die Anhängerschaft eines sozial-religiösen Erweckungspredigers losschlug, wobei wohl 25 000 Menschen ums Leben kamen. Bloß weil die Regierung in Rio de Janeiro die Bewegung im fernen Bahia als rückwärtsgewandte monarchistische Machenschaft identifiziert hatte.

### Nur neun Mal benutzt: Der Zeppelinhangar von Rio de Janeiro

In Reih und Glied geparkt stehen 27 brasilianische Jagdflugzeuge vom Typ AMX nebeneinander im Hangar, aber eng ist es wirklich nicht. »Hier passt natürlich auch die Hercules rein«, sagt einer der AMX-Piloten und macht eine ausladende Handbewegung. Ja, sicher – hier, im Hangar der größten brasilianischen Luftwaffenbasis Santa Cruz, ist genug Platz, und zwar vor allem in der Höhe. Denn der Hangar war ursprünglich für größeres Fluggerät gedacht als die AMX: Für die »Graf Zeppelin« und die »Hindenburg«, die in der riesigen Halle – 270 Meter lang, 50 Meter breit und 53,58 Meter hoch – festmachten. Nach mehr als drei Jahren Vorbereitungs- und Bauzeit wurde die Luftschiffmole am zweiten Weihnachtstag 1936 eingeweiht. 131 Tage später allerdings ging die »Hindenburg« im amerikanischen Lakehurst in Flammen auf, und damit war das Zeppelinzeitalter auch am Zuckerhut zu Ende.

Nüchtern, streng, von spröder, ernster Schönheit: Wie ein Kunstwerk aus einer vergangenen Kultur steht der Hangar in der weiten Ebene westlich von Rio de Janeiro. Das ist er ja eigentlich auch; dass die technische Zivilisation solche Kolosse hervorbringt, gehört tatsächlich in eine andere Epoche. In seiner lichten Riesenhaftigkeit ist der Hangar ein Industriedenkmal: Tempel eines untergegangenen Kultes, der mit Stahl und Beton der Kraft, der Größe und der Masse huldigt. Raumproportionen wie im Zeppelinhangar gibt es im Zeitalter des Mikrochips nicht mehr. Wozu auch.

Drinnen herrschen Lichtverhältnisse wie in einer gotischen Kathedrale. Jede der beiden langen Flanken des Bauwerks ist mit 23 schmalen, hohen Fenstern versehen. 3400 Quadratmeter Glas, wie es im Inventar aus dem Jahr 1936 heißt, und hinzu kommen 1900 Quadratmeter Oberlichter.

Nach dem »Hindenburg«-Unglück stand der Luftschiffschuppen fünf Jahre lang unbenutzt herum. 1942 erklärte

333

Brasilien Deutschland den Krieg, der Hangar wurde in eine brasilianische Luftwaffenbasis umgewidmet. Im Stahlträgergewirr der gewaltigen Torvorrichtung ist, wie ein Kanaldeckel so wuchtig, ein Metallschild angebracht: »Gutehoffnungshütte Oberhausen – Allemanha« war der Hersteller der Stahlkonstruktion. An seiner Südseite ließ sich der Hangar auf voller Höhe öffnen, damit die Zeppeline hineinbugsiert werden konnten. Aber von den beiden fast 54 Meter hohen Torflügeln wiegt jeder achtzig Tonnen. Wie um alles in der Welt kriegt man so ein Tor auf?

Mit der ursprünglichen Vorrichtung, die heute noch funktioniert: Die beiden Türblätter weichen, von riesigen Motoren getrieben, auf einem halbkreisförmigen Gleis auseinander und gleiten an die Seitenwände des Hangars. Sechseinhalb Minuten dauert es, das Tor unter leisem Donnern zu öffnen. Heutzutage wird der Mechanismus nur in Gang gesetzt, wenn die Luftwaffenbasis ihren Tag der offenen Tür veranstaltet. Oder wenn die Halle ans Fernsehen vermietet wird. Oder um ein bisschen Durchzug zu erzeugen: Für den Alltagsbetrieb wird das wesentlich kleinere Nord-Tor benutzt, das für die AMX allemal langt.

Unter dem Kommando von Hugo Eckener, damals ein Weltstar, kam die »Graf Zeppelin« im Mai 1930 zum ersten Mal nach Rio, aus Friedrichshafen über Sevilla und Recife. Der Tageszeitung »Diário Carioca« war die »Conde Zeppelin« an jedem der fünf Tage vor der Ankunft eine jubelnde Schlagzeile auf der ersten Seite wert, und über Position, Geschwindigkeit und Flughöhe berichtete das Blatt umso emsiger, je näher das

Luftschiff kam. Am Tag der Ankunft überraschte die Zeitung ihre Leser mit einem ellenlangen Aufsatz des Luftschiffpioniers Joachim Breithaupt, und zwar auf Deutsch.

Die Züge aus São Paulo waren überfüllt, so viele Schaulustige reisten an, die sich den Anblick des 236 Meter messenden Luftschiffs nicht entgehen lassen wollten. Zur Feier des Tages gab es ein Konzert mit Lohengrin-, Walküre- und Freischütz-Melodien, und die Antárctica-Brauerei spendierte Freibier.

Als der Zeppelin am Morgen des 25. Mai, einem Sonntag, endlich kam, war es dummerweise wolkig. Aber ein paar Stunden später schien, wie es sich gehört, die Sonne, und als die »Graf Zeppelin« wieder losfuhr, drehte sie, zum Ergötzen der wenigen Passagiere – hinwärts waren es 22 –, eine Runde über die Bucht von Rio, das Zentrum und den Zuckerhut. 2500 Dollar kassierte die Deutsche Zeppelin-Reederei GmbH für die dreieinhalbtägige Reise, auf der es wegen der Explosionsgefahr nur kaltes Essen, dafür aber spektakuläre Ausblicke gab. In Afrika versetzte der Zeppelin eine Karawane in Angst und Schrecken, berichtete eine Mitreisende, und auf einem deutschen Schiff nahm die Besatzung vor lauter Begeisterung über den Zeppelin Aufstellung auf dem Deck. Allerdings in Form eines Hakenkreuzes.

Getúlio Vargas, der brasilianische Präsident, war vermutlich der einzige Staatschef weltweit, der je mit dem Zeppelin reiste. Dass Brasilien durch das damals modernste Verkehrsmittel mit der Welt verbunden würde, ließ er sich etwas kosten: Brasilien finanzierte den Luftschifflandeplatz in Santa Cruz, der wie ein riesiger Baukasten aus Deutschland importiert wurde. Die Konzession lief dreißig Jahre; erst 1966 hätten die Zahlungen der Deutschen die Investitionssumme der Brasilianer überschritten.

Aber für seinen eigentlichen Zweck wurde der Hangar ganze neun Mal benutzt: fünf Mal kam die »Graf Zeppelin«, vier Mal die »Hindenburg«.

Ein anderes Beispiel für Brasiliens mitunter sehr janusköpfigen Fortschritt ist die berühmte Madeira-Mamoré-Eisenbahn, die neben dem nicht schiffbaren Oberlauf des Rio Madeira herlaufen und den Zugang nach Bolivien erschließen sollte: Tausende von Arbeitern starben bei den verschiedenen Versuchen, die Bahn in den Busch zu bauen, und als sie 1912 endlich fertig war – Rondon baute zur gleichen Zeit seine Telegraphenlinie nach Porto Velho, wo die Bahn nach Westen startete –, verfiel der Kautschukpreis. Die Bahn wurde überflüssig, der Staat subventionierte sie jahrzehntelang und verkaufte sie in den Siebzigern, als sie schon verfallen war, schnöde als Schrott.

Eines der Schlüsselwerke der brasilianischen Literatur ist »Das traurige Ende des Policarpio Quaresma«, die Geschichte eines kleinen, braven Beamten, der hartnäckig und aufrecht seinen Beitrag zum Fortschritt des Landes leisten will und schließlich ins Irrenhaus eingeliefert wird. Seinem Autor erging es ähnlich: Afonso Henriques de Lima Barreto sympathisierte mit dem Anarchismus und Sozialismus, er gründete eine Liga gegen das Fußballspiel, weil die Clubs zu seiner Zeit noch Schwarze ausschlossen, und er starb mit 41 Jahren zwar nicht im Irrenhaus, aber an Alkoholismus.

»Le Brésil n'est pas un pays sérieux« – hat er's nun gesagt oder nicht? Charles de Gaulle hat es stets abgestritten, aber dieser Satz wird ihm wohl auf ewig zugeschrieben werden: Brasilien ist kein ernstzunehmendes Land. Das ominöse Wort fiel 1963, während des sogenannten Langustenkriegs. Dieser Fischereikonflikt ist längst eine verblichene Fußnote der Geschichte, aber der Satz ist unvergessen – auch wenn ihn, wie die Historiker sagen, nicht de Gaulle, sondern der brasilianische Botschafter ausgesprochen hat, weil er die Haltung seiner Vorgesetzten falsch fand. Und es sind heute nicht die Franzosen, die den ominösen Satz wie ein Mantra wiederholen, sondern die Brasilianer. Denn Brasilien ist kein Land, das sich seiner sehr sicher wäre. Die Angst, nicht ernst genommen zu werden, sitzt tief, und sie wird mitunter übertroffen von der Furcht, sich selber nicht ernst nehmen zu können. Zu dieser Selbstverzagtheit gehört, dass sie sich gelegentlich verleugnet und in ihr Gegenteil umkippt. So schnellt die Kurve des nationalen Selbstvertrauens aus den Niederungen des Selbstzweifels in die Höhen der vor Patriotismus triefenden Überzeugung, das beste aller Länder zu sein und noch dazu – sicher nicht zurzeit, aber grundsätzlich schon – am besten Fußball zu spielen.

Als 2007 ein Flugzeug der Fluglinie TAM in São Paulo verunglückte – damals trugen die TAM-Maschinen noch die Parole »Orgulho de ser brasileira« auf dem Rumpf, also »der Stolz, brasilianisch zu sein« – und fast 200 Menschen in den Flammen umkamen, wurde natürlich, wie das überall auf der Welt gewesen wäre, die Frage nach den Hintergründen, den Verantwortlichkeiten, der Schuld aufgeworfen. Aber in Brasilien trat noch eine andere Frage hinzu, die anderswo nicht gestellt worden wäre, jedenfalls nicht in Europa: Nach dem Unglück begann sich Brasilien selber in Frage zu stellen. Nicht über menschliches Versagen und technische Mängel wurde mehr debattiert, sondern über Brasilien: die allgemeine Mittelmäßigkeit, die allgegenwärtige Inkompetenz, die haarsträubende Vetternwirtschaft, die ewige Verdammnis zur Zweit- oder Drittklassigkeit – mit solchen Selbstvorwürfen geißelte sich die Öffentlichkeit. »Niemand meckert mehr, man mag diese Geschichten aus dem tropischen Land ja nicht einmal mehr den Ausländern als Witz erzählen«, schrieb Clóvis Rossi, der Kolumnist der angesehenen »Folha de S. Paulo«, damals. Mit anderen Worten: Le Brésil n'est pas un pays sérieux.

Der Fortschritt mit seinen weitgesteckten Zielen und seinen gewaltigen Herausforderungen in einem so riesigen, reichen und rückständigen Land gilt den Brasilianern bis heute als Gradmesser für die eigene Ernsthaftigkeit. Das Selbstbewusstsein der Nation bemisst sich daran, der Fortschritt nährt Patriotismus und Selbstbespiegelung, er gibt Auskunft über die Rangstellung Brasiliens in Südamerika und in der Welt. Und andererseits ist dem Fortschrittsoptimismus immer auch seine Antithese beigegeben – eben seine Janusköpfigkeit in einem Land, das als eines der ersten Länder der Welt die Todesstrafe und als eines der letzten die Sklaverei abgeschafft hat, das den Kolonialismus eines Königreiches abschüttelt, aber dann nicht republikanisch, sondern kaiserlich wird, das das Kaisertum stürzt, weil es nicht reaktionär genug ist. So wie neben dem hypermodernen Hightech-Brasilien ein archaisches, gewalttätiges, hoffnungsloses Brasilien besteht, so hält dem Fortschrittsoptimismus ein melancholisches Grundgefühl hoffnungsloser Unterlegenheit die Waage: der Verdacht, eben doch kein ernsthaftes Land zu sein.

Der Arzt und Schriftsteller Moacyr Scliar bescheinigte seinen Landleuten – ganz im Widerspruch zum Bild, das sich der Rest der Welt von Brasilien macht – sogar eine spezifisch brasilianische Traurigkeit. Der unterworfene Indianer, der versklavte Afrikaner, der melancholische Portugiese – das Volk sei ein Rassenmix voller »tristeza«, voller Traurigkeit und Melancholie, dem nur die optimistischen, entschlossenen Einwanderer des 19. und 20. Jahrhunderts entgegenstünden, die Brasilien als ihr gelobtes Land ansahen.

Warum dieses ewige Hin- und Herschwanken zwischen der Prahlerei mit dem eigenen Vorankommen und der Niedergeschlagenheit über die Rückschritte? Warum ist der Fortschritt so bedeutsam für die nationale Identität, und warum stellt sich die Nation gleich in Frage, wenn mal etwas schiefgeht? Warum diese speziell brasilianische Janusköpfigkeit des Fortschritts? – Dass dieses so merkwürdig beteuerte, selbst dem Fahnentuch als Motto beigegebene Ideal immer wieder mit der weder ordentlichen noch fortschrittlichen Realität zusammenprallt, liegt vermutlich daran, dass das Ideal kopiert und importiert, folglich nur oberflächlich akzeptiert und wenig verinnerlicht war. Daher das Modische und Flüchtige von Doktrinen und Denkschulen, die Beliebigkeit von Lehren und Theorien. Aber während des Kaiserreiches waren achtzig Prozent der Brasilianer Analphabeten. Bildung war das Privileg einer hauchdünnen begüterten Schicht. Es ist nur natürlich, dass so eine kleine, elitäre Kaste ihre geistige Nahrung nicht selbst zubereitet, sondern aus Europa kommen lässt und dann nicht richtig verdaut.

Der Soziologe Sérgio Buarque de Holanda lässt in seinem Schlüsselwerk »Die Wurzeln Brasiliens« kein gutes Haar am Bildungs- und Reflexionsniveau seiner Zeitgenossen: »Unter Brasilianern, die sich für intellektuell halten, kommt es häufig vor, dass sie ihre geistige Nahrung ohne Schwierigkeiten gleichzeitig aus den unterschiedlichsten Theorien beziehen und im selben Atemzug die gegensätzlichsten Meinungen vertreten (…) Aus fremden Ländern importierten wir ein komplexes, fertiges System von Regeln, ohne zu wissen, ob es sich an die Bedingungen des brasilianischen Lebens anpassen lassen (…) würde.« Scheinbare Reformbewegungen hätten ihren Anfang fast immer von oben nach unten genommen, sie waren »intellektuell inspiriert« und daher »immer etwas sentimental«, aber »die große Masse des Volkes nahm sie verdrossen und feindselig auf«.

Das Buch erschien 1936. Buarque beschreibt und analysiert sicher die Wurzeln des heutigen Brasiliens, aber eben nur die Wurzeln, also die Vergangenheit. Tatsächlich begann sich das, was Buarque in so düsteren Tönen schildert, gerade in der Zeit zu ändern, in der sein Buch erschien. Es gehört ja selbst, zusammen mit Gilberto Freyres »Herrenhaus und Sklavenhütte« und Caio Prado Júniors »Formação do Brasil Contemporâneo«, zu den drei großen, historisch-soziologischen Schlüsselwerken der Epoche – die ersten, die als originär brasilianisch gelten.

## Bis heute als Nationalheld verehrt:
### Der Flugpionier Alberto Santos Dumont

Er war schon vor jenem herbstkalten 23. Oktober 1906 weltberühmt, an dem er im Bois de Boulogne vor einer großen Menschenmenge den Motor seiner fragilen Flugkonstruktion auf 1600 Umdrehungen beschleunigte und den zwei bis drei Meter hohen und sechzig Meter langen Hüpfer tat, der am nächsten Tag mit der Schlagzeile »Der Mensch hat den Himmel erobert!« vermeldet wurde. Bereits fünf Jahre vorher hatte Alberto Santos Dumont als Erster das geschafft, woran die Flugpioniere damals mit aller Energie arbeiteten: Einen Gasballon lenkbar zu machen. Aber die Entwicklung der Fluggeräte war damals so hektisch wie heute die der Informationstechnologie, und so ist dieser erste Erfolg über dem zweiten fast in Vergessenheit geraten.

Ganz Paris lag dem kleinen Brasilianer zu Füßen, als er 1901 den Deutsch-Preis gewann. Der Petroleumindustrielle Henri Deutsch de la Meurthe – damals Vorsitzender des gerade gegründeten Aéro Club de France, dem Santos Dumont selbstverständlich auch angehörte – hatte 100 000 Francs Siegesprämie ausgesetzt. Die Herausforderung: Mit einem Ballon vom Club-Gelände in Saint Cloud zum Eiffelturm und zurück in höchstens dreißig Minuten zu fliegen. Santos Dumont, der die Spitze des Gusseisenmonstrums im Abstand von 12 Metern umschiffte, brauchte für die zweimal zehn Kilometer dreißig Sekunden weniger.

Dass der kleine Alberto »Mensch!« rief, wenn »Alle Vögel

fliegen hoch« gespielt wurde, und dass er wütend wurde, wenn ihn die anderen deshalb auslachten – die Biographen lassen diese Episode ungern aus. Finanzielle Sorgen hatte er nie. Er war Millionär, der Vater, ein Kaffeebaron, hatte ihm sein Erbteil ausgezahlt. So dass er das erste Auto ganz Südamerikas mit nach Brasilien brachte, ein Modell der Marke Peugeot, von dem die Firma damals drei Exemplare im Jahr herstellte.

Andere in seiner Lage wären auf ewig der Sohn des reichen Papis geblieben. Aber statt den Verführungen zu erliegen, die die Weltstadt für einen jungen, talentierten, steinreichen Mann wie ihn bereithielt, wurde er einer der Neuerer, der Pioniere, der Avantgardisten, die Paris damals so anzog. Mit 25 Jahren, im März 1898, stieg er zum ersten Mal in seinem Leben in den Korb eines Ballons, mit dessen Besitzer er in zwei Stunden etwa hundert Kilometer flog, weit über das verschneite Paris hinaus. Sie nahmen oben das Mittagessen ein, das Santos Dumont mitgebracht hatte, inklusive Champagner, und sie landeten dort, wo der Wind sie hintrieb: Auf einem Landgut des Barons Rothschild.

In den folgenden acht Jahren baute er in seiner Werkstatt, die als erster Hangar in der Geschichte der Luftfahrt gilt, einen Ballon nach dem anderen: kugelförmig den ersten, zigarren- und zigarilloförmig die nächsten neun. Das Problem der Lenkbarkeit, damals die größte technische Herausforderung, konnte er nach und nach lösen. So wendig machte der Brasilianer seine schwebenden Zigarren, dass er damit in den Bois de Boulogne fliegen konnte, um mit seinen Freunden im

343

La Grande Cascade zu Mittag zu essen. Vor seiner Wohnung nahe dem Triumphbogen – durch ihn hindurch zu fliegen verkniff er sich aus Respekt vor Frankreich – band er seine Luftschiffe an, so wie man heute ein Auto parkt. Natürlich machte ihn all das zu einer spektakulären Figur des Pariser Alltagslebens, und er schien den Rummel um seine Person mit jenem Gleichmut hinzunehmen, den das damals hochgehaltene Ideal des Sportsmann gebot. Dass er die Armbanduhr erfunden hat, stimmt nicht ganz, denn Frauen trugen damals schon Uhren als Schmuck am Arm. Aber Männer benutzten ausschließlich Taschenuhren, und da Santos Dumont beim Fliegen keine Hand frei hatte, bat er seinen Freund Louis Cartier, ihm eine Uhr für das Handgelenk zu konstruieren. Das Modell verkauft sich bis heute.

Der Flugapparat, der sich 1906 vor den Augen der Öffentlichkeit aus eigener Motorkraft in den Himmel erhob, stellte die radikale Abkehr von der Ballonidee dar. Santos Dumont nummerierte seine Fluggeräte einfach durch, und da der zerbrechliche Doppeldecker die Weiterentwicklung eines als untauglich verworfenen Vorgängers mit der Nummer 14 war, erhielt er die Bezeichnung »14bis«. Gesteuert wurde Santos Dumonts erstes Motorflugzeug mit einem Kastendrachen am Bug. Es flog also nach unseren Begriffen verkehrt herum.

Zwischen 1906 und 1909 hatte er ein überaus gutes Leichtflugzeug entwickelt, Nummer 20, das später von anderen nachgebaut und vermarktet wurde. Anfang 1910 jedoch stellte Santos Dumont das Fliegen ein. Er entließ seine Leute und gab den Hangar auf. Er hatte Depressionen bis zu seinem Freitod 1932, aber das beiseitegelassen: Was hätte er 1909 noch erreichen können? Über den Ärmelkanal zu fliegen, über die Anden, den Atlantik – kann das einen reizen, der zum ersten Mal in der Geschichte richtig geflogen ist?

Er hätte vom Flugpionier zum Fabrikanten werden können. Bloß hat ihn das nicht im Geringsten interessiert. Er war ein großzügiger Philanthrop, der seine Leute nicht nur anständig behandelte, sondern die 100000 Francs von Deutsch de la Meurthe – heute wären das 320000 Euro – teils unter sie, teils unter Pariser Arbeitslose verteilte. Fliegen sollte kein Geschäft werden, sondern der Menschheit zugutekommen, die Kontinente verbinden, die Zivilisation fortentwickeln. Er war immer stolz darauf, nie ein Patent angemeldet zu haben.

Mit dieser menschenfreundlich-naiven Haltung ist Santos Dumont der Antitypus zu seinen Erzrivalen, den Brüdern Orville und Wilbur Wright. Als die »14bis« im Herbst 1906 losknatterte, redete noch kaum jemand von den Wright-Brüdern, die behauptet hatten, schon 1903 geflogen zu sein. Die »Herald Tribune« überschrieb damals einen Artikel über die Brüder mit der Frage »Flyers or Liars?« Ob sie mit Lügen statt mit Flügen aufgewartet haben, steht heute nicht mehr zur Debatte. Aber das Santos-Dumont-Lager beharrt natürlich darauf, dass am 17. Dezember 1903, als sie knapp 300 Meter weit flogen, kein ernstzunehmender Zeuge dabei war, während bei Santos Dumont alle Welt zusah.

Die Amerikaner hatten, kurz bevor der Brasilianer mit dem Fliegen aufhörte, ein unbestritten gutes Flugzeug im Angebot, mit dem sie das Geschäft ihres Lebens machen wollten.

Als sie 1909 in Frankreich flogen, waren sie eine Zeit lang die berühmtesten Menschen der Welt. Aber bereits auf dem Höhepunkt ihres Ruhmes hatten sie sich in endlose Rechtsstreitereien um Patente und Lizenzen zu verstricken begonnen. So gingen sie als kleinlich, streitsüchtig, geldgierig in die Geschichte ein – welch ein Gegensatz zu dem großzügigen, gelassenen Brasilianer!

In Brasilien hält sich bis heute der Verdacht, die Brüder seien eigentlich Scharlatane gewesen. Brasilianer, die einen etwas weniger rüden Patriotismus pflegen, formulieren diplomatisch, der Flug ihres Landsmannes sei der erste »bezeugte« Motorflug in der Geschichte gewesen.

Im Ausland fiel der fliegende Brasilianer nach und nach dem Vergessen anheim. Bloß in Brasilien, da war und blieb er ein Held. Der Soziologe Gilberto Freyre meinte, Santos Dumont widerlege die These von der Trägheit des Menschen in den Tropen. Als Exponent der Moderne, sagt die Historikerin Monica Lessa, sei er eine Figur, in der sich die Nation stets wiederfinden wollte – bis heute. Denn dass ein Brasilianer die Europäer und in gewisser Weise auch die USA genau auf dem Gebiet überflügelte, auf dem sie die Überlegenheit beanspruchten, nämlich dem des technischen Fortschritts, tut dem Selbstwertgefühl Brasiliens bis heute gut.

Schon 1922 hatte die »Woche der Modernen Kunst« in São Paulo den künstlerischen Aufbruch in der erzkonservativen »Alten Republik« 1889–1930 markiert. Auch wenn man die europäischen Ein-

346

flüsse noch deutlich spürt, war die Kunstwoche der Beginn eines brasilianischen Modernismus in Dichtung, Malerei und Musik. »In einem Bekenntnis zur Avantgarde tat sich eine Gruppe von Künstlern und Schriftstellern (…) zusammen und forderte vehement die Loslösung von traditionellen, europäischen Vorbildern, die Abkehr vom Akademismus, den endgültigen Abschied von der kulturellen und vor allem sprachlichen Vorherrschaft Portugals, die Hinwendung zu einer eigenen Geschichte und Kultur«, beschreibt Wolfgang Pfeifer, der frühere Direktor des Museums für Zeitgenössische Kunst in São Paulo, die Stoßrichtung. Das damals proklamierte »Menschenfresserische Manifest« fasse die Ziele in die prägnante Formel »Tupi or not Tupi, that is the question« zusammen: »In der Doppeldeutigkeit des Wortspiels to be – tupi (und to pee) liegt eine Parodie auf ehrwürdige europäische Traditionen, mit der Berufung auf die bis ins 19. Jahrhundert als Verkehrssprache weitverbreitete ›língua geral‹« – eben die Indianersprache Tupi – »zugleich aber auch die Bestätigung einer genuin brasilianischen Identität«. Die modernistischen »Menschenfresser« forderten, »das europäische Kulturerbe zu verschlingen und es sich in der eigenständigen Erneuerung einer nationalen Kultur anzuverwandeln«.

Und dann erst die Vierziger und die Fünfziger! Im Nachhinein erscheinen sie als Brasiliens goldene

347

Epoche, und wenn man ihr einen Ort zuweisen sollte, an dem sie am lichtvollsten strahlte, an der sie all ihren Glanz am schönsten entfaltete, dann wäre das nicht Brasília, sondern Rio de Janeiro, genauer gesagt: Copacabana. Das elegante, neue Stadtviertel war damals der wohl aufregendste Ort ganz Südamerikas, die Bühne für neue Musik und neues Theater, für neue Lebensformen und neue Utopien. Das Geld wurde sicher woanders verdient, und die sich dabei die Hände schmutzig machten, hatten in Copacabana eher nichts verloren. Es war eine Bühne des Bürgertums, und wenn Copacabana in jenen Jahren Revolten erlebte, dann waren es die Bürgerkinder, die unpolitischen Hippie-Vorläufer, die sie auslösten.

Großstadtleben am Strand, das hatte es in Rio de Janeiro vorher noch nicht gegeben. Das Zentrum der Stadt, an der Bucht von Guanabara gelegen, hatte sich jahrhundertelang vom Wasser geradezu abgewandt, und erst durch die Erschließung und die Popularisierung von Copacabana, das außerhalb der Bucht direkt am Atlantik liegt, verschmolzen die von Dschungel überzogenen Berge, das Meer und die moderne Stadt zu jenem wunderbaren Amalgam, das Rio de Janeiro bis heute ausmacht. Und so wurde Copacabana in den Vierzigern und Fünfzigern zum Inbegriff des irdischen Glücks in den Tropen. »Rio war so wie Haiti und Paris gleichzeitig«, resümiert

348

der Ökonom Carlos Lessa, Autor einer der besten Stadtgeschichten Rios, »und Copacabana war einfach die interessanteste Adresse ganz Brasiliens.« Als wären Natur und Zivilisation miteinander versöhnt: Copacabana (damals noch nicht leicht heruntergekommen wie heute) war ein Traumbild von Wärme und Wohlsein, von Sinnlichkeit und Sorglosigkeit und leichtem Leben.

Man kann, wenn man solchen Imaginationen nachspüren will, die sechsspurige Avenida Atlântica vorschlendern, die den Strand begleitet, bis zur Hausnummer 2856. »Champs-Elysées« heißt das glanzlos modernistische Gebäude ohne Balkons: Hier oben, im dritten Stock, entstand ein Musikstil, der weltweit Erfolg hatte und sogar den Jazz veränderte: Bossa Nova. Das Appartement mit Meerblick gehörte den Eltern der damals blutjungen Nara Leão, eine der großen Bossa-Nova-Sängerinnen. Hier oben trafen sie sich, die Mittelschichtskinder wie João Gilberto, Roberto Menescal, Carlos Lyra, die nach neuen Ausdrucksformen suchten und denen die melodramatischen Boleros nichts mehr sagten, die die Radios damals spielten. Und ein paar Schritte weg vom »Copacabana Palace Hotel«, bis heute die feinste Adresse von Rio, lag der »Beco das Garrafas«, die Gasse der Flaschen, in der eine Bossa-Nova-Bar neben der anderen lag. Ganz zu schweigen von denen im weiteren Umkreis.

»Bossa Nova kam zwar in Copacabana auf, aber sie war kein lokales Phänomen«, sagt Lessa. »Wir haben damals einen ungeheueren Sprung nach vorne erlebt. Die Autoindustrie entstand, Brasilien hatte Öl entdeckt, wir hatten den Weltkrieg mitgewonnen und waren Fußballweltmeister.« In diesem Moment »höchster Identitätsbestätigung« entstand Bossa Nova, »parallel übrigens zum Cinema Novo und zum Teatro Novo«.

Hier wurde nicht nur der erste Bikini Brasiliens gesichtet – 1952 war das –, sondern hier eröffneten auch das erste Schnellrestaurant, der erste Supermarkt, das erste Einkaufszentrum Brasiliens. Aber von den großen Konsumtempeln ist Copacabana verschont geblieben; als die modern wurden, war einfach schon alles zugebaut. Dafür ist heute von den wunderbaren alten Kinopalästen nicht viel geblieben. Übrigens war Juscelino Kubitschek, der Erbauer von Brasília, der mit der Wahlkampfparole »50 Jahre in 5« ins höchste Staatsamt gewählt worden war, einer von neun brasilianischen Präsidenten, die privat in Copacabana wohnten.

Mit dem Bau seiner neuen Hauptstadt bewies Brasilien der Welt und vor allem sich selbst, dass die Zeiten des importierten, übernommenen, kopierten Fortschritts für immer vorbei waren. Trotz aller Rückschritte, aller Rezessionen und verlorenen Jahrzehnte, trotz aller Verzagtheiten, Selbstzweifel und

Unterlegenheitsgefühle: Brasilien »deu certo« – es hat geklappt. Und seither um so mehr.

1967, als sich die Militärs abgeschirmt vom Volk in Brasília eingerichtet hatten und das »milagre econômico«, das Wirtschaftswunder, begann, fuhren 2,4 Millionen Autos auf den 42 000 Kilometern asphaltierten Straßen herum, heute quetschen sich 75 Millionen auf 214 000 Kilometern. Zwei von fünf Brasilianern konnte damals nicht schreiben und lesen, heute ist nicht mal einer von zehn Analphabet. Die Lebenserwartung lag noch nicht bei 73,4, sondern bei 48 Jahren. Damals waren 43 Prozent aller Haushalte nicht ans Stromnetz angeschlossen, heute sind es gerade noch ein Prozent. Alle Welt fliegt mit brasilianischen Flugzeugen durch die Gegend, die Frankfurter Börse bezieht ihre Software aus Brasilien. Superstars aus Brasilien, von Gilberto Gil bis Nelson Freire, füllen in Europa die Konzertsäle. Brasilianische Models stolzieren über die Laufstege in Mailand und Paris. Der fünffache Fußballweltmeister Brasilien veranstaltet die beiden wichtigsten Sportereignisse der Welt. Der US-Präsident nennt seinen brasilianischen Amtskollegen »my man«, während Brasilien in der Weltwirtschaft und Weltpolitik eine immer wichtigere und eigenständigere Rolle spielt.

Ganz abgesehen davon, dass er sicher ein ganz anderes Buch schreiben würde – Stefan Zweig müsste sich, lebte er heute, einen anderen Titel für sein Buch einfallen lassen. Land der Zukunft – das ist Vergangenheit. Aus der Zukunft ist Gegenwart geworden.